兰陵柳叶刀 / 著

原来你是这样的西晋

当代世界出版社
THE CONTEMPORARY WORLD PRESS

图书在版编目（CIP）数据

原来你是这样的西晋 / 兰陵柳叶刀著 . —— 北京 ：
当代世界出版社，2018.1（2024.1重印）
ISBN 978-7-5090-1296-3

Ⅰ . ①原… Ⅱ . ①兰… Ⅲ . ①中国历史－西晋时代－
通俗读物 Ⅳ . ① K237.109

中国版本图书馆 CIP 数据核字（2017）第 288446 号

书　　名：原来你是这样的西晋
出版发行：当代世界出版社
地　　址：北京市复兴路 4 号（100860）
网　　址：http://www.worldpress.org.cn
编务电话：（010）83908456
编务电话：（010）83908409
　　　　　（010）83908455
　　　　　（010）83908377
　　　　　（010）83908423（邮购）
　　　　　（010）83908410（传真）
经　　销：全国新华书店
印　　刷：三河市天润建兴印务有限公司
开　　本：710mm×1000mm　1/16
印　　张：17
字　　数：300 千字
版　　次：2018年3月第1版
印　　次：2024年1月第2次
书　　号：ISBN 978-7-5090-1296-3
定　　价：48.00元

前　言

动笔写下第一行文字，还是 2016 年初春的事情。

对我来说，写作就像窗外的云卷云舒那样自然，我打开电脑，开始对这个已经尘封了不知道多少年的朝代进行最忠实的记述。

翻开历史的书卷，里面的人物已经沉寂，他们已经被尘封了太多年，有很多人的形象甚至已经模糊，只剩下散落在史书中的只言片语。那个刀光剑影的时代，那个可能被误解的时代，那个看似昏暗的时代，也许并没有想象中那么坏。

我想用最华丽的语言、最精巧的文字、最沸腾的热血、最专注的目光、最深邃的思考和最温柔的怀念，去描绘那个时代。虽然，我知道，就算竭尽所能，也难尽善尽美。

坐在电脑桌前，让一个个历史人物在笔下焕然新生。慢慢地，他们与现实中的人物重叠了，他们就像我曾经的老师、曾经的兄长、门外的工人师傅和大楼里的白领精英。此时，那个时代，离我并不遥远。是的，并不遥远，梦与现实，只在一念之间，就像我常用的那个结尾——"诚如斯言，幸甚"一样。

是的，这是一个特别的时代。

这是最好的时代，也是最坏的时代。

这是最光明的时代，也是最黑暗的时代。

这是最波澜壮阔的时代，也是最默默无闻的时代。

这是一个充满了名士高人的时代，也是一个充满了小人屠夫的时代。

这是承接着上一个英雄世纪的时代，也是开启了下一个英雄世纪的时代。

这就是西晋，中国历史上最扑朔迷离的时代。

区区不才，希望能写好这段故事，为你讲述一个我眼中的西晋。

目录

卷一
司马懿卷

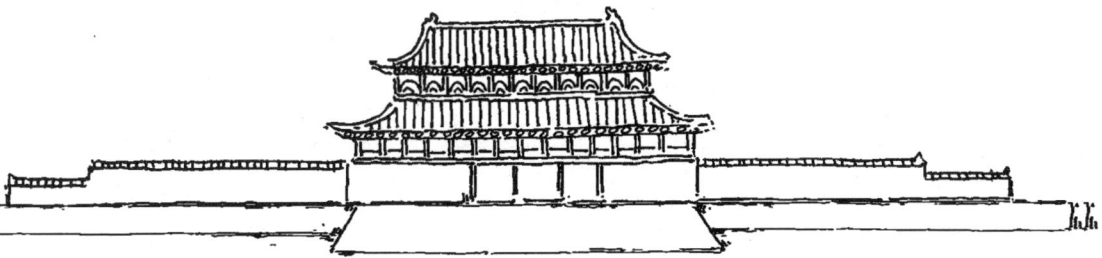

◆ 天才的前奏

现在，让我们从头开始，从晋朝的司马懿开始。

司马懿，字仲达。

公元179年，东汉王朝风云变幻。此时的天下发生了一个不起眼的变化，却也是个不能忽视的变化——这一年，司马懿出生了。一般来说，古代大人物出生时都会有些天兆异象，但司马懿没有。

司马懿家在当地可是有些名气的，他们家做官。也许你会觉得这听上去并没有什么了不起，但如果你真这么想，就大错特错了。他们家做了很长时间的官，很长很长。明代陆炳家从隋唐开始做官做到明代中期，也不过就八九百年而已，而这很有可能只是司马懿家的一个零头。司马懿家据说从唐尧虞舜时就开始做官，委屈点算，也有两千两百多年。

是真是假，也没法考证，但是有一件事是确定的，那就是司马懿出生的时候，司马氏的确已经是个不小的家族了。

河内司马氏，名声虽响，但是和当时天下有名的大族比起来还是不行的，比如什么弘农杨氏、汝南袁氏，那都是比司马家族更大的世家。然而，一切都在慢慢地发生变化……

司马懿的童年估计过得还行，虽然外面兵荒马乱，但是却饿不死士族，更何况司马懿的父亲司马防还是一个很牛的人。所以，要谈司马懿，就不得不谈一下他父亲——司马防了。

司马懿的父亲司马防是只老狐狸。表现如下：其一，他举荐过曹操；其二，他和董卓关系不错；其三，他让家眷返回了老家。

所以，司马懿的权术，有很大一部分是和他父亲学的。

司马防早年做官那是平步青云，没用几年就坐上了尚书右丞的高位，那可是个主管财政的美缺。后来他还举荐过一个年轻人，这个年轻人叫曹操，字孟德。他推举曹操做了洛阳北部尉，相当于负责这个城市北市区公安的官职。但是据说，曹操对这个推荐相当不满意，以至于做了魏王后开宴会的时候还曾问司马防："你以为我只能当洛阳北部尉吗？"司马防也挺好玩，居然不卑不亢，实话实说："当时你也就只能当个洛阳北部尉。"

在司马防四十一岁的时候，发生了一件大事——董卓进京做了太师！董卓在历史上可谓臭名昭著，什么夜宿龙床、杀良冒功、挟持天子、以下犯上……反正是无恶不作。虽然具体情况只有天知道，但可以确定的是，他进京那绝对是东汉士大夫的一场集体灾难。

当时有四种选择：第一，听太师的话；第二，不听太师的话（一般就是死）；第三，逃跑；第四，沉默。当时，少数人选择了逃跑，比如曹操。但是，司马防选择了沉默。

第一条，一般是不行的，投靠董卓是很危险的，这种人一旦倒台，首先要被清算的就是他的部下，事实证明，后来王允就是这么做的。

第二条，更不行，结果是显而易见的，董卓可是有兵的，说杀就杀。

第三条，家里人可还在洛阳，董卓要是算总账怎么办？

于是，司马防选择了第四条路——沉默。他不做坏事也不刻意逢迎。

当时东汉士大夫因看不上董卓而不合作的姿态，让董卓很是头疼，像司马防这样识时务的优秀人才，董太师自然是喜闻乐见的。不久，司马防就当上了洛阳令，这在当时自然是高官。但是司马防明哲保身，面对董卓血腥的屠戮，他选择了沉默，他既没有像曹操、袁绍等热血青年那样兴兵讨伐，也没有曲意逢迎、趋炎附势。

董卓挟天子西迁长安，司马防也应一起西迁，但他却让长子司马朗带家人返回河内。有人告发司马朗，说他要逃亡，于是司马朗很快就被抓了起来。"你和我去世的儿子差不多大，为什么要背叛我？"董卓冷眼看着司马朗。

事实证明家族基因是能遗传的，司马朗接下来说的话充分体现了什么叫有其父必有其子，大致如下："您剿灭宦官，扫清奸佞，解决了一大拨乱臣贼子，但是天下百姓怎么就流离失所了呢？这就是我离开家乡的原因啊！您想想啊，这是怎么回事？要是您能想明白，稍加反省改正，那伊尹、周公也不能和您相比了。"

董卓听完很满意，也认为他说得有道理。

司马朗虽暂时哄骗了董卓，但也知道董卓一定会败亡。于是，他贿赂了董卓身边的官员，回到了河内温县。

司马防还是跟着董卓到了长安，董卓倒也没亏待司马防，提他做了京兆尹，但他仍然保持沉默，吕布、王允、李傕、郭汜貌似和他没什么关系。他的策略就是——啥也不做。明哲保身的最高境界恐怕也不过如此。

过了不久，曹操出手了，他把汉献帝接到了许县（今属许昌）。这时司马防选择了退隐，明哲保身。

司马懿这一生，有两笔超级遗产：一笔来自司马防，一笔来自祖父司马儁。

来自司马儁的遗产叫作人脉，而且是超级人脉。

首先，司马家是武将出身。司马懿的高祖父司马均是东汉的征西将军，也就是对羌族作战的一线将领，由于不去救队友而获罪，随后自杀。在当时的士族中，武将是不受待见的，为了扭转这种局面，从司马儁开始，司马氏就疯狂地在"文"上下功夫。不过，他们更擅长的，是投资。

司马儁做了很多年的太守，他做太守的那个地方，叫颍川。多年的颍川太守生活，使得司马儁对当地士族十分熟悉，而当地最大的士族就是大名鼎鼎的颍川荀氏。在不久的将来，荀氏将成为司马氏问鼎天下的得力助手。

司马懿的另外一笔遗产，来自他的父亲司马防，叫作教育。事实证明，正是这笔不可估量的遗产，造就了司马懿非凡的才能。

司马防是一个相当重视教育的父亲（当然你也可以理解为专制）。据说，要是司马防不发话让儿子吃饭，儿子们个个不敢吃，司马防不发话让儿子进来，儿子们个个不敢进。司马防的儿子可是号称"司马八达"的著名才俊，都是人中龙凤，但是却独独对司马防怕得要命，可见司马防教育有方。

司马防的文学功底十分深厚，爱读《汉书》的名臣列传。在父亲的熏陶下，司马懿的文学功底也是相当了得，以至于后来能和著名的陈群并列到"曹魏四友"之中。

除文学外，司马懿学到的另一项技能更为关键，它叫韬晦。

司马懿见证了父亲的八面玲珑，父亲的明哲保身，父亲的隐忍不发，父亲的高瞻远瞩。因此，他虽出身名门却能屈心抑志，虽身处险境却能泰然自若，虽身负盛名却能淡然处之。

虽然天下大乱，但是司马氏并没有因此衰落，司马懿在父亲的教导下，成长为一个青年才俊。不过，虽然拥有显赫的家世，身后也有优秀的父亲撑腰，但司马懿直到三十岁才开始当官。其实曹操早在建安六年，也就是司马懿二十三岁的时候，就征召过他一次，只不过，他拒绝了。

《晋书》中记载，司马懿看汉室衰弱，同时也不想为曹操效力，于是选择装病。曹操不信，所以夜间派人去司马懿府上刺探消息，结果司马懿装得很像，于是曹操就没再追究。

司马懿不应召，是因为举荐人不对。

汉朝不是科举制，而是察举制。在察举制之下，司马懿的推荐人是很关键的。作为古代中国著名的人才选拔制度，察举制有很强的原则，大致如下：年龄要够大，有人推荐，有才华。

东汉顺帝阳嘉元年规定"孝廉年不满四十不得举"，举孝廉必须在四十岁以上。但又规定"其有茂才异行，不拘此例"，就是对有特殊才干者，可以放宽限制。也就是说凡事都有例外，如果天赋异秉，年龄不是问题。

在那个年代，士族子弟做官是很简单的事，但当大官却很难，要想飞黄腾达有一个关键要素——你的推荐人。

在建安六年的那次征辟中，司马懿的推荐人很明显是不合他的意的，在他三十岁的时候，他终于在一个合适的时机等到了一个合适的推荐人——他就是大名鼎鼎的荀令君荀彧。

之所以一定要荀彧当推荐人，除了荀彧在曹魏政权中无人可比（当时郭嘉已死）的地位之外，更关键的是，司马儁是颍川太守，荀彧是颍川大族，所以，有理由相信，这是一次很明显的联合，从此，司马懿被归入了颍川派。

《后汉书·荀彧传》记载："彧又进操计谋之士从子攸，及钟繇、郭嘉、陈群、杜袭、司马懿、戏志才等，皆称其举。"

荀彧在曹魏政权是一言九鼎、宰相级别的人物，得到他的举荐，司马懿自然就会飞黄腾达了吧。只不过，时间要稍稍延后一点。

《晋书》中说司马懿第二次是被强行征召，"若复盘桓，便收之"。《魏略》中说曹洪向曹操打了小报告，才把司马懿逼了出来。

不管是出于世交的面子还是政治投机，抑或是被人揭发，司马懿终于结束了装病生涯，走上了历史舞台。

古往今来的开国之君大多有惊心动魄的奋斗历史。有白手起家的，比如刘邦、朱元璋；有通过玩命内斗继承家底一统天下的，比如忽必烈；有几代人不懈努力，虽然有点底子，但也算是拼死拼活奋斗的，比如李唐王朝和清朝；就连被嘲笑"从未见过得国如此之易"的杨坚那也是被算计、怀疑了好多年，最后才从自己女婿手里接过了大周的家底建立大隋的。如果要评选最牛的开国之君，估计会永无休止地争论，但是如果评选最顺利的开国之君，司马懿，绝对是第一名。

司马懿在加入曹操阵营的那一刻，曹操似乎就已经确定了这个人是要留给儿子的。所以，他对司马懿也是当太子党培养的。曹操的相府为曹魏中后期培养了一大批骨干人才，比如贾逵、王凌、陈群等，当然这些人中还有一个就是司马懿。

在中国古代历史上，一般来说最有前途的工作莫过于近臣和太子党，而司马懿两样全占，岂有不升之理？

不过鉴于曹魏阵营当时确实是人才济济，而且司马懿既无战功资历又浅，所以他还是乖乖地给曹操当了多年的秘书。其实这对司马懿来说是非常重要的，正是在观摩曹操处理军国大事的过程中，司马懿积累了丰富的经验，网罗了广泛的人脉，结识了曹魏的各路英才，其中有许多人后来都对他有很大的帮助。

建安二十年，曹操征讨张鲁，司马懿和著名战略家、预言家刘晔都建议曹操要进军蜀地。刘晔表示："现在刘备在蜀地立足未稳，如果进攻必获全胜。"曹操未从其计。

建安二十四年七月，关羽又打过来了。曹魏的顶梁柱之——于禁被擒，中原震动。眼看樊城要守不住了，许都也危在旦夕，曹操为避锋芒，准备迁都。司马懿、蒋济等人劝阻说："关羽虽然击败了于禁将军，但是他孤军深入魏境，后方又不稳，这犯了兵家大忌，我们只要让孙权偷袭其后，徐晃将军阻挡其锋，樊城之围自解。"曹操从其计。没过多久，吕蒙白衣渡江，关羽在进退无路之下，败走麦城。这也成为了三国形势的又一个转折点。

据说曹操说司马懿有"狼顾"之相，"早晚必预汝家事"，还曾经梦见什么三马同食一槽，非常不悦。幸亏曹丕和司马懿的关系相当不错，每次曹操和曹丕提这件事，曹丕总会为他这位老师兼好友遮掩过去。

以下纯粹是个人见解——

第一，曹操要是真看司马懿不顺眼，杨修和崔琰可是前车之鉴。虽然司马懿是曹丕的心腹，但是曹操既然能削弱曹植的势力，为什么就不能削弱曹丕的呢？曹操就算不杀司马懿，也不会对他如此信任、热心培养吧。

第二，这是孤证。说实话，要是司马懿真的长得有什么"狼顾"之相，也很难被评为河内名士，和著名的陈群、吴质两位并列到"曹魏四友"之中了吧。

所以，我认为这其实很有可能是个借口，是后世史官为了塑造曹操阴险奸诈的形象而想象出来的段子。

但是不管怎样，司马懿终于要熬出头了。

建安二十五年，曹操离开了人世。汉朝，寿终正寝了，留下的，是蒸蒸日上的大魏。继承这份遗产的是曹丕，曹子桓。

曹丕代汉称帝后，不管是出于笼络人心的需要，还是奖励跟随自己多年忠心耿耿的臣属的需要，黄初二年，司马懿成功地当上了尚书右仆射（副宰相），终于一飞冲天，进入了帝国的权力中心，正式登上了历史舞台。

很多人是可以共患难而不能同富贵的。曹丕上位之后对自己的兄弟宗族大开杀戒，清理了自己的兄弟和他们的宠臣，换上了自己的部下，这其中的原因十分复杂，但从根本上说，无非是因为不放心。

与曹植明争暗斗多年后，曹丕获得了最后的胜利，但是这个大魏的继承者，天下的霸主，还是太孤独了。所以，他格外珍惜那些帮助他的人，他认为的朋友，比如司马懿，是一个能共患难还能同富贵的人。

当曹丕从汉臣尸体手里抢过传国玉玺的时候，他绝对不会想到，用不了多长时间，他的子孙会被人用一种更为惨烈的方法夺走他们父子两代辛苦打下的江山。

为人臣而不忠者，必遭天谴，这句话是开玩笑的。封建王朝，只有以血洗血而已，哪代帝王都是踩着无辜百姓的尸体登上权力的巅峰。

曹孟德是个枭雄，他统一北方救黎民于水火，可是他也收取重税，杀戮无数。曹孟德的江山不只有吕布、袁术、袁谭、袁熙的人头，还有徐州人民的鲜血！他的王朝，不是正义，而是事实。古往今来，莫不如是。但历史不是胜利者的功劳簿，而是人民期盼幸福的请愿书。

自从建安二十二年任太子中庶子之后，司马懿作为曹丕的心腹，毫无疑问为他登基称帝、代汉自立做出了巨大的贡献。

不过，在曹丕的心里，司马懿是不可多得的宰相之才，而不是一个统率千军万马的将领，虽是一个不可多得的谋士，但也担心他是马谡之流。这点从黄初元年到黄初二年免去他督军之职改为侍中、尚书右仆射就能看出。黄初三年到黄初五年，急于建功立业证明自己的曹丕两次讨伐东吴，都没带司马懿，而是让他坐镇后方。虽然也是重用，但还是把他当萧何用了。

总而言之，在这个时期司马懿虽然没能建立什么战功，但也算是顺风顺水。尤其是在伐吴战争相当不顺的时候，曹丕对司马懿的后方镇守之功还是相当满意的。

黄初六年二月，曹丕觉得司马懿工作做得相当好，所以直接授予了他录尚书事。司马懿表示自己实在是不敢接受如此高位。不过，曹丕直接说："吾于庶事，以夜继昼，无须臾宁息。此非以为荣，乃分忧耳。"

曹丕是一个真性情的人。他是个诗人，闺怨诗（《燕歌行》）足见其功力，而且他做事也像个诗人。

首先是对自己人，比如陈群、司马懿等，是恩宠有加，一上台就加官进爵，不停地封赏，抬高他们的地位，对他们十分信任，不过这些人确实也是有水平的，为大魏做了不少事情，比如陈群提出的九品中正制。

另外，就是对自己的敌人了。在处置自己的兄弟这件事上，还算可以的，虽然当年这些人对他构成了很大的威胁，但曹丕并没有赶尽杀绝，黄初六年甚至还给曹植加了封地（增其户五百）。

但是，曹丕气量不太大。黄初七年，只是因为鲍勋屡次对他出言不逊，他就不顾众臣的劝阻杀了狂士鲍勋，虽然鲍勋当年是被陈群和司马懿共同举荐的。

这个真性情的皇帝也没坐多久的龙椅，黄初七年，在杀了鲍勋二十天后就一命呜呼了，他为司马懿留下了三件好事和一个难题。

第一，曹丕做了一件当时司马懿做不到也不敢做的事情——削弱曹氏亲贵的势力。由于和自己兄弟相当不对付，曹丕上台之后立即着手对付自己的兄弟（对于曹彰暴毙不加评论），把他们调离重要岗位，说实话，这不能说错，在历史上祸起萧墙的例子数不胜数。但是有的时候，历史总会和你开玩笑。

第二，曹丕给予了司马懿特权，还外加一句让司马懿受用不尽的话。说到这就不能不提曹丕的遗诏，这份遗诏里面除了指定自己的继承人之外，还有一句重要的话——"命曹休、曹真、陈群、司马懿为辅政大臣。"

这是一个极其重要的人事任命。这四个人各有侧重，曹真、曹休主军事，司马懿主政治，陈群则是舆论和世家大族的代表。这个任命直接决定了司马懿以后的地位，后世曾有张廷玉能历经三朝不倒，也是靠雍正的那份配享太庙的遗诏。

第三，他留下了那个著名的选官制度——九品中正制。估计连曹丕和陈群都想不到，这个选官制度居然构成了那个风雨飘摇的时代最坚固的利益链条。

九品中正制是由两个关键点组成的。

第一个关键点是继承。九品中正制从根本上继承了汉代以来的察举制，但是和察举制又有很大的不同。曹操上台以来多次说唯才是举，对于贾诩这种乱世之才，曹操也一概录用，可见他主要还是看才华的，但是到了曹丕上台，就有所不同了。

九品中正制，是顺应时代发展的产物，是历史发展到一定阶段必然出现的制度，也就是说它并不是为世家大族服务的。因此，尽管曹丕也知道人才很关键，但是还有一种力量更关键，那就是支持。曹丕是代汉称帝的，因此他特别需要支持，尤其需要士族的支持。

曹丕需要拉拢那些高傲的士族，不仅因为他们有庞大的社会关系，更重要的是，他们有兵。东汉末年以来，地主豪强的势力得到了进一步发展，这帮人开始在政军领域大肆发展，还掌控着私人武装——部曲。在汉末，还没有府兵制度，所以各路士族和地主豪强的私人武装就显得十分重要。光武帝刘秀就是靠私人武装起家的。曹丕知道，这种政治军事小集团足以影响一州或一郡的政治军事情况，所以必须要拉拢到自己这一边。

九品中正制的第二个关键点是中正。中正就是评定人才的官职，都是兼职。

理想是美好的，公正无私、慧眼独具的中正大人将推举人依据才能、世家、道德分为九品，然后国家授予其官职，这是力求合理的制度。然而客观地评价，中正这个职位权力太大，必然会滋生腐败，而且推举人才的标准，除了世家这个条件之外其他的都很难说，尤其是担任中正的人，基本就是世家大族的人，那么推举上来的自然也大多是世家大族的人，而世家大族之间往往联姻，然后就出现了一个问题：朝中的人存在很多姻亲关系；这种情况的最终结果就是：上品无寒门，下品无士族。

很多人说，这只不过是把汉末以来的士族把持官僚集团的问题加深了，只是让这种特权加强了而已，但是有的时候，无法制约的特权才最可怕。

汉末以来，虽然察举制的公平公正日渐式微，但是至少还要维持个样子，而且由于群雄并起，很多织席贩履之辈也有了上天的机会，但是九品中正制使得统治集团有了名正言顺的理由任人唯亲。

从此以后，将不再只有弘农杨氏、汝南袁氏，而是王氏、谢氏、颍川庾氏、兰陵萧氏这些超级大族，门阀由此兴盛。一个人的特权能腐化一个人，而一个阶层的特权能腐化那个阶层。

但是，对于司马懿来说，这却意味着另一件事，即士族的力量被加强了，谁要是能争取到士族的支持，那么，谁就将掌握天下的权柄。

宿命的对决终于来了。他是曹丕给司马懿留下的唯一一个难题，他叫曹叡。在司马懿的一生中，这是他最重要的对手也是最重要的君王。

很多人认为司马懿一生最大的对手是诸葛亮，其实并不尽然。司马懿的对手无论是孟达、公孙渊、诸葛亮，还是曹爽，他们其实都是一个人给司马懿挑选的。这个人就是曹叡，他才是司马懿真正的对手，站在这场决定天下的游戏背后的谋局者。

曹叡的母亲就是大名鼎鼎的甄夫人。甄夫人本来是袁熙（袁绍之子）的妻子，被留在邺城侍奉婆婆刘夫人，邺城被曹军攻破后成为曹丕的夫人。黄初二年，曹丕赐死甄氏。

曹叡有一个快乐的童年，据说曹操很喜欢这个孙子，对他宠爱有加。作为曹丕的长子，那也就是未来的国君。

直到他十七岁那年，他的父亲，赐死了他的母亲。受到母亲的牵连，曹叡被贬为平原公，前途堪忧。

后来，曹丕可能觉得对不起曹叡母子，或者还是觉得应该把皇位传给曹叡，于是就把曹叡过继给了郭皇后。不过开始的时候曹叡还是心有不甘的，要知道甄夫人的悲剧跟郭皇后也脱不了干系，正是由于郭氏被立为皇后，甄宓才抱怨失宠被耳目探知而被杀。

陈寿《三国志》记载："郭后、李、阴贵人并爱幸，后愈失意，有怨言。帝大怒，二年六月，遣使赐死，葬于邺。"

而根据《魏略》记载，郭女王（郭皇后字女王）甚至有可能是被曹叡逼死的。

真真假假谁又说得清，但母亲被杀对曹叡的打击肯定是巨大的，于是他开始怠慢这位继母，而周围的人，也开始有闲话。

很快，曹丕便听说了这件事，他觉得曹叡在怨恨他。曹丕这个人的性格一向如此，谁怨恨我，我就怨恨他。他打算更立储君，改立他人。

曹叡的耳目很快便得知了这个消息。曹叡面临着痛苦的抉择，要么坚持对抗，要么选择妥协。

母亲的鲜血警醒了他，他明白了自己的处境，于是他立刻改变了态度，恭恭敬敬地服侍孝敬继母，曹丕也相当满意这个知错能改的儿子。但是危机并没有消除，曹丕对他仍旧不够信任，久久不立他为太子。而曹叡无愧于三国后期最聪明的君王，他凭借自己的智慧，走上了大魏的君王宝座。

在一次围猎中，曹丕策马驰骋，很快便有所斩获，猎得一头母鹿。

"元仲，你把那只子鹿射死。"在曹丕看来，这是检验儿子骑射的一个机会。

然而一向恭顺的曹叡拒绝了，他哭着对自己的父亲说："陛下已杀其母，臣不忍复杀其子。"

曹叡敏锐地利用了曹丕最大的弱点——重感情。曹丕立刻放下了弓箭。在这一刻，这个重感情的人，内心大为感动。心想自己儿子竟有如此慈悲之心，以后定能宽厚待人，治理好国家。因此，曹丕下了决心，要让他和甄氏的儿子登上大魏君王的宝座，继承他的天下。

这是个不缺英雄和人才的时代。

黄初七年，病重的曹丕为他的儿子留下了一个堪称完美的班底之后，死于洛阳。这个班底的核心是四个人：曹休、曹真、陈群、司马懿。前面陈群和司马懿我们已经分析过了，还差两个人——曹休、曹真。

曹休是曹魏后期的武力支柱之一，而且他还有一个其他三个人都没有的优势——他是曹氏亲族。曹休的叔叔曹洪是曹操的直系亲族。曹真虽然姓曹，但是却有可能不是正经的曹氏一族，《魏略》里认为他父亲姓秦。

曹操对这个在自己起兵讨伐董卓的时候就来投奔自己的族子可是宠爱有加，称他为千里马。曹休也确实没有辜负曹操的期望，在汉中之战曹军不利的情势之下，前期击破吴兰。

曹丕上台之后对其更是极其重视，恩宠有加，让他镇守东方防备孙权。不久曹休就在曹丕的伐吴战争中取得了不错的战果，杀敌数千，受封为扬州牧。

黄初七年，在曹丕的遗诏之中，曹休更是排在首位，担任大司马。

曹真也是曹氏一族的武力核心之一。黄初二年，曹真率部大破羌胡联军，据《魏书》记载，此战"斩首五万馀级，获生口十万，羊一百一十一万口，牛八万"。曹丕非常振奋，因为这是他继位以来战克获虏的最大胜利。在这之后，曹真再接再厉，彻底击破西域诸国联军，恢复了中原王朝在西域的统治，功莫大焉。

孙权堪称曹魏后期将领的试金石，在曹黄初三年的南征战役中，曹真独当一面，虽然最后没能取得什么战果，但也还算得上中规中矩。而接下来的故事中，他还将扮演更加重要的角色。

由于从小便和曹丕在一起，曹丕对他也是相当不错，在遗诏任命中，他的位置仅次于大司马曹休，排位第二。

让我们回过头来看曹丕那份遗诏，对于司马懿来说，那份遗诏似乎并不是那么完美，因为他在四位辅政大臣中排在最后，名列第四。换句话说，司马懿就是皇帝之下的第五号人物。虽然听上去还不错，但是在政治斗争中始终是处于下风的。而与曹真和曹休相比，司马懿并无显赫的战功，而与文坛泰斗、公认的政治家陈群相比，司马懿也缺乏令人印象深刻的政绩。但是他有一个这几个人都没有的优势，那就是他比其他三人都活得久。

新的时代开始了，曹叡在洛阳正式登基，史称魏明帝。司马懿一生中最大的对手终于来了。

在遇到曹叡之前，司马懿主要做的是萧何的工作，然而一个偶然而又必然的机会，他向曹叡展现了自己的另一面。

黄初七年八月，孙权提前来"拜年"了。孙权这次气势汹汹杀来，其实原因很简单：听说曹丕死了，想趁火打劫，这理由实在是小家子气，不仅小看了曹叡，也小看了自己。

孙权的战略目标很明确，这是一次劫掠性质的突袭，占点便宜就跑。

但是曹魏的群臣对这位二十一岁的年轻君王并不了解，这也是他们对曹叡的第一次考验。

"陛下，臣等建议增兵江夏。"

如果是一般的平庸之君估计立刻就会同意。可是，曹叡一语道破玄机："江夏战局已经陷入僵持，彼来目的在于偷袭，现在陷入僵持必然退兵。"

曹叡亲自部署，沉着应对。孙权不久便被击败，收兵而去。这位年轻的君王为自己的第一次考试交了满意的答卷。

　　孙权是不甘心这样失败的，不久，他又派诸葛瑾领另一路兵马进犯襄阳。这一次曹叡并未亲自出手，而是派了曹休和司马懿前去应付。对于司马懿来说，这是他第一次统兵出征，直对大国兵马。

　　不久，曹叡便得到了消息——司马懿破敌，杀张霸。第一个发现司马懿军事才华的人，不是曹操，不是曹丕，而是曹叡。

　　说来，司马懿能轻松战胜诸葛瑾，除了诸葛瑾水平不济、孙权主力溃败之外，也许还有一种东西叫作天赋。要知道纸上谈兵是常有的事儿，司马懿虽然在相府做了多年参谋，但是毕竟做参谋和带兵是不一样的。

　　太和元年，在击退东吴之后，曹叡稍微调整了一下人事排名，曹休为大司马，曹真为大将军，司马懿为骠骑大将军，陈群为司空。

　　在这份排名中，司马懿名列第三。为什么这么说呢？因为之前发生过一件比较大的事——曹操之前已经废了三公（东汉以司徒、司空、太尉为三公）。曹操这个举动本来是为了自己当丞相集权用的（毕竟三公有实权），所以司空的实权其实已经被剥夺了。那么，此时陈群的司空其实就是个虚衔，他真正的实权是兼任的录尚书事，而司马懿的骠骑大将军是略高于录尚书事而又略低于曹真的大将军，所以自然也算上升一位，名列第三。

　　太和二年，注定是曹魏不平凡的一年。这一年，曹魏遭遇了统一北方以来最大的一次危机。如果说黄初七年孙权来犯算是一次小考试，那这一次，就是大考。

　　太和二年春，已经从夷陵之战中恢复过来、扫平了南方、解除了后顾之忧的蜀汉，决心北伐。此时的曹魏集团还浑然不觉。

　　然而更可怕的是，新城太守孟达已经于太和元年十二月反叛，司马懿被命令前去征讨。说来，这个黑锅也许得司马懿来背。

　　太和元年六月，魏明帝曹叡命司马懿总督荆豫军事，进驻宛城，这个举动不仅刺激了东吴，更刺激了孟达的神经。司马仲达和孟达素来就有点过节。早在曹丕时期，司马懿就提过不能过于优待孟达，后来又对曹叡表示，孟达有反叛前科，不能重用。这些话使得孟达"心不自安"，决定造反。

　　早在建安二十四年，孟达因不发兵救关羽，害怕被刘备问责，便投奔曹魏，不仅献出了上庸这个战略要地，所属部曲也尽归曹魏。由于孟达投诚，曹丕喜不自胜，竟然将孟达所属三郡归并为一，号曰"新城"，使得孟达的实力迅速上升。对待这种叛臣，一般来说要先削弱他的实力，分散收割他的部曲方为上策。但曹丕以为孟达这下算是和刘备集团彻底决裂了，所以便未加防备。然而，到了曹叡上台，情况有了些变化。

曹叡是个极其聪明的人，他派司马懿进驻宛城，除了防备东吴之外，还隐藏着监控孟达的重要含义。可惜孟达的心理素质不够强，这一招敲山震虎，居然被他演绎成了引蛇出洞。

太和元年末，孟达联络汉丞相诸葛亮，图谋反叛。

孟达的叛变思路其实还是比较正确的，由于上庸特殊的地理位置，处于荆襄地区和汉中之间，只要他举事成功守住新城，等蜀军一到便可站稳脚跟，日后更可以威胁襄樊地区，使得襄阳地区成为吴蜀两国的突破口。

虽然孟达曾叛蜀，但出于北伐的需要，诸葛亮还是接受孟达的投诚，如果孟达翻盘成功，那么蜀国就将收复东三郡，也能让接下来的北伐多几分胜算。既可在心理上沉重地打击曹魏，也可以在军事上牵制曹魏的主力。但是诸葛亮也清楚，孟达实在是不靠谱，于是给孟达写了回信，嘱咐他要认真准备，严守秘密。

从历史经验来看，凡是叛变都会注意三点：知情人要少、行动要快、消息要严密。事实上，孟达这三点做得……都不咋样，而且，他还错误地估计了一个人——司马懿。

孟达既没有秘密准备，也没有使用迷惑手段，不久，他要叛变的消息就被死对头魏兴太守申仪知道了。申仪一得到这个消息，立刻报告给了司马懿。

我相信当司马懿看到申仪的书信时，心中一定大惊，不是惊讶孟达反了，而是突然发现，自己没时间了。孟达叛变已经是箭在弦上，势在必行，然而如果此时报告魏主，等书信返回，估计孟达的上庸城头都已经插满蜀国旗帜了。

其实孟达就是这么想的。"宛去洛八百里，去吾一千二百里，闻吾举事，当表上天子，比相反复，一月间也，则吾城已固，诸军足办。则吾所在深险，司马公必不自来；诸将来，吾无患矣。"（《通鉴纪事本末·诸葛亮出师》）大概意思就是：宛城离洛阳远得很，当司马懿听说我"举事"上表给天子，等请示回来黄花菜都凉了。再说了，我所处的位置"深险"，司马懿必定不会亲自前来。

他这个推测是正确的，可惜他的对手是司马懿。司马懿决定先斩后奏，这个决定是极其冒险的，先斩后奏意味着挑战皇权，但是司马懿有这个勇气，因为皇帝是曹叡，而曹叡是个聪明人。而且，司马懿决定亲自率大军前去。这倒不是说司马懿大人手底下的将领不行，因为这属于主将先斩后奏的作战行动，司马懿要承担最大的责任。另外，司马懿缺粮，他必须节省时间。所以，当时的作战计划还有一个最关键的要点——快。

于是，司马懿一边写信安抚孟达，一边加速行军，只用了八天时间，就杀到了上庸城下。孟达大吃一惊，本来以为还有一个月的时间，结果八天司马懿就神兵天降，把上庸围了个水泄不通。

孟达决心坚守上庸。其实只要他能坚持住，等蜀军前来支援，还是有赢的机会的。结果，十六天之后，孟达的外甥和副将联合献城，孟达被斩首，首级传往京城。

此役，司马懿仅仅用了二十四天，几乎不费一兵一卒，俘虏万余人，消灭了阴谋叛变的孟达，传首京师，龙颜大悦，堪称中国历史上的经典战例。

从这次行动，我们也能看出司马懿行军作战的重要特征——果断。从出发到解决敌人，进展神速，效率惊人。这个特点，他将在接下来的日子里很好地贯彻下去。

在这场战役中，不能忽略一个人，那就是曹叡。

这场战役的关键人物是曹叡，如果他不理解司马懿，或者司马懿有顾虑，那么这场战役都不可能取得成功。但是曹叡给了自己的臣子足够的信任和支持，在这场战役之后反而更加器重司马懿，司马懿恩宠日隆。

◆ 天才的对决

就如同是宿命一般，三国后期，最强的两个内政天才终于要在战场上一决胜负。

太和五年，司马懿接替曹真负责对蜀作战。这场宿命般的战役即将拉开帷幕。

太和五年二月，汉丞相诸葛亮兵出祁山，魏明帝此时却只有一个选择——司马懿。

太和二年，一向对东吴战无不胜的曹休在石亭遭遇滑铁卢，损兵折将，一世英名一朝丧。虽然曹叡并未责怪反而加以优待，但是曹休"惭恨不已"，不久就带着愤恨和不甘离开了人世。然而更坏的消息是，太和五年，曹真也死了。曹丕留下的帝国两大武力支柱就此崩塌。

曹叡刚刚即位五年，帝国已经没有几个既有足够威望、又能独当一面的统兵大将了。在曹丕留下的四个人之中，陈群不懂军事，也只有司马懿，才能和诸葛亮相抗衡。

诸葛亮在包围祁山之后，决定率主力去上邽割麦子，因为自北伐以来粮草一向吃紧，这是他北伐最大的不利因素。而之前司马懿留下的兵力明显不足，于是当即决定挥师救援，双方在卤城相遇。

这两位都是出身于内政部门的天才，终于要在军事领域一决雌雄了。

然而这场战役的结果，至今仍未有定论，依然是人们津津乐道的话题。

【正方观点】司马懿获得了卤城之战的胜利。

认为司马懿获胜一方的理由是《晋书·宣帝纪》中的记载："亮闻大军且至，乃自帅众将芟上邽之麦。诸将皆惧，帝曰：'吾倍道疲劳，此晓兵者之所贪也。亮不敢据渭水，此易与耳。'进次汉阳，与亮相遇，帝列阵以待之。使将牛金轻骑饵之，兵才接而亮退，追至祁山。亮屯卤城，据南北二山，断水为重围。帝攻拔其围，亮宵遁。追击，破之，俘斩万计。"一言以蔽之：诸葛亮畏敌避战，司马懿杀死、俘虏蜀军上万人。

【反方观点】诸葛亮此役取胜。

认为诸葛亮获胜一方的理由是《汉晋春秋》中的记载："郭淮、费曜等徼亮，亮破之，因大芟刈其麦，与懿遇于上邽之东。懿敛兵依险，兵不得交，亮引还。懿等寻亮后，至于卤城。张郃曰：'彼远来逆我，请战不得，谓我利在不战，欲以长计制之也。且祁山知大军已在近，人情自固，可止屯于此，分为奇兵，示出其后，不宜进前而不敢逼，坐失民望也。今亮孤军食少，亦行去矣。'懿不从，故寻亮。既至，又登山掘营，不肯战。贾栩、魏平数请战，曰：'公畏蜀如虎，奈天下笑何！'懿病之。诸将咸请战。夏，五月辛巳，懿乃使张郃攻无当监何平于南围，自案中道向亮。亮使魏延、高翔、吴班逆战，魏兵大败，汉人获甲首三千，懿还保营。六月，亮以粮尽退军。"一言以蔽之：司马懿畏蜀如虎被诸葛亮打败，蜀军斩获甲首三千。

结局如何众说纷纭，但唯一可以确定的是，双方在这场高强度战争中都遭受了很大的损失，曹魏名将张郃身死，蜀国则是足足准备了三年才得以再次出征。对于诸葛亮来说，对于蜀汉来说，三年，格外漫长。

这次对决，诸葛亮和司马懿在卤城相持一月有余，从后面司马懿的反应我们可以看出，这次对决对司马懿的心理影响是巨大的。他们彼此都知道，再见不会太遥远。

青龙二年四月，汉丞相诸葛亮再度进军，兵发五丈原。魏明帝再度派司马懿对阵诸葛亮。

司马懿充分吸取了上次的经验教训，经过战略分析，他得出了一个最佳的对敌策略——坚守。司马懿知道，诸葛亮最大的弱点就是缺粮，只要拖住他，他就难以前进一步。司马懿认为诸葛亮只有两条路：东出武功，西进五丈原。他认为如果诸葛亮东出武功尚可一战，若西进五丈原则诸君无事。

事实是诸葛亮西进五丈原。

郭淮当即指出，如果五丈原的战略制高点北原被夺，那么魏军就将陷于不利地位。司马懿思考过后表示赞同，抢先率军占据了北原掌握了主动性，两军就此陷入僵持。这是诸葛亮最不愿意看到的情况。

这一次诸葛亮遇到了巨大的困难，魏军拒险而守、死不出战，而且城池修得犹如铁桶一般，蜀军无计可施。

面对这种情况，一向足智多谋的诸葛亮只剩一种办法了。

很快，城池里的司马懿便收到了来自对面诸葛亮的礼物——女人的衣服。从今天的角度来看，可能会觉得没什么大不了，但是在当时这可是一件最厉害的羞辱之举：司马懿你就是个女人！周围的曹魏虎将表示极端气愤，所谓"主忧臣辱，主辱臣死"。看着大将军司马懿被诸葛亮如此羞辱，纷纷表示要领兵出战，和诸葛亮一决雌雄。但是司马懿忍了下来，守城最重要！

司马懿的军力和诸葛亮大致相当，上一次两人在卤城之战中也有交手，但是司马懿此次被骂得狗血淋头却忍住了没有动手，分析其原因有三：

第一，经过上次交手，司马懿知道，蜀军战力究竟是多么恐怖。无论是对比之前还是之后，诸葛亮手中的蜀军都堪称天下精锐，正面作战能力十分恐怖，对于司马懿来说，还有一个巨大的不利因素——地形，陇西各处山路蜿蜒地势险要，对于骑兵来说十分不利，更何况据说诸葛亮还有诸葛连弩。骑兵最怕的就是庞大的军阵和密集的远程火力，这一点司马懿很清楚。

第二，蜀军缺粮。蜀军粮草不济自然就会退军，而且与蜀军作战估计是很难占到便宜的，就算赢了估计也会损失惨重，但是一旦输了那可就要颜面扫地，损兵折将，甚至丢失权力和陛下的信任，司马懿对这点非常清楚。司马懿最强的一点就是——稳重，俗称"不见兔子不撒鹰"。

第三，司马懿有着坚强的后盾，他耗得起。司马懿的身后是实力雄厚从不缺兵缺粮的大魏，他的身后是用人不疑、敢于放权、又聪明绝顶的天才皇帝——曹叡。曹叡才是他最大的资本。

言归正传，司马懿虽然能忍，但是这个法子实在是过于丢脸，为了安抚众将，司马懿也得做做样子，上表请战，要求和诸葛亮决一雌雄。

曹叡不愧是天才皇帝，看到表章就明白是怎么回事，君臣二人心领神会，他派出辛毗传达旨意，表示不允许司马懿出战，以此稳定军心。

这点诸葛亮也看明白了："苟能制吾，岂千里而请战邪？"（你能打败我，还跑那么远请战干什么？）

有了政治上的坚实后盾，司马懿放心大胆地在前线大吃大喝，坚决不出手，诸葛亮只能屯兵五丈原，进退不得。

由于战事久决不下，司马懿的弟弟司马孚给二哥写了封信，问他战事如何。司马懿的回信十分残暴，他在信中表示，诸葛亮好谋少断，志大才疏，已经中我之计，肯定能胜他。

不过和弟弟吹牛是一方面，司马懿还是得继续等待。到了八月，情势终于发生了变化——诸葛亮病死了。蜀军烧毁了营地，开始撤退。司马懿明白这是绝佳的战机，于是出手追击。司马懿追了一半，没想到蜀军竟然反身杀回来，司马懿生性多疑，不敢再追，再说任务已经完成，蜀军撤退，他也能回洛阳交差了。司马懿满意地带领大军进入了蜀军已经放弃的军营，他仔细地观看了蜀军的布置，查看了诸葛亮遗留下的资料，然后，他长叹一声：诸葛亮，真是天下奇才！诸葛亮若地下有知，估计也会感叹：知我者，司马懿也！

青龙二年八月，汉丞相诸葛亮死，时年五十四岁。

他生于乱世，学于山林，仰观宇宙万象，俯察天下风云。时北有曹操，东有孙权，他却选择了刘备，选择了一条最艰险、最困难、最坎坷的道路。"臣本布衣，躬耕于南阳，苟全性命于乱世，不求闻达于诸侯。"他的生命有一半都交给了刘备，交给了他心中那安汉兴刘的伟业。他本可以终老南阳，他本可以窃国自守，他本可以投魏归吴，可是他没有。他治理蜀中令行禁止，法规公平，任用贤才，事必躬亲。他贪慕的并不是权位，权力只是他完成梦想的工具。诸葛亮死，家无余财，蜀中人民为之举丧，痛哭流涕，如丧考妣。

曹叡二十一岁登基，朝内面对的是两个位高权重的文臣、两个能征善战的宿将，朝外西边蜀国大举进犯关中，东边吴国趁火打劫，北方轲比能、公孙渊图谋不轨，被贬诸王蠢蠢欲动。大魏看似牢不可破，其实风雨飘摇。但是，曹叡很快便收回权力政由己出，西守东攻破吴困蜀，高官厚禄稳住了公孙渊，并加强了对诸王的控制，稳住时局。对四位辅政大臣，曹叡才尽其用、恩威并施，曹休兵败却不加罪，司马懿避战却不责怪，反而愈加优待。论三国后期的君主，无人可与之相提并论。在他的治理下，曹魏四境安宁，实力更加雄厚。

青龙三年，鲜卑轲比能被曹魏刺客杀死。鲜卑各部分裂，魏国的后顾之忧，只剩下一个人了——辽东公孙渊。

其实公孙家族是历史遗留问题，当年灭袁的时候辽东公孙氏最后在形式上投降了曹魏，曹魏也一直没有管他，毕竟辽东属于偏远地区，实力弱，外加公孙氏还算恭顺，但是到魏明帝曹叡上台，开始有了变化。

太和二年，公孙渊夺走自己叔叔公孙恭的位置，成了辽东的统治者。

公孙渊水平一般却野心勃勃，上台之后就秘密联络孙权。孙权一向希望能扩张势力，公孙渊来投奔他也是很高兴的，所以就派出使者前去联络，没想到公孙渊见到使者以后却突然觉得孙权离自己远，就算出事儿也指望不上，所以干脆收了东西杀了使者，并将其首级献给了曹魏。

公孙渊杀了孙权的使者，得罪了东吴；不久之后又把曹魏给得罪了，因为他羞辱了洛阳派出的使者，那可是天子的颜面所在，因此曹叡也对他极为不满。

公孙渊之所以敢如此嚣张，主要还是因为天高皇帝远，他的基础远在辽东，朝廷征伐是极其困难的，远征对于任何朝代来说都是极其危险的事情。

景初元年，公孙渊自立为王。景初二年，经过严密的准备，司马懿再度披挂上阵，远征辽东。

出征前曹叡询问司马懿该怎么对付公孙渊，司马懿认为公孙渊目光短浅，行事愚蠢，不会采取放弃老巢诱敌深入的策略，只会死守老巢不出。

在出征时间上，司马懿表示，一年足够，去一百天，打一百天，回来一百天，休息六十天。事实证明，司马懿高估了公孙渊。

景初二年六月，司马懿率领四万大军兵进辽水，势如破竹，不久便兵临襄平（辽宁辽阳）城下。因为襄平城池坚固，司马懿又知道公孙渊打算据城坚守，所以他干脆围而不打。

公孙渊之前得罪了孙权，现在却不得不厚着脸皮求援，孙权则是来了个隔岸观火，任其自生自灭；另外，公孙渊认为司马懿若长时间带兵在外，必然引起曹魏国内猜忌。虽然司马懿的后勤工作十分完美，当时通过水陆漕运，司马懿可以说是衣食无忧，粮船直接开到襄平城下，但公孙渊还是认为只要久围不打，司马懿就会迫于朝中压力而退兵。

可惜，他低估了曹叡。司马懿劳师远征，耗费巨大，又接连遇到暴雨天气，还久围不打，朝中便有人建议撤军。说起来，要是一般的君主真有可能这么做，可他是曹叡，他力挺司马懿："司马懿临危制变，定能成功擒获公孙渊！"

公孙渊既没有完善的物资储备又没能严格管控，城中粮草消耗的速度大大超出了预期，很快城中便饿殍满地，苦不堪言。最惨的是，连老天都不帮他。

《晋书》记载："时有长星，色白，有芒鬣，自襄平城西南流于东北，坠于梁水，城中震慑。"在古代，这叫天象，故而城中人心大乱。反正，这下真的完了。

公孙渊绝望了，他派出使者请求投降。然而司马懿果断地做了一件公孙渊做过的事——他杀了使者，拒绝了公孙渊的投降。

公孙渊只能率领数百精锐突围而出，但是司马懿早就料到他会这么做，早已布下了天罗地网，公孙渊逃了没多远便陷入重围被擒获。

面对精准的计算、巧妙的手段，公孙渊几乎毫无还手之力便被司马懿击溃。这个为祸曹魏几十年的辽东势力终于土崩瓦解了。

司马懿进入了襄平，也是在这里，他第一次露出了自己的獠牙。

辽东边远难以治理，民风剽悍，这次虽然轻松取胜，但是公孙家族已在此经营多年，难保以后不再反叛，所以司马懿展现了铁血手腕。

《晋书》记载："既入城，立两标以别新旧焉。男子年十五以上七千余人皆杀之，以为京观。伪公卿以下皆伏诛，戮其将军毕盛等二千余人。收户四万，口三十余万。"

攻取辽东并未损失多少兵马，辽东城池也并未死守到底，司马懿的这一行为只为斩草除根，永绝后患。他用无辜平民的鲜血染红了自己的宝座，这是他第一次屠杀无辜的民众。司马懿是善守的人，但是一旦他出手，必定血流成河。一将功成万骨枯，莫不如是。

就在司马懿庆贺扫平辽东为大魏建立巨大战功的时候，那个信任了他十二年、优待了他十二年的天子，居然一病不起，生命垂危。

景初二年末，曹叡病情加重，他现在最想见到的人，就是司马懿。

虽然一开始曹叡并未打算把政权托付给司马懿，但是由于身边的人实在内斗严重，曹叡无奈之下必须如此行事。

司马懿得到了消息，快马加鞭一夜赶到。对于司马懿来说，这一幕他不是第一次见到了。当年，曹丕病重，也是这样。而曹叡对于他来说，是他的君王，也是他的知音。

司马懿终于赶回来了。他见到了那个躺在病榻上的年轻君主，曹叡哭了，他也哭了。司马懿是真的很伤心。曹叡看着他，握紧了他的手，这个时候他已经别无选择，对面的这个人辅佐了他十二年，在他最艰辛的时刻帮助了他，如今，他已经六十高龄，两鬓苍苍，为大魏立下了诸多功勋，当年的四位辅政大臣如今也只剩下他一个人，不信任他，还能信任谁呢？

但是曹叡，还是防了他一手。在这场最后的对决中，曹叡拼尽全力和司马懿较量了一番。

其实就当时来讲，曹叡是不愿意托孤给司马懿的，他选定的那个人是曹宇，并安排了四位辅政大臣——夏侯献（中央禁卫军的总司令，三品）、曹爽（四品武卫将军，属于禁卫军将领）、曹肇（四品屯骑校尉，是野战五校尉之首，曹休之子）、秦朗（四品将军）辅佐他，并没有司马懿。但是在历史的关键时刻，从来不会缺乏变数，而这次的变数，来自两个特殊的人——两个小人，他们就是孙资、刘放。

中书监刘放、中书令孙资久专权宠，与曹肇、秦朗等人不和，害怕魏明帝死后遭到清算，于是劝说魏明帝改立曹爽为大将军，招回远征辽东公孙渊的太尉司马懿一起辅政。曹肇等人坚决反对，但曹叡最终听从了刘放、孙资的建议，免去了曹宇、夏侯献、曹肇、秦朗的官职。

曹叡的这项人事决定可以说是聪明绝顶。要知道，由于曹魏限制宗室参政，所以曹爽并无功绩，和次辅司马懿相比，曹爽缺少功勋，而朝臣肯定也多有不满，所以曹爽不可能专权自恃，欺凌幼主；而对于司马懿来说，官大一级压死人，有曹爽在，司马懿便不能专擅朝政，还可以稳住他。而且，选择曹爽有三个理由：第一，他和曹叡关系很好；第二，他是曹真之子，也算曹氏亲贵，同出一门；第三，他很低调。

曹叡的安排，堪称完美。但是，纵使他很英明，却忘记了一点——权力，可以使人改变。

景初三年正月，魏明帝曹叡英年早逝，时年三十六岁，号烈祖。曹芳即位，随后曹爽开始掌权。

曹爽上任伊始就给司马懿加官进爵，他很清楚，如果没有司马懿的支持，自己根本不可能执掌魏国大政，因此他凡事都会请教司马懿，极其恭敬。但曹爽最大的问题是他有一群不靠谱的朋友。

仔细看曹魏后期历史就会发现，曹爽其实是一个很有想法的人。

他有梦想，但是没有经验。就如同很多刚刚走上社会的年轻人，曹爽发现，司马懿和自己的想法经常不一样，而他自己对司马懿除了尊敬，还有畏惧。如果要按自己的想法办事，就必须大权独揽，踢开这个绊脚石。

就在此时，一个特殊的人，在这个特殊的时间，提出了一个特殊的建议。那个人叫丁谧，字彦靖，是曹爽的谋主。丁谧提出的建议是，明升暗降剥夺司马懿的军权，同时将司马懿亲信的军权也剥夺。曹爽一个人掌握军队控制大魏。

曹爽还是太年轻了，太稚嫩了。

出乎曹爽亲信们的意料，司马懿欣然接受了曹爽的人事安排，舍弃兵权担任太傅这个虚职，同时被夺去兵权的还有太尉蒋济。曹爽的亲信深入各个要害部门，从中领军到禁卫军，司隶校尉统统换成了曹爽的人。

曹爽做得太绝了，也太明显了，但是他自己丝毫不觉得有什么不妥，在他看来，自己终于可以独掌朝政，司马懿再也不能牵制他了。他从没有想过一个问题——为什么司马懿没有丝毫的反抗？

当时司马懿保持了冷静，曹爽毕竟是首辅，如果自己出面与他对抗，轻则两败俱伤，重则身败名裂，全家被戮。司马懿对局势的判断非常正确：曹爽这个小孩子要的不过是自己手中的权力，而不是自己的性命。司马懿决定交出权力，麻痹曹爽。不过他非常清楚，大魏离不开他司马懿。

果不其然，正始二年，吴国大将朱然围攻樊城。当时的大魏，能统领荆襄大军抵御吴国的，也只有司马懿了。

司马懿主动请缨抵御东吴，曹爽虽然心里百般不情愿，但是出于手底下那些人实在拿不出手，只能让司马懿统兵抗吴。

其实这时司马懿出兵抗吴大有离开中央避祸的意思，而且只有再立新功才能让曹爽忌惮自己，不敢对自己轻举妄动。

司马懿不负众望，再一次击破前来趁火打劫的诸葛瑾和吴国将领。

"增封（司马懿）食郾、临颍，并前四县，邑万户，子弟十一人皆为列侯。"（《晋书》）司马懿勋德日厚，曹爽集团感受到了巨大的压力。

曹爽集团的核心，大部分都是所谓的正始名士。

比如著名的文学家兼玄学家何晏，字平叔，不但是玄学界元老级别的人物，而且还是著述颇丰的大文豪。然而何晏还有个爱好——服食五石散。五石散大致和今天的毒品差不多，成分比较复杂，据说吃完后可以飘飘欲仙。

再比如邓飏，字玄茂，早年不受重用，但是和曹爽的关系却很好，一人得道，鸡犬升天，而且他还干过一件事儿——卖官。邓飏曾在接受别人赠送的姬妾后为其安排官职，结果这事居然被挖了出来，令他颜面扫地。时人都说："以官易妇邓玄茂。"

曹爽的谋主丁谧倒是有点水平，但是他外宽内忌，人际关系相当差，而且属于政治暴发户，非常不受当时的士族待见。

贪污嗑药何平叔，以官易妇邓玄茂，外宽内忌丁彦靖，洛阳人称其三人为台中三狗。

同时被重用的还有曹魏宗室夏侯玄、夏侯霸等一大拨所谓的名士。这些人学术水平是有的，政治水平却没有。最关键的是，这帮人在错误的时间、错误的地点，作出了极端错误的判断。

正始五年，看见司马懿连年立功，曹爽下属商量一番之后，决定兴兵伐蜀。说实话，目的是对的，思路是对的，但是时间、地点、人选都不对。

这次伐蜀，司马懿是反对的，但是曹爽此时已经什么都听不进去了。

事实证明，这个决定极其不靠谱。蜀国大将军费祎以逸待劳，诱敌深入，在骆谷大破魏军，魏军兵进骆谷转运困难，结果后援不济，被打得丢盔卸甲、损兵折将。经此一役，曹魏元气大伤，民怨沸腾，百官愤恨。

其实直到这时，司马懿也并没有打算剪除曹爽，直到正始八年，曹爽听从何晏、邓飏、丁谧的建议带兵入宫，废除了郭太后（魏明帝的皇后）的辅政之权，将她迁往永宁宫，曹爽终于摘下了面具，彻底掌控了朝政。

《晋书》记载："专擅朝政，兄弟并掌禁兵，多树亲党，屡改制度。"

要想让一个人灭亡，就要先让他膨胀。司马懿知道，现在是时候了。

◆ 惊变高平陵

观点斗争是假的，方向斗争也是假的，权力斗争才是真的。帝王的统治历史，哪有那么多正义可言！

曹爽看起来强大，其实不堪一击。扳倒曹爽，司马懿所需要的是三件武器：

第一件，叫作威望。对于司马懿来说，剪除曹爽所需要的威望，他早已经拥有了。作为大魏的四朝老臣，能和他相提并论的三个辅政早就死了，他南征北战，擒孟达，破辽东，拒西蜀，击东吴，门生故吏遍布朝堂，旧部精英充满军营。纵观朝堂，无论魏蜀吴哪一国，都没人能和他比肩而立！

第二件，叫作兵马。纵观历史上的政变，兵马始终是最重要的部分。曹魏政权在京都洛阳最重要的军事长官大部分被曹爽兄弟掌握，看上去，司马懿是无兵可用的。可是，他们忘了，司马懿的儿子司马师可是中护军。当时的京都防务最重要的职位有两个——中护军和中领军，中护军是司马师，中领军是曹爽的弟弟曹羲。只要控制了曹羲，司马师便可以独掌禁军。虽然曹爽后来毁中垒和中坚二营，削弱了司马师的兵权，但是他并不知道，司马懿还为他准备了第三件秘密武器。

第三件，叫作人心。威望？兵马？这两样东西是很关键，但却不是最关键的，最关键的东西，叫作人心。之前我们说过，曹爽是个很有想法的年轻人，但是，他没有经验。司马懿对他采取了坐观成败的态度，让年少得志、一飞冲天的曹爽丧失了理智。曹爽仓促伐蜀，任用亲族，最关键的是，他做了一件绝对不能做的事——得罪了士族。

自从实行九品中正制之后，士族更是权势滔天，各级官僚几乎都被世家大族把持，他们已经形成了牢不可破的利益链条。但是曹爽任用不得志的何晏、邓飏等人，并且改革了九品中正制，想突破世家大族对官僚系统的封锁，曹爽等人还提出要简并郡县，说穿了，就是裁员。

虽然史书并未正面描写曹爽等人的治绩，但是从侧面来看，曹爽集团还是有一定治国之才的，并非一无是处。然而这一切，都是士族们绝对不能容忍的——曹爽彻底站在了士族的对立面。

相比之下，司马懿就深孚众望。司马懿在曹叡死后做的一件事情就是——罢修宫室。

司马懿的这一举动得到了人们的广泛赞许，当时，曹爽一党有个很大的问题就是骄奢淫逸、贪图钱财，这个举动正中曹爽的要害。再加上司马懿善于收买人心，又一直表现得十分谦虚，最关键的是，由于曹爽改革人才制度，任用了大批少壮派官僚，导致原本的士族倒向了司马懿，作为河内大族，司马懿俨然成了士族魁首，而曹爽已经成了士族的公敌。

胜负已经不言而喻——得士族者得天下。

尽管如此，司马懿还是不能立刻动手。他还需要等待一个时机，一个足以将曹爽集团一网打尽的时机。在这之前，他需要的是——伪装。

善攻者亦善守，而善守者，藏于九地之下。

正始八年，司马懿的夫人张春华死了，司马懿也称病不出。

对于司马懿的病，曹爽是相信的，毕竟司马懿已经老了，加上连年在外征战，在内劳心内政，生病倒也是在情理之中。不过曹爽还是做了次试探。

正始九年，曹爽的党羽李胜出任荆州刺史，出行之前李胜前去拜访司马懿。司马懿颤颤巍巍地走了过来，身旁两个侍女搀着他。他指着嘴说口渴，侍女喂他喝的粥却都顺着他的嘴角流了下来。这个大魏的顶梁柱、四朝老臣、司马太傅，竟然已经病成了这样。李胜震惊之余便道："朝野上下都说司马公中风复发，没想到竟然这么重。"

司马懿使出了浑身力气才说道："我年老体弱，恐怕不久于人世，你担任并州刺史，并州苦寒，你得注意防备胡人，我这俩儿子还得靠你照顾他们啊！"

李胜纠正道："太傅，我是去当荆州刺史，不是并州。"

司马懿缓缓答道："你刚去过并州？"

李胜哭笑不得："司马公，是荆州，不是并州。"

司马懿一脸生无可恋："唉，我真是耳聋眼花了，你此番回到家乡，正好大展宏图建功立业啊，去吧去吧。"

李胜将情况回报曹爽，自此曹爽对司马懿放松了警惕。

麻痹对手是为了等待一个时机，而这个时机终于要来临了。

嘉平元年正月甲午，曹爽率领着自己的亲信和皇帝曹芳（十八岁），驾幸高平陵。司马懿提前得知了这个消息，他拿起尘封的宝剑，穿上久违的战甲，召集了所有的亲信。胜败在此一举！如果赢了，就将权倾天下，如果败了，就将株连九族。

司马懿对他守护了几十年的洛阳城发出了总攻令。

司马懿分配了进攻任务，司马孚、司马师控制司马门，司马懿亲自掌控武库，司马昭控制两宫，而司马懿的其余亲信将接管曹爽弟弟手下的禁军。

洛阳人民惊恐地看着成队的死士穿过街道，占领司马门，径直攻入皇宫。

司马门是皇城最重要的地方，连接着内城和外城的武库。丧失司马门后，内城的禁军没有充足的武器，彻底丧失了战力，而外部的禁军没有内部的消息也不敢轻举妄动，整个皇城已经彻底被一分为二。

司马懿秘密命令司马师豢养的死士从城外蜂拥而至。

那些是司马师的死士，是敢死的精锐，他们冰冷的刀尖透露出汹涌的杀气，眼神之中满是凶狠的杀意。转瞬之间，锋利的钢刀已经架在了禁军们的脖颈上。然而，更令他们恐惧的是，从后面的车架上走下了一个白发苍苍的老人。他们惊恐地发现，那个人正是据说已经奄奄一息、即将不久于人世的司马太傅。他没有了往日祥和的神色，取而代之的是宛如深渊的决绝。

他正襟而立，手握宝剑："太后，曹爽胡作非为，朝野哗然，今太尉蒋济、司徒高柔以及臣等皆以为必须夺其权、困其身，方可救社稷于危难之中。还望太后以社稷为重。"周围的甲士紧握着手中的兵器，凶神恶煞。

郭太后拿起了御笔，宣判了大魏的死刑。就这样，司马懿得到了政治上最大的筹码。

而此时，上天还给了曹爽最后一次机会。大司农桓范是曹爽的智囊，与那些所谓的名士不同，他是一个精通权谋、深通韬略的人，此时他已经逃奔到曹爽处。然而司马懿却并不担心，他了解曹爽，知道他驽马恋栈，必然不会离开洛阳。于是，司马懿下令接掌全城防务，命令高柔假节接管曹爽的军马，控制洛阳全城。

城外的曹爽也已经知道了城内的变化，他召集手下上千屯田军士修筑了一道防线，就在这个时候，桓范来了，建议曹爽离开洛阳，迁往许昌，召集大兵挥师平叛。在当时看来，这是唯一的出路，而且也是最有可能的出路。但是，曹爽拒绝了。

司马懿派许允和陈泰去劝说曹爽，又派曹爽信赖的校尉尹大目前来告知，司马懿保证只是夺去他的权力，并不会伤害他，并指着洛水发了誓。曹爽最后做出了一个极其悲哀的判断："司马公正当欲夺吾权耳。吾得以侯还第，不失为富家翁。"

桓范绝望了，他苦劝无用，泪流满面："受你连累，我也会被灭族啊！"

正始十年正月，历一日一夜，大将军曹爽回朝叩首，请旨认罪。皇上立即免去曹爽兄弟的职位，让他们以侯爵的身份归家。

曹爽回府后遭到严密监视。据史书记载，曹爽府邸四面都有高塔，他往哪里走哪里就有人报警，简直比坐牢还憋屈。

有司奏告说黄门张当私自把选择的才人送给曹爽，怀疑他们之间有奸媒，后廷尉查实曹爽及其党羽曹羲、曹训、邓飏、丁谧、毕轨、李胜、桓范等图谋造反，证据确凿，诛之，并夷灭三族。

基本上本着剪除元凶首恶的态度，司马懿并没有大肆屠杀，甚至还放掉了两个重要的人物。这两个人不久后，又将带来新的风暴。

这次屠杀还有着更加深远的意义，在中国历史上，自从秦始皇焚书坑儒之后，针对名士大族的屠杀以及名门之间的互相屠杀，这其实算第一次，开了一个恶劣的先例。

司马懿屠杀的是时人公认的正始名士，他冲着士族高贵的脸庞狠狠地打了一巴掌，自从董卓之后，司马懿再次告诉这些所谓的名门——有权的才是老大！

司马懿扫除了曹爽一党之后，权倾朝野。

在这次政变之中，司马太傅凌厉果断，雷霆一击，将曹爽势力连根拔起，事后又秉着宽大为怀的精神赦免了许多曹爽的部下，堪称教科书式的军事政治行动。

虽然这次改变是成功的，但却有个很大的败笔，司马懿杀死的是一群虽然骄狂，虽然放荡，虽然愚昧但是却志在天下的年轻人，他杀死了大魏有志青年上升的通道，让这些有志青年认为，那所谓的朝廷，不是理想抱负的试验场，而是阴谋诡计的虎狼窝，投身于此的人，只能趋炎附势，逢迎谄媚，在屠刀之下生活。从此以后，天下名士无志于国。

然而，更现实的事情是，所有人都看见了大魏的四朝老臣司马懿，已经成了一个新的曹爽。封建社会那所谓的效忠，在权势的诱惑面前不值一提。

曹爽掌权的十年，皇帝曹芳从一个孩子成长为翩翩少年，现在曹爽已死，他觉得自己终于熬出头了。但是，在此之前，他必须知道司马懿是否还忠于大魏，于是，他高兴地要授予司马懿丞相的位置。其实，这就是一次试探。司马懿拒绝了。皇帝觉得可能是自己的封赏太低了，于是嘉平元年十二月，曹芳授予司马懿加九锡之礼。所谓"九锡"，就是九种特殊的礼遇，包括车马、衣服、护卫等。九锡之礼，王莽、曹操、孙权都接受过，也就是说，它几乎与"篡位"无异了。这又是一次非常明显的试探，司马懿再次拒绝了。

司马懿拒绝的原因是时机还不成熟。曹魏宗室虽然深受打击，但是百足大虫死而不僵，忠于曹魏的势力依旧非常强大。

司马懿把他的一切都留给了他的儿子们，希望他们主宰下个时代。在此之前，司马懿还得帮他们解决一个敌人。

说起来，司马懿上台还是有人不服的，而且还不少。司空王凌就是代表之一。

王凌也是大魏的四朝老臣，他的叔叔是大名鼎鼎的司徒王允。

王凌早年是相府出身，也算是战功卓著，由于他资格老、威胁小，成了曹爽积极拉拢的对象，曹爽上台之后把他当成帝国的武力支柱，让他守卫淮南地区，防备吴国，他和他外甥令狐愚都手握重兵，所以司马懿上台之后并不想招惹他，还积极笼络他，但是王凌怕司马懿算旧账，就打算废了曹芳这个傀儡皇帝，立楚王曹彪为君。

嘉平三年，王凌趁孙权封闭涂水之机，诈称东吴来犯，向朝廷要兵符，表示要亲率大军击退东吴。他还派出了心腹杨弘去说服自己的党羽兖州刺史黄华和自己一同举事。结果，杨弘直接和黄华一起把这事报告给了司马懿。司马懿闻讯直接亲率大军讨伐王凌。

王凌知道自己手下的那点兵力根本不可能和身经百战的司马懿大军相抗衡，于是自缚投降。途经贾逵祠，王凌申冤般呼叫："贾梁道，王凌忠于魏之社稷，唯尔有神，当知。"是夜，王凌自杀。其后，司马懿逮捕王凌余党，夷灭王凌三族，将楚王曹彪赐死。司马懿乘势囚禁诸王于邺城，严加看管，甚至连互相之间的通信都不允许。至此，曹魏宗室已经彻底没有了还手之力。

然而，也许是贾逵有灵，也许是王凌作祟，也可能是司马懿真的内心有愧。嘉平三年八月戊寅，在多次梦到贾逵和王凌作乱之后，司马懿这个四朝老臣于京师去世，时年七十三岁。

此时，距董卓驱使虎狼之师兵进洛阳、天下大乱六十二年，距曹操击败袁绍称霸北方五十二年，距曹丕篡汉自立三十一年。

各路人马明争暗斗，但是到了最后，司马懿成功解决了曹爽，成了新的霸主。司马懿死后，其子司马师以抚军大将军掌政接管魏国军政大权。

司马懿卷，终。

起于名门，生于乱世。奇才卓绝，经纬天地。西破巴蜀，东拒孙吴。刚毅决绝，斩孟达于旬日之间；奇谋妙算，定公孙于计日之内。御诸葛于北原，诛曹爽于京师。忍常人之所不能，为天下之所难为。英雄当世，谁可与敌？

更兼屯田减赋之功，养育生民之德，实天下之仓廪，强大魏之武库。

然卿杀伐过甚，奸伪负恩，屠戮公卿。终失宽仁之道，开两晋凶虐之风。

然则生于乱世之中而负雄伟之志，仗一己之能而逆万乘之尊，夺曹魏四世帝业，开两晋百年肇端岂不壮哉？！

——不才兰陵柳叶刀敬言

卷二
司马师卷

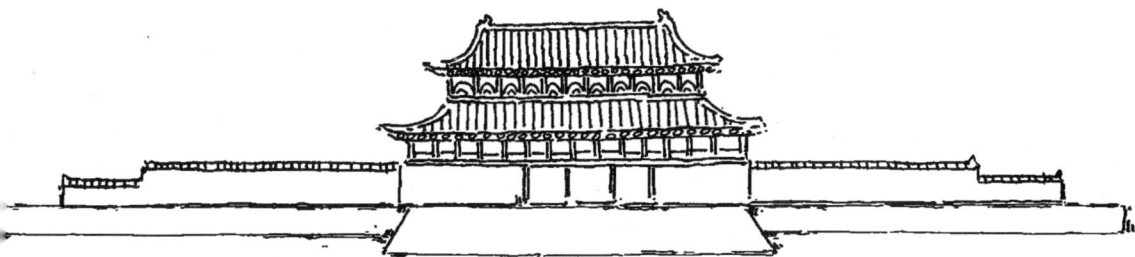

◆ 子承父业

新的时代拉开了帷幕。

说起来，司马懿虽然死了，但是他和他的父亲一样，为自己的儿子们留下了丰厚的遗产。

他的有形遗产是大魏。

经过曹魏三代君臣和曹爽以及司马懿等人的苦心经营，大魏已经成了带甲百万、良将千员的超级大国，人口超过吴蜀两国总和，在战略上占据绝对优势。而蜀国在丞相诸葛亮死后，国力迅速下降，外加后继者水平实在有限，战略上已经基本转为被动防御。吴国的问题更大——内乱，孙权在位时做了一件动摇国本的事情——废太子，这也直接使得吴国的潜力大受影响，孙权死后，吴国权臣相继指挥失控。

大魏后期屯田卓有成效，司马懿限制宗室，大举发展国力，使得大魏的实力进一步上升，无论是软实力还是硬实力，魏国都堪称三国第一。

他的无形遗产是人脉。

司马懿多年以来和高柔、蒋济、陈群、吴质、荀氏、贾氏等大魏士族结成了利益共同体。他们已经是一荣俱荣一损俱损的强大集团，正是凭借着士族的支持，他才能在对曹爽的最后一战中一举成功，而这些人脉关系，他都留给了他的儿子们。司马师的妻子夏侯徽是夏侯尚之女，司马昭的妻子则是大名鼎鼎的王朗的孙女王元姬。司马氏背后是大魏的士族集团，根基深厚。

除此之外，司马懿也给他的儿子们留下了一大把的优秀人才。

比如州泰，出身低微，在当荆州刺史裴潜从事时被司马懿看中，在讨伐孟达的曹魏关键战役中担任向导立下汗马功劳。不过很不幸的是，他连续死了父母和祖父，按照重视孝道的汉制，他得在家守制九年。一般来说，这样的人在仕途上已经没救了。但是司马懿居然虚位以待等了他九年，他回来复职一个月就被升任太守。

比如邓艾，关于他的故事，我们以后还会提到。总而言之，司马懿的所有人才都被他的儿子们继承了。

司马懿留下的第三样遗产，也是最重要的那份遗产，叫作教育。

重视教育一向是司马家族的传统，从司马儁开始，整个司马家族就人才辈出，于是便有了号称"司马八达"一门的青年才俊，司马朗、司马懿、司马孚都是人中龙凤，名冠一时。司马懿同样非常重视子女的教育。

司马懿晚年宠爱小妾柏夫人，张春华当然是相当嫉妒了，有一次绝食抗议，两个孩子也跟着一起绝食，司马懿居然吓得赔礼道歉了。后来司马懿表示："我可不是心疼那个老太婆，我是心疼我那两个好儿子啊！"

从这件事上来看，司马师和司马昭应该是相当孝顺的，同时，也能看出司马懿是个爱孩子的好父亲。在父亲的悉心教导下，司马懿的儿子们都才华横溢，比如司马师就和大文豪何晏还有著名文学家夏侯玄齐名。然而这些还远远不够，司马懿真正要教给他们的，是自己的权谋之道。

正始十年正月初六，高平陵之变爆发，但是在之前的一夜，司马懿告知自己的儿子全盘计划。史书记载，那一夜，司马昭彻夜未眠，司马师却安枕如常。

第二天，司马师陈兵司马门为司马懿的胜利奠定了坚实的基础。在此之前，司马师也是司马懿儿子中唯一知晓全盘计划的人。司马师见证了父亲的忍耐，见证了父亲的决绝，见证了父亲的果敢和智谋。

嘉平三年，司马懿死，同年，司马师以抚军大将军掌权，时人以伊陟（伊尹之子）视之。

司马师的继任相当顺利，其主要原因在于朝野内外已经全是司马懿的门生故吏，好友亲族。然而也是因为继任者司马师是个天才。

"惟几也能成天下之务，司马子元是也。"（《晋书·景帝纪》）这是大文豪何晏对司马师的评价。大意是说：能做惊动天下大事的人，也就是司马子元（司马师）了。虽然何晏为人确实不太靠谱，但是这个评价却相当靠谱。司马师确实是个能做大事的人。

司马师擅长权术，早在担任中护军的时候就震惊了许多人。

司马师的前任，担任中护军之职的是蒋济。蒋济的私德不太好，竟然在任上卖官，时有民谣讽道：“欲求牙门，当得千匹；五百人督，得五百匹。”（当牙门将军得一千匹绢，五百人督这种小官也得五百匹。）

司马师上台之后，禁军系统的官吏们惊讶地发现，这位司马公子清正廉洁，从不收受贿赂，和前任那可是天壤之别。此时，司马师不仅安插了大量的亲信，为政变铺平了道路，清正廉洁的形象也为自己赢得了舆论支持。

司马师在中护军的位置上经营多年之后，司马懿发动高平陵之变，司马师配合父亲对曹爽集团发动雷霆一击，一举帮助父亲掌握了朝权。司马师在政变中表现冷静，处事谨慎，表现出了完全不亚于其父司马懿的能力。

嘉平三年，在扫平了王凌叛乱之后，司马懿病重。病榻上，司马懿对两个儿子进行了最后一次考验。

司马懿将儿子们叫到跟前，缓缓说道：“吾事魏历年，官授太傅，人臣之位极矣；人皆疑吾有异志，吾常怀恐惧。吾死之后，汝二人善理国政，辅帝平九州，慎之！慎之！”

听上去，这属于人之将死其言也善，但这番话却有两个重点，司马懿为什么说“吾常怀恐惧”？为何叫儿子“辅帝平九州”？

纵观司马懿的一生，他恐惧的并非人言，而是对其权力的威胁。他害怕的无非是这些魏臣不服，图谋反叛，以及自己死后遭到清算。

自从两汉以来，位高权重者虽然名重一时，常常可以权倾朝野，无人可及，但是下场经常很惨。西汉霍光权势熏天，霍氏家族更是显赫无比，但是在霍光百年之后皇帝便开始了反攻倒算，尽屠霍家满门。东汉的邓骘、窦宪、梁冀尽皆如此，而最近的，还有何晏的父亲——大将军何进。司马懿当然明白这个道理，所以他这番话的真实意思是：“儿啊，千万不要交出权力，要紧紧地抓着朝廷大权才能保我司马氏一门荣华平安啊！”

司马师不愧是个天才，很明显对父亲的话心领神会。

司马师上台之后，“嘉平四年春正月迁大将军，加侍中，持节、都督中外诸军、录尚书事”（《晋书》），基本上把持了朝廷的全部军政大权，曹芳已经完全成了他的傀儡。

话说新官上任三把火，司马师既然接替了父亲的职权，自然也要先为朝廷立功，以震慑群臣增加声势，司马师决定先发制人，讨伐东吴。

其实原因很简单，魏嘉平四年，曾经与刘备和曹操争斗不休的孙权孙仲谋死了。说起来，孙权虽然统兵征战鲜有胜绩，但是他的治国之才却为世人称道，他继承父兄基业，算得上是一个优秀的守成之主。

孙权死了，他只留下了自己最小的儿子——孙亮。孙亮只有十岁，又一个曹芳诞生了。吴国的执政大权实际上由孙氏集团和士族集团共同掌控，后者的代表就是太傅诸葛恪。

无论是出于政治考虑还是军事考虑，不管是趁火打劫还是趁机立威，司马师肯定是要趁机出兵建功立业了。只不过在于打哪里，怎么打。

诸葛诞的建议是进攻东吴的东兴大堤。说起来，诸葛诞还属于曹爽一党。曹爽上台以后，果断起用诸葛诞，让他当了扬州刺史并且加封他为昭武将军。

按理来讲，诸葛诞在曹爽一党被清算的时候理应被一同处理，怎么会到了司马师上台还能出现在新朝官员的名单之上呢？第一，诸葛氏在当时可是名门望族；第二，可能是因为司马懿征讨王凌的时候，诸葛诞被司马懿重用，假节都督扬州军事，成了曹魏对东吴的重要支柱；第三，他和司马师关系不错。

当时东吴在东兴地区新修两城，立足未稳，诸葛诞认为这是东吴在蚕食魏国，建议发动重兵出击，将吴军彻底歼灭。他提议由王昶和毌（guàn）丘俭两人分别进攻战略重镇江陵和武昌牵制吴军，然后精兵直进，消灭东兴的吴军达成战略目标。

与此同时，王昶、毌丘俭和胡遵也都提出了各自不同的破吴方略。王昶是司马懿亲自提拔的魏国对东吴大杀器，嘉平二年，王昶还率军大败东吴施绩。而胡遵和毌丘俭都是司马懿的老牌亲信，当年征讨公孙渊之时，胡遵就是先锋，而毌丘俭在和司马懿一起击破公孙渊之后也替大魏镇守北方多年，甚至讨伐高句丽一路杀到了俄罗斯境内，一度打破了我国古代对东北控制的纪录，堪称战功卓著。

然而，司马师还是听取了诸葛诞的计划。嘉平四年，司马师不顾尚书傅暇的反对，发兵攻打吴国。他弟弟司马昭担任名义上的主将，宿将王昶攻南郡，毌丘俭攻武昌作为策应，诸葛诞、胡遵率领主力共七万人直攻东兴。

吴国太傅诸葛恪很快便有了反应，亲自率领四万大军救援东兴。大战一触即发。

胡遵作为本役的主将，在到达东兴之后立刻指挥进攻。然而魏军虽然在人数上占优势而且已经占领了堤坝，但是东吴的新城地势很高而且很坚固，魏军属于仰攻，实际上处于不利位置，魏军前锋的攻击十分不顺，久攻不下，士气受挫。

相反，一向高傲的诸葛恪本次却十分冷静，他派出了老将丁奉作为前锋，正是这个人事任命扭转了战局。

丁奉堪称东吴三朝老臣，经验相当丰富。魏军远道而来，立足未稳，如果让他们站稳脚跟，那对战局将相当不利。面对来势汹汹的魏军，丁奉作出了极其正确的判断——快速突进，直奔魏军大营。

丁奉率部猛进，只用了两天便到达东兴地区并占领了徐塘。然而这个时候，胡遵却在大营喝酒吃肉。兵家有云："骄兵必败！"

一时间，吴军声势浩大，锐不可当，魏军兵败如山倒，溃不成军。魏军争相冲上浮桥逃跑，致使浮桥断裂，落水及自相践踏而死者达数万人。大将韩综、桓嘉都死于乱军之中，惨烈非常。自从石亭之战以来，大魏还从没遭受过如此惨败。

此战之后，诸葛恪权倾朝野，掌握了吴国军政大权。

◆　乱世的权谋家

东兴一战惨败，这场战役的名义主帅是司马昭，实际总司令是司马师，担任佯攻的是王昶和毌丘俭，战役主将是胡遵和诸葛诞，诸葛诞驻扎在西岸，其实并未遭受什么损失。这么看来，司马师、胡遵、司马昭肯定是负主要责任。按例来说，轻则降职，重则问罪，但这样做，司马师的威望和实力肯定会大受影响。

司马师刚刚掌权不久，执意伐吴遭遇大败本身已经是非常沉重的打击，如果不能妥善处理后续事宜，肯定会威望尽失，还造成更加恶劣的后果，搞不好还会威胁自己的统治。

司马师在处理这个危机时展现出了自己天才的一面。他首先将责任归于自己，"我不听公休（诸葛诞），以至于此。此我过也，诸将何罪？"从字面上来看，司马师承认了自己的领导责任，外加不听忠言之罪。但实际上，这是极其高明的一句话，堪称能载入史册的一句话。

这次战役本就是司马师坚持己见发动的，无论功过都在他一人，最多加上司马昭和司马家族的鹰犬胡遵，但是他这样说，倒像是他替众将背了黑锅。

司马师这句话还捞了一个人——诸葛诞。东兴战役的计划基本就是按照诸葛诞的计划实施的，但是司马师却说自己不听诸葛诞之言以致失败。若要追究责任，那诸葛诞恐怕是罪责难逃，但此言一出，诸葛诞瞬间变成了怀才不遇的忠臣。

这个计策，也只有司马师这种天才权谋家，才能如此自然地用出来。

另外他削了二弟司马昭的称号，并对换了主要参战将领的防区。一番动作下来，群臣均表示信服。

但是事实是避免不了的，输了就是输了，你掩饰得再好，也得吃掉自己种的苦果。

树欲静而风不止，羊欲静而狼不休。

嘉平五年三月，已经掌握了东吴重权的太傅诸葛恪与蜀汉姜维联合，发动二十万人气势汹汹直奔魏国而来。

诸葛恪年少便负有盛名，多年来扫平山越、剪除异己，对外更是取得东兴大胜，俨然成了东吴版的司马懿。但是他有一个最大的性格弱点——狂傲。

一个人最危险的时刻，就是在他认为自己必然成功的时候。东兴的大胜迷惑了诸葛恪，他认为魏军脆弱得不堪一击，凭借东兴的余威，只要此次东西夹攻重兵出击，必定可以建立大功。

东兴之战后，司马师起用了一个人——司马懿的三弟司马孚。

与哥哥司马懿一样，司马孚也算得上是一代奇才。早年，司马孚就和二哥司马懿、大哥司马朗等兄弟并称"司马八达"，才名显赫，时人称颂。

当年司马懿是曹丕一党，而司马孚则是曹植的心腹。后来，曹丕在储位争夺中明显处于上风，司马孚觉得形势不对，也转投曹丕当起了太子中庶子。

建安二十四年，曹操死后，曹丕便承继了魏王大位。那么看来曾经作为曹植心腹的司马孚的政治生涯估计要告一段落了吧，但是没有。

曹操死后，司马孚做的第一件事就劝曹丕不要太伤心，接下来做了大量的工作，比如整理禁军、准备丧仪等，为曹丕继位铺平了道路，立下如此大功，曹丕自然不好难为他了。

曹丕死后，凭借着二哥司马懿如日中天的权势，司马孚也是一路顺风顺水。兄弟二人各有所长，司马懿任大将军统兵作战，司马孚则是度支尚书管理大魏财政，兄弟二人一个管兵一个管钱，堪称大魏的两大支柱。

很快，曹爽就领教到了司马兄弟的厉害，在司马懿装病的时候，司马孚也放下权力麻痹曹爽，直到高平陵的雷霆一击。

然而司马孚最高明的地方并不在此，他最擅长的是趋利避害，最拿手的是给自己留一条后路。

嘉平五年五月，司马孚督军二十万应对吴国诸葛恪。二十万对二十万，很公平。

诸葛恪的战略目标自然是攻略淮南地区，但他从来没指挥过二十万之众，于是在属下的劝谏之下，打算包围新城，然后来一个围点打援。这一招可以说是经久不衰，成功案例更是多如牛毛，可惜，他的对手是司马孚。

司马孚的部下提出要救援新城，但是作为一个内政专家和军事外行，司马孚从另一个角度考虑了这个问题。诸葛恪发动二十万人，堪称倾国之兵来进攻魏国，他必然有一个非常大的问题——钱粮。打仗在很多时候打的就是钱粮。

司马孚执掌魏国内政多年，自然深知这个道理。他判断吴国此次虽然势大，但是依据吴国的国力，肯定不能支撑很久，只要诸葛恪对新城久攻不下，又不能歼灭魏国主力，必然不战自退。

所以司马孚干脆就在寿春住了一个月，坐看诸葛恪围攻新城。

这招非常眼熟，没错，这招和他二哥司马懿的策略属于一个思路。

话说二十万人围攻新城确实不是盖的，东吴军队对着新城日夜猛攻，诸葛恪还在城外堆起了土山，声势浩大。

这可就苦了一个人——守将张特。新城守军只有四千人，张特感受到了巨大的压力。在坚守了九十多天之后，城墙已经四面漏风，城内士兵也伤亡惨重，张特苦思冥想，只剩最后一个办法了——他决定诈降争取时间。张特对吴军说自己愿意投降，但是无奈城里面有一堆人不愿意投降，自己可以做他们的思想工作。为了取得对方信任，他还把自己的印信扔给吴军作为证明。诸葛恪居然信了。

然后，张特连夜拆房子修补城墙，到了第二天居然修补得七七八八了。这下诸葛恪傻眼了，一夜不见眼前又是一座满血复活的坚城。于是，诸葛恪愤怒了："全力攻城，言退者斩！"

然而，诸葛恪的攻城并不顺利。时值盛夏，卫生条件太差，营中士兵爆发了瘟疫，东吴军队死伤惨重。营中将领纷纷表示应该撤退，但是诸葛恪不想无功而返，所以还是固执己见，不撤。老将朱异与诸葛恪意见不同，诸葛恪直接夺了他的兵权；蔡林也对诸葛恪多次进言，他都没有接受。蔡林看到诸葛恪刚愎自用，一怒之下投降了大魏。于是，诸葛恪的虚实瞬间暴露了。

这时司马师在洛阳指挥司马孚、毌丘俭等人迅速进军讨伐诸葛恪。司马孚自然抓住了这个稍纵即逝的战机，果断发动全线进攻。

诸葛恪此时已经是强弩之末，所率部队遭遇大败，只能退回吴国。之后不久，诸葛恪被孙氏宗室杀死，夷灭三族。诸葛家在吴国的投资彻底宣告失败。

此战把东兴之战的不良影响一扫而空，同时西线的姜维被陈泰稳住，已经撤退，一场巨大的危机被司马师轻松化解。

选贤任能，收放自如，西守东攻，运筹帷幄。司马师真是颇得司马懿和魏明帝真传啊！

但是司马师并不知道，危险正在向他靠近。

之前提到过，当年在高平陵事变中，司马懿放过了曹爽的两个党羽，其中一个是诸葛诞，另外一个就是夏侯徽的哥哥夏侯玄。

如果说诸葛诞因为不算是曹爽集团的核心成员所以没有被杀，那夏侯玄看起来则没有那么多理由了。夏侯玄绝对是曹爽集团的核心成员，正始名士的代表人物。曹爽的政策主张有很多都出自他的手笔，比如降低中正权力，简并郡县，等等。值得一提的是，这些事情曹爽没完成，反倒被司马氏完成了。

这么看来，在那次惊天巨变之中，夏侯玄也应该在劫难逃。

当高平陵事变发生之后，他接到了来自洛阳的命令——回朝。他的叔叔夏侯霸直接反了，投降了蜀汉将军姜维。夏侯玄默默交出兵权，返回洛阳。在他看来，司马太傅虽然会杀曹爽，却不会杀他。

夏侯玄回朝之后，司马懿任命他为大鸿胪卿，一个虚职，不久他又被调任为太常（主管祭祀），虽然算是被剥夺实权、严加看管，但是并无性命之忧。这期间，夏侯玄日子倒也过得安逸。直到那一年——嘉平三年，司马懿死了。

一看司马懿死了，夏侯玄的宾客许允立刻前来祝贺他，总算是有了出头之日。夏侯玄却淡淡地表示：司马懿活着，我尚能被以礼相待，司马懿死了，子元子上（司马师兄弟）是容不下我的啊！

嘉平六年，危险进一步向所有人靠近。

其实司马师上台之后并没有太难为夏侯玄，毕竟他是自己的亲戚。大将军司马师表面看是很宽容的统治者，他功赏于下、罪归于上，还是深得人心的。

此时，就不得不提另一位人物了。

司马师上台之后，提拔了一批后进官员作为人才储备，这些官员里面有一个人，叫作李丰。嘉平四年，司马师任命李丰为中书令，补上了父亲司马懿的空缺。

李丰也是正始名士的典型人物之一，早年便负有盛名。有一次曹叡问东吴投降过来的人："你听说过海内名士有谁啊？"他直接回答："我听过李安国（李丰）。"

与何晏那一帮人不同，李丰的智谋不容小视。早在曹爽时期，李丰就在曹爽和司马懿之间来回游走，左右逢源，这才使得他在高平陵之后得以保全。所谓"曹爽之势热如汤，太傅父子冷如浆，李丰兄弟如游光"，虽然是民间评价，不过也能看出他绝对是个高智商的人。

李丰这种不依不靠的态度有效保全了自己。这次任命他是不太愿意接受的，因为他的儿子娶了曹叡的长女齐长公主，他可算是曹芳的亲戚，属于外戚。

　　李丰是个很有想法的人，在看似文弱的外表下，有一个惊人的计划。然而这个计划的核心，除了夏侯玄之外，还有一个人，这个人就是曹芳的岳父——张缉。

　　张缉的基本履历看上去平淡无奇，但他却是一个优秀的谋士和干才。连曹叡都评价过他的才能在二千石以上，那可是高官才有的俸禄，可见其能力之强。

　　张缉的分析能力相当惊人，东兴之战后他说出了一句惊人的话："诸葛恪虽然获得了胜利，但离死也不远了。"司马师当时很不理解，张缉对他解释："诸葛恪本性高傲，本次大胜必然会膨胀，如此功高震主，声望惊人，还能不死吗？"后来还真的被他言中。

　　嘉平六年，张缉、李丰阴谋杀死大将军司马师，夺取政权，让夏侯玄执政。

　　张缉和李丰、夏侯玄，他们能为了同一个目标而联手，也许是因为他们都有着同一重身份——外戚。

◆ **皇帝的朋友们**

早在秦始皇统一中国之前，外戚就已经成为中国政治舞台上一股强大的力量。外戚指的是皇后的母族。从根本上来说，外戚的权力来自于后权，后权来自于君权，反过来，如果外戚权势上升那么后权也会上升，君权则会相对衰落。

两汉外戚掌权实在是皇帝无奈的选择。

汉初时期，由于汉承秦制，大臣权力极大，堪称君臣共治天下，汉高祖刘邦分封的异姓诸王实力堪与中央抗衡，他们纷纷反叛，刘邦无奈之下只能逐个剿灭。而就算是在中央，宰相萧何剑履上殿，入朝不趋，赞拜不名，朝堂之上几乎与皇帝等同，权臣周勃、陈平稍加谋划就能号召力量消灭诸吕，可以说这支力量随时有可能掉转枪头对准皇权。于是，皇帝开始选择自己的宗室。

汉高祖刘邦转而依靠刘姓宗室护卫，但是事实证明，那些刘姓宗室比大臣们更加危险。我也姓刘，为何我不能坐那个位子？七王之乱彻底毁灭了刘氏帝王们不成熟的幻想，他们终于知道那些宗室子弟比大臣们更加危险。

就在这个时候，皇后进入了他的视野。

对于皇帝来说，皇后是自己的枕边人，自然也是自己最信任的人。最关键的是，除了皇后，自己还能信任谁呢？皇后从此青云直上。帝后共治天下由此开始。

从汉武帝开始，皇帝开始分割相权。汉武帝吸取前代教训，削弱宗室力量，实行推恩令，通过提拔寒门子弟，强化中书尚书的力量，在朝堂中进行制衡。汉武帝最重用的武将卫青是皇后卫子夫的弟弟，霍去病是卫青的外甥，汉武帝亲自挑选的辅政大臣霍光是霍去病的弟弟，他们都属于外戚。而外戚也为汉朝立下了赫赫功劳。

在汉武帝看来，外戚是自己最重要的力量，是帝国最可靠的支柱，但是，雄才大略的汉武帝却未料到，外戚有时候也是靠不住的。

汉武帝死后，大将军霍光废立天子，拉开了外戚专权的大幕。

整个两汉期间，外戚专权成风，皇权受到了巨大的威胁。西汉的超级太皇太后王政君利用自己的母族把持朝政，最后培养出了安汉公王莽——毁灭了西汉。纵观东汉，窦宪、邓骘、梁冀、何进等都是以外戚身份掌握政权，几乎架空了皇权，跋扈如梁冀甚至毒死皇帝，他的行为直接威胁到了汉朝的存亡。

嘉平五年，司马师成功击退外部威胁之后，他的权势进一步增大，司马氏亲贵掌握中外要职，居心已经是昭然若揭。他们对大魏早就构成了实质性的威胁，如果再不剪除司马氏的势力，改朝换代恐怕是势在必行。

无论怎么说，外戚的权势也是来源于皇权，如果大魏倒了他们也会被一网打尽，在他们看来，必须尽快采取措施扫平司马家的势力。除此之外，也许对于他们来说还有一个理由，就是以我之碧血报大魏之国恩！

那么现在的问题是——忠于大魏的势力如何才能完成这个目标？这样，我们就又回到了高平陵时期的那个问题，说起来，还是那三个条件：支持、兵力、策略。但凡发动政变，这些要素都必须要考虑，缺一不可。

张缉、李丰和夏侯玄三人虽然都是皇亲国戚，但是实际上权力都不大，在政治斗争中一直是被压制的对象，但是他们本次却拥有一个最大的支持者——皇帝。

自从司马懿死后，满心欢喜以为自己能重掌大权的曹芳认清了残酷的现实——司马师接替司马懿执掌了魏国大政。司马氏虽无篡逆之名，却已经有篡逆之实！司马氏一族把持朝政，军国大事尽决于己，根本没把他这个皇帝放在眼里，曹芳当了这么多年的傀儡皇帝，已经忍无可忍了。

拥有了皇帝的支持，三人集团自然获得了道义上最大的支持，那么问题便变得简单了。此时的关键问题只有一个：如何才能杀死司马师同时清除他的党羽？

尽管这三个人的谋略和城府很深，但是再能谋算也没法解决这个问题——没兵。

由于是依靠政变起家，司马师对于京城的禁军控制得十分严密，各个重要位置都是司马氏的人，张缉几人在洛阳军中又没有任何根基，想调动一兵一卒都难如登天。

所以，张缉最开始的思路是借助州郡兵马，他的亲信李翼是兖州刺史，手中握有兵权，但是州郡兵马无法轻易调动，更别提调入京城了。在一番无用功之后，张缉迫于无奈只能放弃这条路。

思考了许久，他们决定选择最凶险、最艰难、最不计后果的一种方式——直接刺杀。

《三国志》记载："嘉平六年二月，当拜贵人，丰等欲因御临轩，诸门有陛兵，诛大将军，以玄代之，以缉为骠骑将军。"即李丰等人打算借君王御驾亲临、各门有卫兵之机，诛杀大将军司马师，以夏侯玄代替他。

在此之前，李丰已经威胁黄门监苏铄、永宁署令乐敦、冗从仆射刘贤等人，要他们严守秘密，否则就借司马师之手杀死他们，话说得却是相当委婉："卿诸人居内，多有不法，大将军严毅，累以为言，张当可以为诫。"

杀手已经在宫中埋伏，只等司马师入宫，便可以给其致命一击。然而，他们终究还是高估了自己，低估了司马师。

作为一个依靠政变起家的人，司马师在洛阳城中耳目众多，尤其是皇宫内，为了监视曹芳的一举一动自然安插了大量的眼线，他很快就得知了消息。司马师召来了李丰。当李丰看到司马师的那一刻他就知道，一切都完了。

"卿父子怀奸，将倾社稷，惜吾力劣，不能相禽灭耳！"（语出《魏氏春秋》）

司马师疯狂了，李丰撕碎了他伪善的面具，触动了他灵魂最深处的秘密——谋反。司马师命令手下用刀把上的铁环猛击李丰的腰部，这种做法只能导致一个结果——内脏破裂，这是相当残忍的死法。事后，司马师将李丰的尸体送交廷尉，并逮捕了夏侯玄、张缉一干人等。

当夏侯玄看到凶狠的廷尉官吏的时候，他也已经明白了。

审问的人是钟繇之子钟毓。钟毓知道，面前的这个人，始终是那个高傲的名士，自己再问也不会有结果。于是，钟毓写下了那道催命符，并把写好的罪辞交给夏侯玄看。夏侯玄只是点了点头，他早已经无惧于死亡。

嘉平六年三月，夏侯玄被斩于东市，从容受刑，时年四十六岁。同时被杀的还有张缉、刘贤、乐敦等人，一律诛灭三族。

李丰、夏侯玄死，天下震惊。

这就是魏晋士族的气节。纵使你杀死我的肉体，你却无法杀死我高傲的灵魂，更无法杀死我坚定的信仰。后世的国贼禄鬼、硕鼠昏官永远也无法明白这些人的梦想。

历史的车轮无法逆转，司马师的专权还将继续，但是他们用鲜血揭露了司马氏的真面目。在此之后，司马氏再也无法隐藏自己的目的。

经过这次未遂政变，司马师感受到了来自朝堂内外巨大的压力，尤其令他不能容忍的是傀儡皇帝曹芳。和历代权臣一样，他最害怕也最蔑视的是傀儡皇帝的反抗，司马师再度出手，这一次他要做一件惊天动地的大事——废立。

嘉平六年秋，夏侯玄的好友之一中领军许允，因为夏侯玄被杀感受到了迫近的危险，谋划在司马昭出征之前杀死司马昭进而掌控朝政。许允行动之前请示曹芳未获同意，后计划失败被司马师流放，死于流放途中。这件事情，也许成了压死骆驼的最后一根稻草。

夏侯玄事件之后，作为张缉的女儿，皇后张氏被废杀。后威方兴，外戚掌政；外戚失权，后亦坐诛。两汉以来，莫不如是。

嘉平六年九月，在一番准备之后，司马师上书郭太后，要求废除曹芳，借太后之名废立，名正言顺。郭太后可是经历过正始之变的女人，名头很大，实权很小，估计司马师就算让她签署自杀的命令，她也得签。

顾忌到曹魏老臣的反应，司马师仍旧封曹芳为齐王，但是为了便于监视，他将齐王府定于自己的老家河内郡。

曹芳幼年继位没有实权。由于曹叡忌惮外戚掌权，郭太后朝中无人，根本不能掌控朝政。曹爽跋扈专权，司马懿老谋深算干掉曹爽，却比曹爽更加霸道。好不容易熬死了司马懿，却又迎来了一个城府不亚于其父的司马师。忍了十多年的曹芳本来打算和司马师拼个你死我活，却不料双方根本不是一个级别，司马师弹指间就把他的苦心谋划打得灰飞烟灭。曹芳，只是政治斗争的牺牲品。其实，大魏的兴衰，早在曹叡托孤之时就已经确定了。

国不可一日无君，司马师废了曹芳，怎么也得找一个新的皇帝来接替。他想立彭城王曹据为帝，结果郭太后激烈反对。

对此，《晋书》记载："太后以彭城王先帝诸父，于昭穆之序为不次，则烈祖之世永无承嗣。东海定王，明帝之弟，欲立其子高贵乡公髦。帝固争不获，乃从太后令，遣使迎高贵乡公于元城而立之，改元曰正元。"

曹芳是曹叡的养子，亲生父母不详，和郭太后是八竿子打不着，当年王凌之所以要立楚王曹彪也有这个原因。所以废了他，郭太后也没什么意见。但是曹据可是曹叡的叔叔，曹冲的胞弟，要是立他那可是大大的不妙。

要是曹据继位，那么郭太后死了之后，是肯定不会受到祭祀的，这在古代是非常重要的事情，所以她自然据理力争，她相中的继承人是另外一个人——高贵乡公曹髦。

嘉平六年九月，司马师效法伊霍，上书太后举魏主之过，废之，立高贵乡公曹髦，改元正元。自此，司马师与司马昭执掌内外大权，声威日重。

◆ 最后的魏臣

当司马师废帝的消息传遍天下的时候，有人终于坐不住了。废立天子，大逆不道！也许是王凌的诅咒，这一次反叛的仍旧是淮南。

正元二年正月，淮南再叛。

上次对东吴大胜之后，司马孚返回京城，留守淮南地区的将领变成了文钦和毌丘俭，按理说这两人也算是司马氏的亲信将领，之前为司马一族对付东吴付出了巨大努力。但是，他们首先是魏臣，所以司马师杀夏侯玄，废立天子，让他们忍无可忍。

毌丘俭和司马懿不同，他是个有信仰的人。

青龙四年，毌丘俭出征辽东讨伐公孙渊大败而回，但是，皇帝却并未怪罪他，还让其在一年之后联合司马懿再度领兵，待平定辽东后，又封他为安邑侯。也许那时，他便对魏明帝心怀感恩，在他心里，魏明帝不只是他的君王，更是他的知音、他的伯乐。正是魏明帝赏识他的才华，支持他，他才能在后来北伐高句丽时建立不世功勋，刻石立碑而还。他要永远效忠于那位君主。

除此之外，夏侯玄、李丰的下场，让他见识到了司马氏的狠毒和野心，不能再等了，现在必须和司马氏拼死一搏。

而文钦则有着不同的理由。

五大三粗的文钦是曹爽的亲信，曹爽被杀以后，文钦常常害怕被秋后算账。说来司马懿其实并未追究他的过错，但是文钦有个毛病，他很贪财。

军队贪污腐败的方法历朝历代都差不多，除了吃空额（虚报军营人数）之外，还有虚报俘虏人数、虚报人头数，诸如此类。文钦本想虚报俘虏数，只可惜他遇到了司马懿，所以，他的创收计划始终不能贯彻落实。

斗不过司马懿，文钦又过了几年苦日子。好不容易司马懿死了，司马师来了。文钦又开始谎报俘虏人数，但是司马师和他父亲一样精明，就是不上当。

毌丘俭一撺掇，文钦一拍脑门儿——起反了！

虽然决定反叛，但是这两人也深知自己没有十足的把握，然而就在这个时候，老天爷和他们开了个玩笑。正元二年正月，天空中出现了几十丈长的彗星，非常壮观。放现在这也就是个天文现象，但是在古人看来，这玩意儿叫天象。当年公孙渊的一幕再度重演，文钦和毌丘俭两人一看，这是天灭司马师啊，于是决定即刻造反。

可惜他们不知道的是，就在两年前，曾预言曹爽败亡的曹魏术士管辂，路过毌丘俭家祖坟的时候曾经说过："林木虽茂，无形可久；碑诔虽美，无后可守。玄武藏头，苍龙无足，白虎衔尸，朱雀悲哭，四危以备，法当灭族，不过两载，其应至矣。"这段话大致是说毌丘俭的祖坟无依无靠、四方失衡，恐怕两年之内，必遭灭族之祸。后来，果如其言。

总而言之，这两个人决定从淮南起兵，那么我们就来分析一下造反的条件。一般来说，造反只需要两个条件：一是名分，二是实力。

造反是以下犯上，在古代这是悖逆的事情，如果没有一个合适的理由，必定是众叛亲离，很快就会失败，更何况他毌丘俭和文钦都受到司马家重用，如果不能妥善处理，在政治上是非常不利的。战争是政治的延续，他们需要一个充分的理由。

文钦想了个招数——矫诏勤王。假称太后诏书率兵勤王，也只有这个理由足够充分。虽说大家都知道这诏书不靠谱，但是总算是个大义的名分。

然而实力才是文钦和毌丘俭最骄傲的。当时的大魏，一方面，淮北、淮南地区经过司马懿多年屯田政策的经营，经济和军事实力都非常雄厚；另一方面，纵观当时的大魏，毌丘俭和文钦堪称柱国之将，毌丘俭征伐辽东，扫平高句丽，大破诸葛恪，堪称战功卓著，文钦也是一员虎将，多年来也立下了汗马功劳。此外，两人请求了吴国的支援，毌丘俭将自己的儿子作为人质派往东吴，东吴则派出三万兵力支援。

正元二年二月，在登坛祭天、传檄郡国、诏告天下之后，文钦、毌丘俭二人率六万大军西进。

◆ **大魏军神**

文钦、毌丘俭率军西进，形势非常危急，司马师已经顾不上恼怒文钦二人的背叛，他必须尽快做出反应。于是，刚刚割去眼瘤的司马师召开了军事会议。

经过讨论，司马师的心腹大致形成了两种意见：一种认为司马师不应该亲自前往，应当派司马孚前去征讨；另一种则认为司马师应该亲自前往征讨，持此意见的是钟会、傅嘏和王肃。

上一次东兴之战，也是傅嘏劝谏司马师不要轻易征讨东吴，司马师出于政治原因没有听从导致大败。此后傅嘏地位日隆，受封晋爵。于是，司马师决定亲自前往。但是，眼下诸将没人是毌丘俭的对手，司马师还需要一个人。

司马师想到的那个人叫邓艾，字士载，不论内政还是军事，他都堪称不世出的奇才。和很多知名人士一样，邓艾也有一个悲惨的童年。

邓艾本来是南阳新野一带的大族子弟，据传是东汉初年名将邓禹之后，但是由于天下大乱，邓艾的父亲在他出生后不久便去世了。不久，曹操强迫荆州地区人民北迁，邓艾被迫随母亲到了汝南。

背井离乡的邓艾被迫开始放牛。但是和之后也放过牛的朱元璋不同，邓艾从小接受了良好的教育，而且经历的巨变也磨砺了他的心性，锻炼了他的意志。

放牛有一个最大的问题——无聊，小邓艾在无聊之中也没有什么娱乐，慢慢地他发现研究山川地形是一件非常有趣的事情，要是放在今天，他绝对是个研究测绘的绝佳人才。

名将第一步，画图加跑步。如果不熟知地理，那么在进军时就寸步难行，而且由于测绘科学不发达，某地山川地势的地图属于高级军事机密，一旦掌握就可以大致判断该地区的军事力量分布，可以得出准确的行军路线和行动计划。

后来邓艾被提拔为典农都尉学士（县城小干事），尽管出身大族，但是已经没有依靠的邓艾想在世家大族把持朝政的大魏进步是非常难的。而且，邓艾还有一个生理缺陷——口吃。邓艾当了近二十年的县干事，才晋升到了典农功曹（分管农业的官吏），而这个时候他已经年过四十了。

是金子总会发光的，作为主管屯田工作的官吏，邓艾获得了一次去洛阳汇报工作的机会。就是这一次，他的命运彻底改变了。

眼光毒辣的司马懿在茫茫人海之中发现了邓艾。他知道眼前这个木讷口吃的中年人是个不折不扣的奇才。什么寒门出身，什么年过四十，在他看来都不是问题。司马懿不仅是个天才，还是个善于发现而且敢于使用天才的人。不久，邓艾便被任命为尚书郎，登上历史舞台。

邓艾在政治上青云直上的同时，也为魏国做了大量的工作。

邓艾的内政功力十分深厚，长期的基层生活使他积累了丰富的地理和人文知识，他对司马懿提出了一个重要建议——军屯。军屯当年曹操就干过，通过安排士兵参与屯田既能达到以兵养兵的目的，还能开源节流，收取重税充实国库。

邓艾从河南到安徽一路走来，敏锐地发现淮南、淮北地区有大量空闲土地可以实施军屯。正是在邓艾的建议下，魏国在淮河地区拓展水利设施，大兴屯田，使得魏国在东南的军事行动有了根本的保障，在战略上始终占据主动。

然而，邓艾的才能还不止于此。在司马懿和司马师父子二人执政的十几年里，邓艾为整顿奢靡之风、增强大魏财政税收做出了巨大贡献，而且他还提出过一个建议。

东汉末年，在中原王朝的不断打击之下，早已分裂为南北两部的匈奴一族继续分化，北匈奴选择西迁而南匈奴选择内附。且不说北匈奴，内附的南匈奴接受了曹操的改编和安置，汉朝政府毕竟和匈奴打了几百年，对他们是非常不放心的，于是将他们一分为五，并设置了官吏对他们进行监视。但是为了便于管理，他们的首领仍旧为匈奴人，而且都是刘姓。

在邓艾担任城阳太守的时候，发生了匈奴内部兼并事件，于是他提出对匈奴进一步分化、汉化，使他们彻底融入汉族，对于难以管理的匈奴部族，应该将他们外迁，以避免对内地产生威胁。

你要是认为邓艾只是一个内政人才，那你就错了。他军事才华的光芒照亮了三国后期暗淡的天空。

正始四年，邓艾出任魏国西北重镇南安太守，嘉平元年秋季，他遇到了宿命中的对手——姜维。如同当年诸葛亮和司马懿一样，邓艾和姜维也将在这里一决雌雄。

姜维的军事才能是不弱的，但在这场对决中，邓艾料敌于先，提前占领洮城，使得姜维无功而返。但是关于他们的故事我们晚一些时候再讲。

司马师也是了解邓艾的能力的，在这场生死之战中，邓艾发挥了重要的作用。

接到文钦和毌丘俭檄文的时候，大概是明白了事情的严重性，邓艾杀死使者、召集部队，快速作出了反应。熟知淮北地理的邓艾知道，乐嘉地理位置特殊，处于叛军进击洛阳的必经之路，占领乐嘉就能阻挡叛军锋芒，为反击赢得时间。于是，他神速进兵，果断占领乐嘉并建造了浮桥，以方便后续大军通过。

几乎与此同时，司马师也作出了一个极其明智的判断。

他让邓艾率领弱旅万人驻守乐嘉城诱惑文钦进攻，自己则挥师于后埋伏。司马师知道对方急于求战，一定会寻找突破口，邓艾的诱敌之计必能奏效。

司马师的谋略果然不一般。从根本上来说，其目的是使对方军队脱节，进而形成局部优势以多打少。鱼儿能不能上钩，关键看诱饵的诱惑力。

这个时候，另一边的文钦和毌丘俭已经快要崩溃了。

《三国志》记载："淮南将士，家皆在北，众心沮散，降者相属，惟淮南新附农民为之用。"淮南将士英勇作战是因为他们的家乡就在淮南，对抗东吴也算是保家卫国，这次往北打，背井离乡，他们就不干了，士气非常低落。还好多年军屯的作用体现了出来，文钦和毌丘俭沿途招募了大量的屯田军士，这些人的加入组成了一支中坚力量，但这些人的战斗力实在有限。

最让毌丘俭无奈的是，虽然自己将四个儿子都送到了东吴当人质，但是由于当时东吴是权臣孙綝执政，援军迟迟不能到位。现在的文钦与毌丘俭需要一场决战，而且必须要快。这时候，邓艾居然率领一万"老弱病残"来送死，文钦正愁没有战机，于是立刻率领本部人马轻装速进。这正是司马师想看到的。

司马师知道战机来了，他总是能在合适的时机、合适的地点，用合适的方式出手。他先派遣胡遵等人截断了文钦和毌丘俭军队的退路，随后率主力隐匿行迹直奔乐嘉。只要文钦到达乐嘉，就将陷入他的陷阱之中。毕其功于一役！

文钦轻军急进，却不料他看到的乐嘉几乎是一座空城。他刚刚登上城头，司马师就已经兵临城下，他瞬间乱了阵脚。他想不到自己居然中了司马师的诱敌之计，现在自己孤军深入被截为两段，军力不足，面对司马师的精锐几乎没有任何胜算，怎么办？这时，身后传来了一个霸气的声音："父亲，司马师率军到此，立足未稳，如果父亲在城楼擂鼓助威，一战可破！"

说话的人，是他的儿子——文鸯。这一年，他只有十八岁。

当天夜里，文鸯兵分两路杀奔出城，年少的文鸯英勇无比，大叫司马师的名字，冲入敌阵，城外的军队深夜被袭，不知虚实，军心大乱。在文鸯的冲击之下，司马师情绪激动，未愈的眼伤剧烈疼痛。

还好魏军训练有素又人多势众，勉强抵挡住了文鸯的冲锋。然而城外的文鸯却遭遇了一个残酷的现实，就在他浴血奋战的时候，城楼上的文钦却害怕了，他没有按照约定出城接应，文鸯三鼓之后，士兵的气力耗尽也不见有人出城，无奈之下只能收兵。唯一的机会就这样失去了。于是，文钦下令撤退。

文鸯停止进攻之后，司马师从疼痛中清醒过来，他的判断力仍旧犀利，他很清楚文鸯肯定率军逃跑了，于是力排众议，下令众人快速追杀。文鸯认为一定要挫一挫司马师军的士气，便与骁骑十余人一同杀入敌军阵中，所向披靡，然后才引兵离去。

《资治通鉴》记载："乃与骁骑十馀摧锋陷阵，所向皆披靡，遂引去。"

司马师下令左长使司马班率领八千轻骑兵继续追击。由于文钦部队行军缓慢，后续轻骑兵很快便再度迎头赶上。然而，文鸯单枪匹马冲入数千骑兵阵中，转眼间便杀伤百余人，进出六七次，追骑不敢逼近。

《资治通鉴》记载："师使左长史司马班率骁将八千翼而追之，鸯以匹马入数千骑中，辄杀伤百馀人，乃出，如此者六七，追骑莫敢逼。"

文钦损失惨重，只能继续撤退，麾下的士兵本身就是临时招募的和曹魏的旧兵，一看大势已去，兵败如山倒，文钦父子二人干脆直接带着自己的部曲投降东吴了。

当文钦失败的消息传来的时候，毌丘俭知道自己失败了，他立刻逃跑，但是已经晚了，不幸被安风津都尉张属所杀。

司马师又一次取得了完全胜利，毌丘俭被诛灭三族。

正元二年，就在扫平淮南二叛不久，大将军司马师病重。

《晋书》记载："初，帝目有瘤疾，使医割之。鸯之来攻也，惊而目出。惧六军之恐，蒙之以被，痛甚，啮被败而左右莫知焉。"说司马师在文鸯深夜进攻时过于恐惧导致患病的那只眼睛眼球脱落。

在弥留之际，他必须完成一件事——交接权力。司马师有两个人选——弟弟司马昭和养子司马攸，但其实只有一个人——司马昭。

就当时的局面来讲，司马昭都督中外军事多年，在朝中素有威望，由他接任，司马家的两代基业就能延续下去，更何况，司马攸是司马昭的儿子。

正元二年，司马师死于许都，终年四十八岁，谥曰忠武。

他是天下的名士，帝都的阴谋家，大魏的权臣，司马懿的继承者。在这乱世之中，他够狠，够聪明。对待政敌，他毫不留情地斩尽杀绝，无论是昔日的朋友还是功臣宿将，只要挡在他的面前，他都要消灭。顺我者昌，逆我者亡！

但是，他也有另一面，他是狡猾的，他是聪慧的，他知道如何收服人心，他知道除了有锋利的屠刀还要有温柔的细雨。

拿破仑说过："我有时是凶猛的狮子，有时是狡猾的狐狸，统治国家的全部秘密在于——知道什么时候是前者，什么时候是后者。"司马师就是这样一位统治者。在他的治理之下，大魏稳如泰山，在三国之争中立于不败之地，至他死时，可知的大魏兵力接近六十万人，已经是吴蜀两国总和的两倍，仅仅淮南淮北两地的军屯就可以支持三五年之用，他成功地守住了父亲司马懿传给他的家业，更进而废帝立威，使得司马家的地位日益稳固。

司马师卷，终。

司马景王承先君之业而有雅量，谋深而虑远，治绩卓然，明主之属。

虽有杀伐凶恶之业，篡逆不臣之心，然，今日观之仍不失为人杰，亦不能以暴虐视之。

夫天子，兵强马壮者为之，宁有种乎？

景王死，文王相继。

卷三
司马昭卷

◆ 新的统治者

正元二年，司马师死后，司马昭接替哥哥上台执政。

作为继承父兄基业的男人，他似乎是幸运的，但他也在父兄的阴影下生活了很多年。

早年的司马昭和哥哥不同，他不是文采出众的文人，他生来就是个官吏和将军，他和他父亲一样是个实干家。早在担任洛阳典农中郎将的时候，司马昭就在减免税赋，与民休息，收买人心。在担任了几年的农业官僚之后，他开始成为父兄的助手。

正始五年，司马昭跟随夏侯玄参与了伐蜀战役，这是他第一次参与大规模的军事行动。

司马氏一门确有军事天赋，司马昭虽然是初出茅庐，但是这么多年受父亲南征北战的熏陶，已然非常成熟。虽然曹爽的伐蜀计划失败，但是司马昭在这场战役中表现得却是沉着冷静，在夏侯玄久攻不下之时，他果断提出撤退，并且在蜀将王林劫营的时候沉着指挥，击退敌人的进攻。

此次战役，司马昭虽然没立下什么战功，但其表现也是可圈可点。

高平陵事变之后，司马昭的命运改变了，他开始为司马家南征北战。

嘉平元年，司马昭踏着他父亲的足迹到了帝国的西陲，当时蜀汉将军姜维时常侵扰陇右一带，魏军大将郭淮和蜀军别将苟安陷入苦战，谁也无法取得决定性的胜利。司马昭敏锐地发现了姜维的弱点，率部占据长城并向骆谷设置疑兵干扰姜维的判断，使姜维被迫撤退、苟安被迫归降，取得大胜。

嘉平三年，司马懿死，司马昭开始成为哥哥司马师的左膀右臂。但是，他不会想到，在不久之后，他遇到了有生以来最大的一次危机。

东兴之战，本来以为是必胜的进攻，居然遭遇了巨大的失败。作为主帅，司马昭承担了全部责任，被削去了爵位。但司马师的权威绝对不能被质疑，这是为司马家做出的必要牺牲。

没过多久，司马师就离开了人世。这一年，司马昭四十五岁。

司马师死后，远在洛阳的皇帝曹髦下诏令尚书傅嘏率军返京，令司马昭留在许昌。这样做的意图过于明显了。司马师已经将全部权力交给了司马昭，此时皇帝要他留在许昌而让傅嘏率军返京，很明显是阴谋，打算借此剥夺司马昭的兵权。这是一次关乎生死的决断。

司马昭看完诏书后，决定给皇帝上一课，亲率大军回京。

曹髦毕竟只是个孩子，他瞬间慌了神，立刻传旨意表示加封司马昭为大将军，加侍中，都督中外诸军、录尚书事，辅政，并允许剑履上殿。他明白自己的计划失败了，他以为必须这样才能稳住司马昭。

他没想到的是，司马昭推辞了。

初掌政权的司马昭是在腥风血雨中浸泡过的男人，他的城府丝毫不亚于他的父兄。推辞既显示自己的谦逊又能避免背负恶名，一举两得。

◆ 划时代的大决战

回京后不久，在司马昭的主持下，曹髦改元甘露。甘露元年正月，司马昭加大都督职衔，赞拜不名。六月，曹髦晋封司马昭为高都公，封"地方七百里，加九锡，假斧钺，晋号为大都督，剑履上殿"，司马昭再次拒绝。八月十六日，曹髦又加赐黄钺，增加封邑三县。

一切看似平静，但一场关乎司马氏一族命运的大决战已经迫在眉睫。而这一切，都和诸葛诞有关。

诸葛诞自从上次东兴之战后就没什么动静了，但他可没闲着。在东兴之战后，诸葛诞和毌丘俭调换了防区，仍旧担任大魏的南方镇守。但是正元二年文钦和毌丘俭发动寿春叛乱，讨伐司马师，这下他可坐不住了。

诸葛诞本来就和司马师关系很好，再加上以前和文钦有矛盾，所以当毌丘俭与文钦在寿春起兵，并派使者来劝他一起起事的时候，他直接就杀了使者杀奔寿春。

当时，司马师已经病重，而且急于处理淮南问题，而诸葛诞是最好的人选，诸葛诞既是他信任的人，也是当时最容易控制局面的人，所以司马师就让他镇守寿春，防备东吴反扑。

诸葛诞占领寿春之后屠杀了一拨东吴残兵，又被加封为高平侯，封邑三千五百户。这下诸葛诞立刻成了帝国最大的实权军阀。

没过多久，司马师重病身亡，司马昭上台。

对于诸葛诞来说，此时最大的问题是——他不了解司马昭这个人。

司马师、夏侯玄、诸葛诞这些人当年一起吟诗作赋，也算是知根知底，但是这位司马昭他并不了解。司马昭入仕以来就是先当文官后当将军，当一个人对另一个不了解的时候，就毫无信任可言。

另外，诸葛诞也许已经有了别的想法。一方面，放眼天下，能对司马氏造成威胁的势力除了他以外已经没有别人，更何况诸葛诞现在实力雄厚，地位显赫，如果司马昭要对付他，他也可以放手一搏；另一方面，诸葛诞见好友邓飏、夏侯玄等先后被诛杀，而王凌和毌丘俭亦被夷灭三族，心中十分不安。所以，他在当地收买人心，又蓄养数千死士以图自保。

不过，也许是希望可以趁司马昭刚刚上台急于稳固自己的地位，诸葛诞开始了他的第一拨试探。

甘露元年，诸葛诞上书朝廷，请求增兵十万，并在淮南修筑城池加强防御。诸葛诞的意思是要朝廷默认他割据的事实，要是朝廷不同意，他就借机发动叛乱。

司马昭刚刚执政，根基未稳，面对诸葛诞的趁火打劫，只能想办法稳住他。思来想去，司马昭派出了自己的心腹贾充前去安抚，顺便探听诸葛诞的虚实。

贾充是大魏名臣贾逵的儿子，司马师病重返回许昌的时候，贾充就作为督军留守许都以防不测。司马师死后，司马昭还给他封邑三百五十户，等司马昭正式接掌权力后更是任命他为大将军司马，转右长使。所以，贾充称得上是司马昭的心腹。

贾充到了寿春，见到了诸葛诞，试探地说："现在朝野上下都希望大将军（司马昭）能接受禅位即天子位，不知诸葛公意下如何啊？"这是逼诸葛诞表态。

诸葛诞厉声指责："贾公间，你也算是贾逵的儿子？你爹是大魏忠臣，你居然说这种无父无君的话！"

贾充回到洛阳，对司马昭说："诸葛诞以后肯定反，如今征讨反而是小事，若迟了必是大祸。"

甘露二年，司马昭召诸葛诞进京任司空，这触动了诸葛诞的底线。他当然是不敢去的，司马昭摆明了是要摆鸿门宴。诸葛诞只剩下一条路——造反。

又是淮南，又是这个地方。

甘露二年，诸葛诞杀扬州刺史——著名将领乐进之子乐綝，举兵反叛，讨伐司马昭。

这是一场决定三国命运的大决战。

对比前两次叛乱，诸葛诞一共有三个巨大的优势：

其一，他粮多。诸葛诞为了准备这次反叛，积累了足够十多万大军吃一年的粮食。

其二，他兵多。真的很多，特别多。诸葛诞召集淮南地区的屯田兵士十余万，外加扬州军队四五万，人数达到十五万左右，还有他将儿子送到东吴做人质，东吴出兵三万支援，所以总兵力达到十八万，而上一次毌丘俭手下才六万人。

其三，这些人都听他的话，这才是最厉害的一点。淮南二叛之中，文钦、毌丘俭遇到的一个很大的问题就是——他们想反，可是淮南地区的军队根本不愿意反。作为帝国的主力之一，淮南地区部队虽然长期根基不稳，谁都知道造反的危险性，丢了性命不说，还很有可能连累自己的家人，这可是以下犯上，大逆不道。

但是，他们都愿意和诸葛诞一起反叛。可能是因为——

青龙四年，蜀汉丞相诸葛亮病逝于五丈原。消息很快便从军中传至京都，举国悲痛，这其中有两个特殊的人。

其中一个人叫作李严，李严是诸葛亮的政敌，在诸葛亮四伐中原的时候李严被贬为平民。但当诸葛亮的死讯传来的时候，李严痛哭不止，发病身亡。

还有一个人，叫作廖立。由于他诽谤先帝，诋毁群臣，故而被诸葛亮奏请废为庶人，流放蜀南，以示惩戒。但是当诸葛亮死讯传来的时候，廖立流泪长谈："这下我们完了啊，必为蛮夷所灭！"

宰相不是谋士，不是擅长奇谋妙算就是宰相之才；宰相也不是将军，指挥千军万马冲锋陷阵更不是宰相所为。真正的宰相是物尽其用、人尽其才，处事公正而使百官咸服。正如柳宗元《梓人传》所说："不炫能，不矜名，不亲小劳，不侵众官，日与天下之英才，讨论其大经，犹梓人之善运众工而不伐艺也。夫然后相道得而万国理矣。"

诸葛诞和他的族兄诸葛亮是一类人。

据《魏氏春秋》记载，诸葛诞在担任尚书郎的时候，有一次和自己的上司——仆射杜畿出去试船的性能。诸葛诞这次试船太倒霉了，二人遭遇大风浪，船沉到河里，诸葛诞和杜畿也同时落水。虎贲驾小船来救诸葛诞，诸葛诞让其先救杜畿，自己却昏死过去，漂到河岸，后来被救。尽管众人尽力营救，年老体弱的杜畿还是死了。

而且，诸葛诞对待自己的部下也和他的族兄诸葛亮很像。诸葛诞对他们十分关怀，赏赐颇丰，并且诸葛诞还常救人于危难之中。《魏书》记载："有犯死者，亏制以活之。"他虽然在智慧上和他的族兄诸葛亮不能相比，但是他明白一个最基本的道理——以诚待人。所以他身边形成了非常团结的军事集团，他手下的将领对他拼死效忠。除此之外，诸葛诞还深得淮南民心。诸葛诞治理淮南仅仅两年工夫，淮南便彻底恢复过来，再度成为天下粮仓。

远在洛阳的司马昭面临着他人生最大的一次危机——征东大将军诸葛诞反叛。

以前，司马昭和他兄长司马师一个坐镇京城一个远征在外，这样就能兼顾战事和朝政，但是现在只剩下他一个人了。所以，司马昭决定带着皇帝和太后，御驾亲征。

甘露二年，司马昭召集洛阳诸军总计二十六万征伐淮南诸葛诞。这一次，双方总兵力达到了空前的四十四万人，堪称史诗级别的决战。这场决战将决定这个时代的归属。

◆ 上兵伐谋

尽管兵力惊人而且将士团结一致，但是诸葛诞的军事指挥能力确实不怎么样，尽管如此，十八万淮南精兵还是给司马昭带来了巨大的压力。

面对劲敌，司马昭召集了几乎所有党附司马氏的将领，除了邓艾因为担任西军重任不能来之外，胡遵、王基、石苞以及亲信贾充都来了，可谓是倾巢出动。

诸葛诞麾下除了自己的亲信之外，还有其他的帮手。与上次不同，吴国吸取了经验教训，行动很快，派来了一个人——文钦。和他一起来的还有全怿、全端、唐咨和王祚，其中全怿是东吴的外戚，父亲全琮是吴国名将，而且娶了孙权的女儿孙鲁班，可见吴国也是下了血本了。

也许是考虑到上次整个淮南军团都不愿意离开家乡作战，诸葛诞干脆就守着大本营等司马昭来打。司马昭很快就兵临寿春，把寿春围了个水泄不通。在包围圈完成之前，文钦等人已经进入了寿春。

寿春城很坚固，诸葛诞又在其中储备了大量粮草，如果强攻必定遭受巨大的伤亡。如果围住寿春耗尽城中粮草，寿春城中的叛军就会不战自乱。

这个眼熟的招式，为司马家出力良多。粮食多围而不打，兵多围而不打，对面人心不齐也围而不打。

为了尽快耗尽寿春城中的粮食，司马昭一方面派遣老弱去收集当地的军粮，让诸葛诞以为自己已经是强弩之末；另一方面给士兵少量粮食，让敌人认为自己已经断粮。这还不算，司马昭更放出很多间谍到淮南军中，扬言吴国救兵就要到来。

文钦和诸葛诞果然轻敌了，再加上吴国援军将要到来，于是天天大吃大喝，丝毫不节制，就和当年的公孙渊一样。

诸葛诞还发现司马昭决策上的一个巨大的失误。司马昭将营寨设在寿春城外，但是寿春城地势很高，城外地势很低，一旦下雨，城外就会成为一片汪洋，而此时正是寿春的雨季。诸葛诞已经做好了出城"捕鱼"的准备，但是，老天爷和他开了一个玩笑，那一年寿春遭遇了罕见的大旱，一直不下雨。

不过尽管如此，诸葛诞依然坚信自己会是胜利的一方，他觉得司马昭只剩老弱病残而且缺衣少食，故而只等吴国的援军一到就可以内外夹攻大破司马昭。

可是吴国援军怎么还不来？原来，司马昭在包围寿春之后，封闭了各处要道阻击吴军。诸葛诞是望穿秋水君不来，吴国援军此时却是寸步难行。

自己的军粮正在变少，援军也迟迟不来，老天爷也不下雨，这个时候城内的将领开始和诸葛诞闹矛盾。

吴国本来是打算助诸葛诞一臂之力的，但是现在遭遇战变成了持久战，如果再这么耗下去，估计得在寿春过年。于是诸葛诞的谋士蒋班、朱彝劝诸葛诞集中兵力突围而出。但是，由于诸葛诞和文钦不和，指挥权很难统一，外加诸葛诞实在不愿意放弃寿春，所以拒绝了这个建议。他俩看大势已去，干脆逃出城投降了司马昭。诸葛诞一方军心开始动摇。

没过多久又发生了一件更恐怖的事，由于吴国内部发生了动乱，孙鲁班一派的人马遭到清洗，无奈之下全氏一族纷纷过江投降司马昭。本来这只是一个孤立事件，但是就在这时一个关键的人出现了——钟会，钟士季。

说起这个人，当然是鼎鼎大名，钟会出身名门，父亲是著名书法家、政治家、曹魏太傅钟繇。出身名门的钟会从小就有神童称号，他才华横溢，和自己的哥哥钟毓都享有盛名。但是他的才华在很多时候都属于小聪明。而这个人是个真正的"毒士"，几乎每一条计策都要见血，这一次也不例外。

据《三国志》记载，当时，全怿兄长的儿子全祎、全仪留在建业，因为他二人惹上官司，带着母亲和数十曲部渡江，投降了司马昭。于是，钟会伪造了全仪的亲笔信，并且找来了他们的家人将信送入城中，交给寿春城内的全怿，说吴主因全怿等人不能拿下寿春而暴怒，要尽杀他的家人，故而才逃往北方。全怿等人闻讯，内心恐惧不安，本来再打下去估计要全军覆没，现在自己的家人都投降了魏国，那就没什么好顾忌的了，在钟会的安排之下，全怿和全端等人率领数千人出城投降。

投降的人都受到礼遇，城内的诸葛诞和文钦彻底坐不住了，他们开始准备杀出重围，然而在城外等待他们的，是魏国名将王基。

这位将领人如其名，"基础建设"——工事据险而建，占据了寿春周边的有利地形，诸葛诞、文钦率领数万人杀出城冲击王基的工事却无功而返，只能再度退回城中。

眼看诸葛诞已经露出了败相，众将纷纷请战攻城，司马昭表示反对。别急，还有好戏看。

由于一开始没有规划好军粮中了司马昭的骄兵之计，现在城中军粮吃紧，文钦向诸葛诞建议：把北方人都遣散，只留下南方兵马守城即可。在文钦看来，北方人马已经丧失了斗志，只有靠自己的东吴人马才能守住寿春。

这是一个极其愚蠢和不靠谱的建议。诸葛诞被彻底激怒了：他认为文钦这么做分明是想夺他的兵权。早年的恩怨，现在的不满，反正是新仇旧恨一起算，一怒之下，诸葛诞直接把文钦杀了。

文鸯和文虎两兄弟很快就得知了父亲被杀的消息，便率众赶赴现场，而他们的部下不听使唤，文鸯虽勇猛异常，但是此时也施展不开，无奈之下只好杀出寿春，投降了司马昭。

文钦当年背叛司马氏，投降了东吴，现在文氏兄弟又回来投降了司马昭，如此反复无常，该杀。

但是司马昭不是感情用事之人。他认为文钦之罪不容，他的儿子当然应杀死。但是文鸯、文虎是在走投无路的情况下投降，目前城池还未攻下，如果杀了他们俩，那无异于坚定了城中官兵死守的决心。所以司马昭赦免了文鸯、文虎，还封他们为将军，让他们负责招降城内的兵马，并赐关内侯的爵号。

这就是帝王的权变，在关键时刻必须拥有的能力。

这个决策非常高明。杀了文氏兄弟根本不会有任何好处，只能逼着城内的人死战，而宽恕他们不仅可以获得两员猛将，城内的士兵也会知道——只要投降就能免死，也许还能升官，那还打什么？

文氏兄弟和诸葛诞可是有杀父之仇，为了尽快消灭诸葛诞，在司马昭的授意下他们干脆绕城喊话，催促守军投降。

城内的士兵一听文鸯公子已经投降，军心彻底崩溃，连拉弓射箭的勇气都没了。司马昭知道是时候进攻了。

甘露三年二月二十二日，司马昭发动大军全力攻城。

由于寿春城内部已经崩溃了，故而只用了一天时间，寿春便全城陷落。诸葛诞率领数骑出逃时也被胡遵之子胡奋诛杀，司马昭取得了绝对性胜利。

至此，淮南三叛全部失败，支持曹魏皇室的武装力量彻底毁灭。司马昭与诸葛诞在这场旷日持久的大战中拼了个你死我活，连带着东吴也损失惨重。但是，通过自己的谋略和智慧，司马昭打败了诸葛诞，俘虏淮南兵马达十万人，赢得了这场惊天动地的大决战。

对这三次兵变的成功镇压，使司马氏成功铲除了拥护魏帝的势力。

现在，只剩下一个问题了——处置俘虏。

司马昭对城中的十万俘虏采取了宽大为怀的态度，并没有为难他们，只要愿意归顺司马氏统统无罪释放，同时司马昭也安抚了城中百姓，让他们安居乐业。但出乎司马昭意料的是，即便在这种情势之下，诸葛诞仍旧有数百名部下没有投降，更说："为诸葛公死，不恨。"这个世界上终究是有利益不能收买、威胁不能动摇的东西的，那种东西也许就叫作——忠诚。在人类历史上千年的岁月中，总有那么一些人，他们看起来愚蠢，看起来疯狂，看起来不可救药，但他们坚守着自己的底线，明知不可为而为之，他们都是英雄。

寿春城破，司马昭诛灭诸葛诞三族，诸葛一族在曹魏的投资继在东吴失败之后也归于失败。但是，司马昭漏了一个人——诸葛诞长女诸葛氏。诸葛氏因为嫁给了司马昭的五弟司马伷，幸免于难，后来她生了一个儿子叫作司马繇。再后来，司马繇为外祖父报仇杀了文鸯。

诸葛诞不知道的是，就在城破的第二天，天空中下起了大雨，城外变成了一片汪洋。

◆ 最后的挽歌

司马昭消灭诸葛诞立下大功回朝，满朝官员弹冠相庆。现在的第一要务是整理边防和恢复经济，另外还要继续扩充势力和威望为代魏做准备。一方面，司马昭重新整合了人力资源，派陈骞、钟毓等司马家的老牌亲信镇守四方、安定统治；另一方面，司马昭开始为自己的子弟加官晋爵、扩大名声。

凭借着几代人积累下的巨大本钱，曹魏迅速恢复了元气，并且击退了蜀汉的进攻，看起来大魏势头正好，国力蒸蒸日上。然而这片大好河山的实际掌控者是司马昭，而非曹髦。

作为曹氏子孙，曹髦的内心始终渴望能够恢复曹家往日的荣光，然而现实却是残酷的，司马师、司马昭相继专权，大权旁落，自己根本无能为力。《三国志》中详细记录了他和太学生的对话，可见这位年轻的君主也曾渴望励精图治。

据《汉晋春秋》记载，曹髦写过一首诗：

> 伤哉龙受困，不能越深渊。
>
> 上不飞天汉，下不见于田。
>
> 蟠居于井底，鳅鳝舞其前。
>
> 藏牙伏爪甲，嗟我亦同然！

据说，此诗乃是曹髦听说井底有一条黄龙之后所作，可谓是浅显易懂。曹髦表示自己被鳝鱼泥鳅（司马兄弟）控制，就和受伤的龙一样。

但凡历史上的傀儡皇帝大致都有这种感受，那是对人格的折磨，他们承受着别人的冷眼、后世的骂名，他们大都被史书工笔写得昏庸无能或一笔带过。成者王侯败者寇。他们不是没有想过反抗，可是，他们的对手从来没有给过他们机会。前代的汉献帝刘协，后代的东魏皇帝元善见、西魏皇帝元钦，莫不如是。从成为傀儡的那一刻起，他们几乎就等于被宣判了死刑，每一天都生活在恐惧之中。在权力的道路上，他们只是别人的垫脚石、敲门砖，他们已经丧失了做人的尊严。他们的一举一动、每一个命令、每一句话，甚至宠幸哪个妃子，都尽在别人的掌握之中。

对于曹髦来说，这种日子真是够了！

甘露五年五月初六夜，曹髦命冗从仆射李昭等在陵云台部署甲士，并召集了自己的亲信——侍中王沈、尚书王经、散骑常侍王业。这三个人并不知道，这将是一个改变历史的夜晚。

他们看着面前这个年轻的帝王，身穿华丽的战甲，手持锋利的帝剑，略显稚嫩的面孔却充满了坚毅：“司马昭之心，路人皆知啊！我不能坐受被废之辱，如今亲自率领你们去讨伐他。”

尚书王经跪在地上：“昔日季氏专权，鲁昭公不能忍耐以至于失国，被天下耻笑，陛下啊，今日大权旁落已久，陛下宫中宿卫太少，如何是司马昭的对手？陛下千万不要如此行事啊！”

曹髦将诏书扔在地上说：“就这么定了，纵使死了又有什么可怕的，何况不一定会死呢！”他走出了金銮殿，走出这个华丽的牢笼，门外是全副武装的天子卫队。

王沈、王业早已急速将此事告知司马昭，司马昭召护军贾充等做好了戒备。曹髦知道事情泄露后，便扬起了天子旌旗，率领左右进攻司马昭所在的府邸，声称要讨伐有罪之人，敢有骚动抵抗者灭族。

这是孤独的帝王之路，曾经，很多人都这样走过。

首先出现在他面前的，是司马昭的弟弟司马伷，司马伷率领禁军挡在他的面前。曹髦严厉地看着司马伷，大声怒斥他们。禁军将士知道，这是他们的皇帝，这是大魏的君主，他们没有理由也没有勇气阻挡他的步伐。片刻的沉默过后，司马伷让开了道路，士兵们也放下了武器。接下来出现在他面前的是贾充，曹髦的卫队和贾充手下的司马昭亲兵展开了激烈的战斗，虽然曹髦人少，但是司马昭手下投鼠忌器不敢伤害曹髦，外加这些卫队士兵异常勇猛，贾充手下的军队居然渐渐支撑不住。

贾充已经杀红了眼，情势危急之下，贾充呵斥诸将说："司马公平时养活你们，正是为了今天啊！"

太子舍人成济听到此话，立刻心领神会，冲上去举起长戈对着曹髦刺了下去。曹髦根本没有防备，他就这么缓缓地倒了下去，就像这大魏的江山一样。

曹髦死了，一个有理想的少年被卷进了权力的旋涡，最终死在了肮脏的屠刀之下。

后世一些史官和儒生批评他鲁莽、冲动，以致身死。有些人面对强权只会缩头缩脑忍辱偷生，到头来也不过是苟且一辈子。虽然他少年意气，但他并不是一个不谙世事的人，他明白自己可能会死，但是对他来说，哪怕顶着鲁莽身死的恶名，哪怕为天下人耻笑，他也一定要去，他要和乱臣贼子斗个你死我活。他有身为一个皇帝该有的尊严。

曹髦的死讯传来，天下震惊。

司马昭一听皇帝被杀，瞬间跪倒在地上。司马孚一听皇帝被杀吓得立刻跑了过去，把曹髦的头放在自己腿上，仿佛看着自己的小孙子一样大哭不止："陛下被杀，是臣的罪过啊！"

这时候司马孚已经八十一岁了，就算耳不聋眼不花也是个高龄的老头子，所以曹髦死的地方离司马家并不远。司马孚这么做只是因为他要撇清关系。早在司马懿灭了曹爽之后，他就开始韬光养晦。他本人在家族里面的地位无人可及，一方面为了避嫌免得遭忌，另一方面也是为了防止日后万一司马家败了会株连到自己，所以他很少参与政事。但是这一次，弑君可是十恶不赦的大罪，如此行事必遭天谴，司马孚唯有如此才能避免此祸。

但是，有两个人是真的很伤心，一个是王经，一个是陈泰。

那个夜晚，曹髦会见的那三个人，王业和王沈都在听到曹髦的计划之后秘密地报告了司马昭，所以贾充才会到得那么及时，唯独王经拒绝出卖自己的君王。

曹髦被杀后，因为没向司马昭告急，王经及其家属被拘捕交付廷尉处置。王经痛苦万分，向母亲谢罪，他母亲脸色不变，笑着说""儿子，人终有一死，就怕死得没有价值，因为此事而死，值了！"

母子二人被杀的那天，故吏向雄为之痛哭，悲哀之情感动了整个街市之人。

后来司马炎篡魏建晋后，下诏说："已故的尚书王经，虽然身陷刑法，但是坚守自己的志向，值得嘉奖，如今他家门户堙没，朕常感到怜悯，赐王经之孙为郎中。"

曹髦死后，司马昭召群臣议论，他发现有一个人没来，那人就是尚书左仆射陈泰。

陈泰是曹魏重臣、著名士人陈群之子，堪称文武双全的人才，也是士族人望。陈泰不来就表明了他的态度。

司马昭找了陈泰的舅舅尚书荀顗去请陈泰。陈泰盛怒之下谁的面子都不给，而且直接骂他的舅舅："别人都说你比我强，今天看来我比你强。"但是陈泰的家人怕有灭门之祸，就劝他入宫。架不住家人的劝说，陈泰之后还是去了。

到了宫里，陈泰见到皇帝的灵柩，再也控制不住，痛哭流涕。陈氏一族深受大魏皇恩，才有今日之盛，但是今日主君被弑自己却毫无办法，陈泰感受到了深深的无力和痛苦。

司马昭看到陈泰来了，赶紧迎了上去，他知道现在最关键的是平息士族的愤怒，控制局面。弑杀君主大逆不道，这些深受大魏国恩的士族是肯定不会答应的，而陈泰是士族的代表，司马昭饱含泪光地说道："玄伯（陈泰字玄伯），我该咋办？"陈泰已经悲伤得几乎说不出话来："只有杀死贾充，才能稍稍谢罪天下！"

司马昭沉默了，贾充可是他的心腹，杀了贾充他可舍不得。虽然不能杀贾充，但是司马昭必须处理这件事情，在这之前中国历史上确实发生过不少以下犯上的事情，但是敢于弑杀君主的，而且是在大庭广众之下弑杀君主的，这还是第一次。君主是天子，不是诸侯，魏室虽衰而未亡，弑杀天子，天理不容！这不仅是一个恶劣的先例，还是一次政治危机。

不久，陈泰因悲恸过度，吐血而死。魏臣从此断绝。

为了平复众人的愤怒，司马昭做出一些补救措施：首先，他上书郭太后让她下诏废掉曹髦。郭太后受制于人，不得不和司马昭合作，而且曹髦也不是她亲生的，其实也没什么损失。

如果曹髦被废除，那么大义名分上自己就不算弑君，但这引起了群臣的强烈不满。

眼看局面要失控，司马昭赶忙下令："抓捕成济，诛灭三族。"

随后司马昭、司马孚以及高柔等人上书破例以王礼下葬。虽然说以王礼，但是只有下车数乘，并且不设旌旗。洛阳人民见此情景，无不哭泣，悲不自胜。国家如此，人何以堪！

大多数人很快会在粗茶淡饭的日子中忘记这个少年，但是，总会有人记得。后来，东晋明帝有一次让王导给他讲前代统一天下的原因，王导就讲了司马懿和司马昭干的这些往事，晋明帝听完之后掩面伏在床上说道："若如公言，祚安得长？"（真如你所言，晋朝天下又怎能长久呢？）

曹髦死后，司马昭立常道乡公燕王曹宇之子、十四岁半的曹奂为帝，改元景元。

这件事情之后，司马氏摘下了忠臣的面具，官方思维开始发生显著的变化，司马氏不敢言"忠"，只敢言"孝"。

◆ 名士的道路

曹髦死后，洛阳安静了许久。

人们以为会如往常一样度过每一个平凡的日子，在这乱世之中获得一份久违的宁静，直到那一天。

囚车缓缓地推了过来，里面坐着一个人。

那个人看上去很邋遢，但是面对死亡，他却异常坦然，风度翩翩。他的两侧是三千名太学生，这些年轻的士子大多出身名门，但是却对眼前的这个人尊敬有加。他们集体请愿释放这个人，并要求让他担任自己的老师，但是，他们的要求没有获得批准，这个人即将被处死。

面对死亡，这个人并没有表现出丝毫的畏惧，反而很坦然。他抬起头看了看日影，发现距离正午还有很久，长舒了一口气。

这个俊朗的中年男子对自己的兄长轻声说道："能不能给我一张琴？"

他的兄长含泪将琴递给了他。

这个人正了正自己的衣冠，露出了清秀而俊逸的脸庞，坐下来将琴放在自己的双膝上。

缥缈凌虚，铮然浩荡。

琴声中透露着杀气，透露着侠气，更包含了孑然傲骨，一身正气。

曲毕，他站起来长叹一声："昔日袁孝尼向我求教这《广陵散》，我没有同意，想不到，《广陵散》从今绝矣！"

他死了，他叫嵇康，字叔夜。

关于他的故事还要从很久之前说起。

稽康出生在一个书香门第，他本来不姓稽，其先人为了躲避仇家才改的姓氏。稽康幼年丧父，被母亲和哥哥抚养长大，博览诗书，才智过人。

很快，稽康长成了一个翩翩美男子，仪表不凡，胸怀大志。后来，他娶了曹魏宗室女子长乐亭主为妻，官至中散大夫，人称稽中散。

看上去，他位列三公，前途无量，将在荣华富贵中度过优渥的一生。然而，正始元年开始，曹魏的政治风向日益诡异，曹爽弄权，太傅司马懿和他明争暗斗。看清时局的稽康放弃了官职，隐居竹林并且多了一项爱好——打铁。

稽康打铁时还有个人在一旁鼓风，那便是其好友向秀。虽然过着这样清贫的生活，但是他却安然自若。

其后，稽康和他的好友在这竹林之中形成了一个七人集团，包括阮籍、山涛、向秀、稽康、刘伶、王戎、阮咸，史称"竹林七贤"。这是中国历史上最著名的七人名士集团，空前绝后。

与当时的主流正始名士类似，稽康等人也是崇信老庄，谈玄说理，但是不同于何晏、王弼这类名士，竹林中人是淡泊的，他们终日清谈论道，说老庄，品周易，不问凡尘俗世的种种，他们既不沽名钓誉也不汲汲于功名利禄之中。

竹林派的声望很快便传遍四方，各地的名士才俊无不仰慕，在正始年间波诡云谲的政治斗争之中，竹林中人的淡泊宁静仿佛是一缕清澈的阳光洒落在灰暗的谷底。

这七位大神也是各有所长。

阮咸是阮籍的侄子，喜欢弹琵琶。

王戎出身琅玡王氏，其实他不太像竹林中人，因为王戎背后是琅玡王氏。王戎一族上下都是帅哥，时人有"琳琅满目"之称，而这一家子帅哥将主导我们未来几十年的故事。不过当时琅玡王氏方兴未艾，但是王戎清谈很犀利（也就是善辩），所以和竹林中人关系还不错。

刘伶貌丑而矮小，而且酷爱饮酒，但是其见识却超凡脱俗，稽康、阮籍和他关系很好。竹林中人是以思想会友，并非以貌取人的俗物，所谓众人皆醉我独醒，众人皆醒我独醉，刘伶就是这样一个人。

向秀是由山涛介绍来竹林的，在这里他遇到了一生的知己——稽康，和稽康在竹林之中锻铁为乐，而且和嵇康的好友吕安的关系也很好，有时候还去帮吕安弄菜园子。看起来，向秀像一个山野闲人，实际上向秀在文学方面的才华并不亚于前代的曹子建和后世的左思、陆机等人，而且向秀对老庄的分析更是精到，连嵇康都为之赞叹。除此之外，向秀还有一个恶趣味——刁难嵇康。嵇康写过一篇作品——《养生论》，向秀一看，就写了一篇《难嵇叔夜养生论》，这让我想起前代的庄子和惠子，相遇相知又各有所见。

以上几个人都算得上是山野大贤，但是剩下的三个人，则都是惊世奇人。

若有人问我，魏末晋初第一战略家是谁？说实话，我不知道。但是，如果非要我说一个，那么我会说是山涛。

如果说司马懿是个实干家，那么山涛就是战略理论家，甚至就是一个能够改变历史走向的人。

山涛，字巨源。山涛是一个大器晚成的人，早年家境贫寒，但是他聪敏过人，只是在当时的九品中正制度之下，上升十分困难。后来他认识了一个人——嵇康，并和嵇康成为挚友，这份友谊保持了一生。

竹林七贤中山涛年纪最长而且人缘很好，又结识了阮籍等名士，他们的声望迅速扩大，山涛因此有了入仕的机会。但是这个时候山涛已经四十岁了，而且也只是当上了一个河南从事的小官。

有一天，山涛和好朋友石鉴共宿，山涛大半夜醒过来踹了石鉴一脚。山涛对他说："你知道现在是什么时候了还在这儿睡觉？你知道太傅（司马懿）称病卧床是什么意思吗？"石鉴顺口就说："宰相多次不上朝，给他个尺把长的诏书让他回家就是了，你何必操心呢！"山涛就说："呵呵，你到时候可别在马蹄下奔走啊！"然后第二天他就辞官走人了，归隐不问世事。两年后司马懿果然发动高平陵之变，盛极一时的曹爽集团被彻底诛灭。

当时的山涛只是个小小的从事（地方办公厅附属官吏），并不了解司马懿，掌握的政治信息也是十分片面，但是就在这种情况下，山涛拨开迷雾抓住了问题的本质，他看穿了司马懿的阴谋。山涛并不是一个只会信口雌黄的沽名钓誉之徒，他是一个真正的高人。

尽管山涛丢掉了官职，但他是个有抱负的人，他渴望建功立业名扬天下。山涛曾经和自己的妻子说："有朝一日你是要做三公夫人的。"虽然竹林中人鄙视这种态度，但是我觉得并不能因此就批评山涛是个庸俗不堪之人。

山涛这时候想东山再起已经很难了，还好他的祖姑山氏是司马懿的夫人张春华的母亲，他就去找了司马师，司马师立刻就知道了山涛的心思，他表示："当世的吕望（姜子牙）是想出山做官吧？"然后直接让司隶校尉举山涛为茂才，山涛这才算重新出山，并在司马氏的照顾之下青云直上。

到后来，司马炎（这时候已经是西晋了）分配山涛做起了一项对后世影响深远的工作——吏部尚书，人事部门长官的重要性自然是不言而喻。山涛的眼光极准，而且他还有一个好习惯，一般一个位置都会推荐好几个人，这样剩下来没用上的人才便成了战略预备人员。当时朝廷最大的问题之一就是门阀林立，这些人都出身士族，很多人都不堪大用，国家的人才储备堪忧，所以山涛的工作是富有战略意义的。正是在山涛的主持下，西晋的人才才能源源不断地输入进来，勉强维持人力资源不会短缺。

山涛的吏部尚书一做就是十几年，虽然一开始有人不解甚至质疑，但是后来朝内朝外咸服，可见其识人之明。他所荐拔上奏的人物，列名成册，当时称为《山公启事》。

山涛死后，西晋的人事体制快速僵化，走入了死胡同。人才短缺也是压死西晋的重要原因之一。

咸宁五年，司马炎决定伐吴，当时很多人反对，朝中重臣冯纨、荀勖与贾充坚决谏阻，帝大怒，充免冠谢罪。

当然，山涛也反对，但是山涛提的理由是："自非圣人，外宁必有内忧，今释吴为外惧，岂非算乎！"意思就是留着东吴能让人居安思危。山涛并不认为消灭东吴很难，只是他的眼光很明显更加长远。

但是事实证明山涛是对的，攻灭吴国之后的巨大胜利使得西晋整个社会的腐化速度大大加快。

上层建筑的快速腐化是西晋灭亡的又一重要原因。

再后来，司马炎要尽罢州郡兵马，全换成宗室诸王统兵，山涛再次表示反对。这是一个历史性的时刻，山涛说得是头头是道，司马炎也说山涛说这番话是"天下名言也"，但是他却没采用这个建议。于是，尽罢州郡兵马换成诸王领兵成为西晋灭亡的直接原因。

山涛在朝中多年，虽然臧否人物、议定职位，推举了包括和峤、羊祜这样的人才，但是他的存在感确实不高，后来即便官至司徒，很多人也只是把他当一个摆设来看。毕竟竹林七贤的名头太大，这帮人看起来就是文学家、哲学家、玄学家，根本不实用。

小隐隐于野，中隐隐于市，大隐隐于朝，山涛就是传说中的大隐。位列三公都没人知道他的底细，后来他和别人谈论兵法，时人都认为山涛虽不学兵书却与孙吴暗合，要知道山涛当时已经在朝中二十几年，但是大家对他究竟会多少东西仍旧一无所知。大隐之贤实至名归。

虽然山涛堪称奇才，但是有趣的是，这最后的两个人连他自己都自愧不如。连山涛的妻子都说："你的才华比不上他们，但是以你的见识、气度，倒是能和他们相交。"山涛也说："他们也常常认为我的气度更佳。"虽然以上是句玩笑话，但是山涛的才智也许确实比不上这两个人——嵇康、阮籍。

阮籍，字嗣宗，出身高贵，是中国历史上有名的狂士。阮籍从小胸怀大志，气度不凡，少言寡语，城府颇深。著名的王昶曾经和阮籍交谈，认为此人深不可测。

阮籍的狂傲是一种与生俱来的气质。

有一次阮籍出去玩，参观楚汉古战场，一般来说文人墨客参观后都会发表一下兴衰之感，指责一下战争的惨无人道，抒发一下对生民的愧惜，诸如此类。阮籍一开口果然不同凡响："时无英雄，使竖子成名！"说刘邦、项羽都是"竖子"（小子，对人的蔑称）。想当年,项羽见到秦始皇已经很狂傲地说"彼可取而代之"，刘邦也表示"大丈夫当如是也"。不过，阮籍的这句话到底是蔑视古人，还是意指当世，无从考证。

阮籍不只看不起人物，连制度他都看不起，对儒家那一套礼仪名教，更是不屑一顾。当时虽然是中国历史上堪称第二个百家争鸣的时期，官方的思想钳制并不严格，但是阮籍的做法却更出格。

阮籍和王戎关系不错，他俩经常去酒馆喝酒，喝醉了就睡在人家老板娘边上；阮籍又经常驾车乱跑，要跑得没路了就哭，即所谓的"穷途之哭"。

当时的人对名士都非常敬重，阮籍虽然狂傲，但是大家还是很尊敬他。但是阮籍有个非常不好的习惯——翻白眼。嵇康的哥哥嵇喜比较庸俗，阮籍一看见他就翻白眼；当时的名士裴楷来参加阮籍母亲的葬礼，阮籍也是白眼相加。不过值得一提的是，嵇康来了，阮籍就以青眼相待。

因为当时政坛黑暗，司马氏专权，把持朝政，阮籍只能装疯卖傻，狂傲处世。

司马氏篡位之心已久，又急于收买士族之心，竹林七贤如此盛名，当然是他们重点拉拢的对象，他们要借助竹林的盛名巩固统治。但是阮籍根本不想和这些人为伍，他是高傲的，但是可悲的是他又不得不生活在司马氏统治的地方。

于是，阮籍干脆只任闲职，又丝毫不理会司马氏的要求，无论是让他写劝进表还是想和他结为儿女亲家，他统统喝得酩酊大醉，就是不理。司马昭为了和阮籍结为亲家费尽心机，谁料到阮籍竟然连续六十天喝得大醉，司马昭一看还是算了吧。钟会多次来看他，试探他对时局的看法，他同样用酣醉来蒙混过关。就连司马昭本人也曾数次同他谈话，试探他的政见，他也是扯来扯去，说得艰深晦涩、佶屈聱牙。

这些人当然明白阮籍的意思，但是一方面抓不到什么把柄，他们不好说什么；另一方面，司马昭也很清楚，阮籍是海内人望，若将他纳入己方，就能显示自己能够容人，所以司马昭对他也是一度纵容。

阮籍是难得一见的大才。他的咏怀诗堪称经典，词赋也是不拘一格，可为后世楷模。对于玄学周易理解精深，对于老庄的研究更是承前启后，在学术上成就极高。

独坐空堂上，谁可与欢者？出门临永路，不见行车马。登高望九州。悠悠分旷野。孤鸟西北飞，离兽东南下。日暮思亲友，晤言用自写。（阮籍《咏怀》）

他会因为年轻的生命逝去而悲痛难忍，他会因为母亲去世悲伤到吐血，他的使命所在就是不断用自己的生命对抗这黑暗的世界，他写的诗文没有悲愤，却满是悲愤，或说胜过悲愤。他的情怀和风骨，堪称魏晋风范的代表。《世说新语》中阮籍名列竹林第一。

魏晋这个年代就像行走在光与暗的两面，黑与白只在一念之间。这确实是最好的时代，也是最坏的时代。虽然天下三分，政治上各国权臣秉政，但是却也是贤能辈出的时期。

对比后世，这是中国历史上少有的思想活跃时期，老庄盛行，盖过了儒家，这个时期的名士不是后世的某些腐儒所能相比的，他们有才华，有傲骨，有能力，有胆量，他们越名教而任自然，纵论世间万物，悠游山川之中，却也胸怀大志，有惊世之才。

这就是竹林中人，竹林中人出可匡扶天下，退可逍遥同游，完全是君子之交，完全是同道中人，虽然各执一词却又志同道合。在这黑暗的世道之中，人们渴望着竹林的潇洒又贪恋着竹林之外的荣华，后世的一些人只知道把隐居当成终南捷径，妄图一步登天，早就没有了当年的那份淡泊和宁静。

纵观历朝历代，能如此飘逸、如此开放的时代又有几个？后世诸朝只知道以功名利禄诱惑文人，后世文人皓首穷经埋头科举，对治国一窍不通，往往又拿自己那点所谓的"傲骨"和竹林中人相比，真是可笑至极！司马氏虽然谋权篡位，但是尚且尊敬士族，后世的帝王对知识分子施以高压政策，寻章摘句乱加罪名又岂在少数？反过来又说司马氏残暴无耻，不过是五十步笑百步罢了。

山涛是大隐之贤，阮籍是末路狂徒，而嵇康则是六如公子（好锻如命、视名如土、爱友如己、视死如归、俊逸如仙、才高如神）。古龙的武侠小说《多情剑客无情剑》中的主人公李寻欢就有此号，不过，李寻欢是虚构的，而嵇康是真实的。嵇康仿佛是一个飘逸的公子，又仿佛是一个快意恩仇的侠客，他像一个崇信老庄的清静无为之人，也像一个隐居世外的孤傲狂士。

他曾经立志报国，但是眼见司马氏篡权把持朝政，屠戮公卿，杀害天子，他不屑于效忠这样的朝廷，所以他隐居，在竹林之中逍遥，这是他的世外桃源。

嵇康的才华可谓罕见，他的画艺很高，虽无传世之作，但是唐人评价足以说明；他的诗歌笔锋犀利，堪当后世之典范；他的文章更是影响了之后的数代人，嵇康对庄子作的注直接改变了老庄的研究方向；他还是当时清谈之风的领袖人物，见识高妙，超凡脱俗。

然而他最著名的，还是那一曲《广陵散》。《广陵散》描述的是一场华丽的刺杀，就像是对自己进行的一场华丽的刺杀——道大难容，才高为累。

盛名之下必遭妒忌，更何况嵇康还是个傲世之人。

竹林的日子就像是一篇华丽的散文，形散而神聚，竹林之人代表了那个时代的高雅、狂傲、艺术、情操。没有人能忘记，在中国重视经世致用的历史上，曾经有那么一群人，他们淡泊名利，醉心老庄，不愿意与世俗同流合污，他们用自己的方式实践着自己的理想。

竹林七贤的解体仿佛是一个寓言。

王戎和山涛相继离开，阮籍也在司马师手下做起了闲职，但是嵇康、向秀和刘伶没离开，他们就想在竹林里面逍遥一辈子，不管外面的波涛汹涌、明枪暗箭。然而，树欲静而风不止。

司马昭想让嵇康任幕府属官，他跑到河东躲避征辟；司隶校尉钟会盛礼前去拜访，也遭冷遇。对于这种不合作的态度，司马昭十分忌恨，但因嵇康盛名在外而无可奈何。

司马氏对嵇康的每一次征召他都拒绝是因为他娶的是曹魏宗室女子，他做过曹魏的中散大夫，他是魏臣，不事二主。

但是在黑暗中，钟会始终盯着他，作为司隶校尉，钟会掌控着洛阳上下的情报网，朝内朝外都拥有巨大的影响力，就连贾充都得让他三分。但嵇康的为人虽然狂傲但是根本毫无破绽，直到吕安事件的发生。

吕安是嵇康的好友之一，为人正直，但他的哥哥吕巽则是一个猥琐小人，居然把弟妹迷奸了。吕安发现真相之后怒不可遏，打算把兄长送往官府，嵇康觉得家丑不可外扬，劝吕安不要这么做，吕安终于忍了下来。但是吕巽忧心把柄操于人手，居然先发制人，诬告他弟弟吕安"挝母"不孝。

在以孝治国的司马氏时期，不孝是大罪，于是吕安被抓了起来。

嵇康眼看好友被诬陷，就离开竹林出面为吕安作证，这触怒了司马昭。钟会借此机会向司马昭进言，以陷害嵇康，那份著名的《与山巨源绝交书》就是嵇康的催命符。

这封信是嵇康写给山涛的，当时山涛想推荐嵇康接替自己担任选曹郎，嵇康知道之后写下了这篇著名的文章。这篇文章名流千古，文学价值极高，但是最关键的是思想，是嵇康在其中写出的那份悲愤和痛苦以及对黑暗时局的不满。

信中拒绝出任的理由很多，比如头面十五日不洗，不过这纯粹就是托词，嵇康在打铁房的附近修了一个水池，打铁热了累了就进水池里面洗澡，惬意得很。此外，嵇康还说自己有"七不堪"和"二不可"。比如"危坐一时，痹不得摇，性复多虱，把搔无已，而当裹以章服，揖拜上官，三不堪也"。又比如，他"每非汤、武而薄周、孔，在人间不止，此事会显，世教所不容"等。

总之，此信中心思想很明确，他表示山涛并不能理解他的志向，道不同不相为谋。

嵇康这封信根本就不是和山涛绝交，而是和世俗决裂，他要告诉世人，他嵇康的竹林不是名利场、是非窝，竹林中人要的是自由，是理想，是宁静，是快乐。竹林之外，与我何干？

很多人觉得这封私人书信之所以会流传出去是山涛故意为之，但是我想说这不可能。这封信山涛是不敢也不会公开的，唯一的可能只有钟会。钟会是司隶校尉，特务头子，又对嵇康十分怨恨，这封信恰好可以作为致命的炸弹，如此蔑视礼法的人在那个时代就好比全民公敌。

嵇康就这样成了钟会的阴谋与司马昭的愤怒的牺牲品。

牢狱之中的嵇康很痛苦，但他并不畏惧死亡，他苦恼的是这监牢太小，没有自由。

"托好老庄，贱物贵身。志在守朴，养素全真。"（出自《幽愤诗》，是嵇康狱中所作。）

在临死之前，嵇康安排了自己的身后事，托孤山涛："山公尚在，汝不孤矣。"嵇康最信任的人，就是那个被他写了绝交书的山涛啊！君子之交，只需要一句话的默契。嵇康已经了无牵挂。

嵇康死后，山涛遵照其遗命将嵇绍培养成了一个和他父亲一样伟大的人。

司马昭以"言论放荡，害时乱教"为名处死了嵇康，虽不久后便意识到错误，但追悔莫及。这是中国文化史上黑暗的一页。他当着三千个太学生的面杀死了嵇康，斩断了他们心中的"道"，就好像一棍打断了中国士族的脊梁骨。这些人不再淡泊，不再安贫乐道追求自己心中的那份宁静，他们开始纵欲狂欢，他们开始贪墨成性，就好像明天就是末日，他们丧失了最后一丝信仰，整个时代开始腐化，就好像大树从根基上开始溃烂。最后那轰然倒塌的时刻，只不过是有人推了一把罢了。

后世的音乐家们为了复原《广陵散》费尽心思，终于找到了古谱，算是承继了先贤的绝学，但是谁都领会不到当年的意境了，物是人非。

嵇康死后，竹林彻底崩溃了。他就像是华丽地绽放在黑夜中的那一朵昙花，虽然只有一瞬间的美丽，但没有人会忘记。嵇康已经成了那个时代最耀眼的符号。

为了避免步嵇康的后尘，向秀决定出仕，在去洛阳的路上，他再也忍受不了内心的痛苦，写下了著名的《思旧赋》，抚今追昔，忧从中来，痛惜之情，溢于言表。

> 将命适于远京兮，遂旋反而北徂。
>
> 济黄河以泛舟兮，经山阳之旧居。
>
> 瞻旷野之萧条兮，息余驾乎城隅。
>
> 践二子之遗迹兮，历穷巷之空庐。
>
> 叹黍离之愍周兮，悲麦秀于殷墟。
>
> 惟古昔以怀今兮，心徘徊以踌躇。
>
> 栋宇存而弗毁兮，形神逝其焉如。
>
> 昔李斯之受罪兮，叹黄犬而长吟。
>
> 悼嵇生之永辞兮，顾日影而弹琴。
>
> 托运遇于领会兮，寄余命于寸阴。
>
> 听鸣笛之慷慨兮，妙声绝而复寻。
>
> 停驾言其将迈兮，遂援翰而写心。

◆ 灭蜀大计

洛阳城的风风雨雨吹打了很多人，但是有一个人可管不了这么多，他就是邓艾。

邓艾从正元二年开始就一直在大西北，根本不管洛阳城中的事，而且他还有一个棘手的敌人——姜维。

蜀汉集团自从诸葛亮死后，着实安静了十几年，这原因还得从头说起——

众所周知，蜀汉大致分为三派：荆州派、东州派、益州派。其中，荆州派是统治集团，却是外来集团；东州派是刘璋时期的老底子；益州派是益州的本土集团，属于被统治阶级，代表人物就是谯周。

这三派里面，荆州派的北伐意愿是最强的，东州派和益州派其实都不太想北伐，所以北伐在执行过程中阻力是很大的，比如李严、谯周等人都不愿意北伐。诸葛亮死后，北伐的支持力度大幅度下降，因为北伐既劳民伤财又收效甚微。对于蜀汉来说，不北伐迟早被曹魏消灭，这个大家心知肚明，但是对于益州派来说，他们属于被统治者，被蜀汉统治和被曹魏统治都一样，蜀汉连年北伐苦的是益州百姓，得益的是荆州集团，这是在拿益州人民的鲜血铺平蜀汉一统天下的道路，他们当然是不愿意的。猎物最关心的不是自己被谁吃，而是自己能活多长时间。

诸葛亮的后继者蒋琬就很懂这个道理，他深知国内反对北伐，所以干脆摆出一副姿态，表示自己要大造舟船打上庸（当年孟达那地方）。所以从延熙元年一直大张旗鼓地折腾，可到了延熙九年他自己死了都没出动。蒋琬的态度是北伐是必需的，这是国策，但是我们要好好准备，不能轻举妄动。

蒋琬死后，费祎上台了，他和蒋琬一个套路，根本就不打算大举北伐，但是无奈此时蜀汉内部力主北伐的姜维上台了。蒋琬死后，姜维力主北伐，费祎担心国力无法支撑，但又不能否定北伐的国策，所以每次就给他万把人让他去魏国转一圈，这点人别说打到洛阳，估计出陇右都费劲。其实费祎倒不是怕姜维立功威胁自己的位子，主要还是深知蜀汉国力有限，根本无力北伐。

延熙十六年，也就是曹魏嘉平五年春，费祎被刺身亡，终于没人能掣肘姜维北伐了，当年夏天，姜维率军数万北伐，他选择了诸葛亮的老方向，目标是南安。很可惜，由于贮备不足，蜀汉大军没走到南安就没粮食了，不过这只是一次试探。

曹魏正元元年，姜维再次出动，这一次声势浩大，攻破多地，虽然损失不小，但是还是杀死魏将徐质，并且将数个县的人民移居到蜀地。

曹魏正元二年，姜维继续北伐，这一次遇到的是之前提过的王经，本来王经只要固守就不会有太大问题，但是他书生意气，结果被姜维打得大败，死伤数万魏军，这是姜维北伐以来取得的最大胜利。王经残部退守狄道，曹魏西线情势危急。

就在这千钧一发之际，陈泰和邓艾闪亮登场。姜维的苦日子来了。

由于西线损失惨重，姜维兵临城下，司马昭派出了自己的三叔司马孚坐镇后方，派陈泰和邓艾领兵收拾残局。摆在陈泰和邓艾面前的第一个问题就是——如何处理狄道。

邓艾认为需壮士断腕放弃狄道，退守周围城池困死姜维。陈泰正好相反，认为要守住狄道，击退姜维。虽然事实证明陈泰的策略更好，邓艾的意见虽不是错的，但还是保守一些。

首先从地理位置上来看，狄道虽然是咽喉要道，但是当时已经不能防守，放弃狄道退守周围的险要地区，虽然不能反败为胜，但是蜀军也是寸步难行，能使得损失降到最低，等姜维退军，狄道就会回到大魏手中（在这之前姜维也占领过狄道）。

陈泰不愧是大魏后期文武双全的人才，他敏锐地察觉到了姜维的弱点——多疑。陈泰布设疑兵沉着防御，姜维害怕归路被截断，无奈之下选择退军。

在这之后，邓艾便和姜维成了对手。

甘露元年，姜维出兵祁山，邓艾沉着应对。姜维明显感觉到邓艾是个有实力的对手，与自己之前遇到的根本不是一个级别。邓艾敏锐地察觉到姜维在夜晚渡水西进，在防御中转守为攻，与姜维战于段谷。姜维损失惨重，蜀中民怨沸腾，姜维只好效法诸葛亮自请贬为后将军。其实姜维此次失利和胡济不无关系，胡济没有按照约定赶来，导致姜维孤立无援最后大败。

甘露二年，姜维趁司马昭和诸葛诞在淮南大战，出兵骆谷，攻打魏军粮草聚集地长城（地名），结果司马望（司马家用于掌管西军的统帅，其实主要作用是防着邓艾）和邓艾据守不出，两军僵持四个多月，后来姜维听说诸葛诞兵败才领兵退回。

景元三年，姜维再度出兵攻魏，结果这次邓艾再度料敌于先，抢先占据了有利地势阻击姜维，双方在侯和正面交锋，后姜维退回沓中。关于侯和之战，虽然有人认为姜维没输，甚至胜了，但是根据史料分析来看，应该是邓艾小胜。

如果说司马懿和诸葛亮是旗鼓相当，那么到此时，邓艾对姜维一次大胜，一次小胜，三次战平（包括249年算准姜维偷袭洮阳），就算保持不败吧。

对姜维的战绩使得邓艾成了继郭淮、陈泰之后曹魏最得力的大将之一，司马昭也知道邓艾是西边的支柱人物，所以对他非常信任，加封他为征西将军，食邑六千六百户。

姜维在陈泰和邓艾这样的高手没来之前是连战连胜，把曹魏西方打了一个底朝天，但是邓艾一来他连连失利，不过失利的原因得考虑到蜀汉国力毕竟有限，外加后期缺乏得力的内政人才，内部又不稳。但姜维连番失利直接导致了两个后果——一是蜀汉国力损耗；二是曹魏蠢蠢欲动。

其实，姜维也很清楚蜀汉政权此时已经岌岌可危，自费祎死后，蜀汉面临严重的人才短缺问题，并且还存在严重的内部矛盾。

关于人才短缺的问题，只要列出下面这张逝世年表大家就明白了。

> 延熙三年（240年）——向宠，蜀汉重要将领。
>
> 延熙九年（246年）——蒋琬、董允，蜀汉重要大臣。
>
> 延熙十年（247年）——向朗，蜀汉重要官吏。
>
> 延熙十一年（248年）——王平，蜀汉重要将领。
>
> 延熙十二年（249年）——马忠，蜀汉重要将领。
>
> 延熙十四年（251年）——邓芝，蜀汉重要将领。
>
> 延熙十六年（253年）——费祎，蜀汉重要大臣。
>
> 延熙十七年（254年）——张嶷，蜀汉重要将领。

多年以来，诸葛亮用人的第一标准都是忠义，要求私德良好，这一点非常关键。首先，蜀汉是以弱敌强，如果人才不能保持忠诚那就毫无用处，如果掌握重权之后就向曹魏投降，那可就惨了（那位杀死魏延的杨仪就有过这个想法），所以必须忠诚，其次才是才干。

在这种用人方式之下，蜀汉在诸葛亮在世时工作效率的确很高，因为诸葛亮处理政务效率极高又事必躬亲；但是当诸葛亮去世之后，蒋琬上台了。蒋琬和诸葛亮在内政方面差距不小，此人还曾经因为不理政事被刘备责怪过，他当权以后虽然没什么战事，但是蜀汉国力并没有太大增长；费祎的治绩虽然还可以，但是蜀汉的内政人才确实已经不够用；到费祎死后，蜀汉的军事大权基本由姜维接管，而内政方面无人能顶上费祎的位置。

到景耀四年（曹魏景元二年），整个蜀汉政权进入了老龄化，成了三国之中行政效率最低的政权。不仅仅是人才的凋零，还有军队的损失，比如延熙十七年，大将张嶷死亡，连带着蜀汉最精锐的五千无当飞军也全部丧失。无当飞军是天下精兵，当年司马懿就见识过这支由少数民族组成的精锐的凶猛军队。诸葛亮善于治军，当年迁少数民族于成都作为军户，这些人剽悍善战，但是一旦损失就很难补充。

另外，蜀汉朝廷内部也是派系林立，内斗激烈。尤其是经过几代的人事更迭，蜀汉的益州派已经占领了舆论的制高点，整个蜀汉的民心开始转变。延熙二十年，谯周写下了《仇国伦》反对姜维北伐，文章观点清晰文采飞扬，总结起来就是两点：第一，汉室正统的地位早已不复存在，现在蜀汉和曹魏是两个国家，讨伐曹魏根本师出无名；第二，蜀汉经不起折腾，百姓都处于水深火热之中。

按理来说，这算是大逆不道，但是当时的蜀汉朝廷根本不管。其实所有人都知道，兴复汉室只是个泡影。姜维也知道，但是他还是这样做了，因为他要实现诸葛亮最后的心愿。

国无贤良，必有佞臣，于是黄皓粉墨登场。

黄皓是刘禅身边的宦官，用事起于尚书令陈祗死后。当年董允对黄皓十分不待见，所以黄皓一直没能掌握权柄，董允死后陈祗担任侍中，不再排斥黄皓，陈祗死后黄皓专权无人能制。

景耀四年，黄皓总揽朝政。

姜维自然对这个阉人很不待见，黄皓为了对抗姜维，在朝堂内外网罗党羽，包括诸葛亮之子诸葛瞻、董厥等人都加入了黄皓一方，当年诸葛亮的预言终于成真，"亲小人，远贤臣"。当年董允活着的时候，黄皓等人噤若寒蝉，现在董允死了，黄皓用事，蜀汉大政虽然没有崩溃，但是内部矛盾已经凸现。

延熙十九年，姜维遭遇段谷的惨败之后，在国内的号召力和威信下降。景耀元年，黄皓与姜维的矛盾迅速激化，以至于景耀五年黄皓打算用阎宇取代姜维，姜维和黄皓之间渐成水火之势。景耀五年，姜维上书要求杀死黄皓被刘禅拒绝，姜维心生恐惧，决定在沓中屯田避祸，而黄皓因为姜维握有兵权也不敢轻易对他下手。

曹魏景元三年，眼见蜀汉陷入困局，司马昭开始动作。

话说远在洛阳的司马昭自从寿春之战后就没主动打过什么仗，但是司马昭绝非碌碌无为之辈，在治理国家上他属于优秀的干才。这五年来，司马昭在屯田整军，积极备战扩充实力，还作出一个前所未有的决定——调整战略重心。

从前，魏国的基本国策是先灭吴，再灭蜀。现在司马昭决定改变这个战略，他要先灭蜀，再灭吴。司马昭认为蜀国刘禅软弱，国内不稳，而且姜维北伐消耗了蜀汉国力，此时正是伐蜀的大好时机。《三国志》记载："文王以蜀大将姜维屡扰边陲，料蜀国小民疲，资力单竭，欲大举图蜀。"

为此，司马昭决定召开军事会议。但是他没料到的是，除了钟会以外，所有人都表示反对。大致有以下两个理由：其一，一直以来蜀对魏都处于攻势，蜀国有川地天险，易守难攻，而且魏国在陇右地区兵力不足，只能防守难以进攻。其二，魏国一向是伐吴为主，如果攻打蜀国，吴国必定救援，到时将两面作战。邓艾和姜维对战多年，知根知底，他认为蜀国内部还没有大乱，此时伐蜀不合时宜，但司马昭力排众议，坚决伐蜀。为了显示自己伐蜀的决心，司马昭杀了持反对意见的将领邓敦，将他斩首示众来震慑群臣。《晋书·文帝纪》记载："将军邓敦谓蜀未可讨，帝斩以徇。"至此，无人再敢质疑伐蜀的决定。

为了这次大规模的军事行动能够成功，一方面，曹魏进行了战略欺骗，先是根据钟会的建议在魏吴边境大造战船摆出一副要大举伐吴的态势，使得吴国不敢轻举妄动，还能麻痹蜀国；另一方面，司马昭在蜀魏边境集结十八万重兵，几乎等于蜀国全国常备总兵力的两倍多，打算毕其功于一役。

曹魏的战略欺骗非常成功，蜀汉方面没有丝毫防备。东吴认为曹魏修建战船的举动是大举伐吴的前兆，所以非常紧张地修筑工事加强防卫。姜维虽然有所察觉，上书给刘禅请求调兵遣将以作准备，但是刘禅宠信的宦官黄皓欺上瞒下，为打压姜维而封锁前方军情，所以蜀汉并没有加强守备。

司马昭派邓艾、钟会和诸葛绪各领一路人马，又派自己的心腹卫瓘作为监军。卫瓘是著名的贤才，一向秉公办事，司马昭对他非常放心。在人事安排妥当之后，魏景元四年，曹魏三路大军浩浩荡荡地出发，剑指蜀汉。

当年夏侯霸投降蜀汉时曾经说过要防备钟会，到今日居然一语成谶。钟会和邓艾将为蜀汉政权画上句号。

邓艾率领西路军三万人出狄道，直攻沓中；钟会率领主力东路军出长安，分别从骆谷、斜谷、子午谷进军汉中；诸葛绪率领中路军三万人出祁山，直奔阴平桥头，切断姜维退路。蜀汉形势非常危急。

虽然有防备，但是如此巨大的规模，姜维着实被打了一个措手不及，整个蜀汉集团进入紧急状态，刘禅急命廖化和张翼率军支援姜维，但是情势依然严峻。九月，钟会亲自督东路军攻打阳平关，守关的蒋舒投降曹魏，同为守将的傅金战死，阳平关失守。阳平关失守之后，周围的汉城和乐城也就成了摆设，东路魏军进逼剑阁。

西路魏军则缠着姜维，姜维不敢恋战，向剑阁方向且战且退，但是无奈中路魏军已经早一步占领了阴平桥头，切断姜维退路，使他进退无路，陷入了绝境。

身经百战的姜维仔细分析了局势以后，觉得诸葛绪虽然守着阴平桥头，但是他并不清楚蜀中地形和自己目前的状况，如果自己声东击西应该能调虎离山，趁机渡过。于是，姜维下令绕道函谷到诸葛绪后方佯攻，诸葛绪害怕自己的退路被切断，被迫撤军三十里，姜维乘势渡过阴平桥头，与前来支援的廖化等合军坚守剑阁道。曹魏的中路和东路大军也在剑阁道会合，钟会猛攻剑阁不下，双方陷入了僵持。

钟会这个人，第一善妒，他嫉妒一切比他有能力有才华的人；第二急于立功，所以他才会支持大部分人都反对的伐蜀计划；第三有野心。出于这三个原因，当诸葛绪拒绝了邓艾的建议强行与钟会会师后，钟会对司马昭借故说诸葛绪畏战不前，夺走了他的兵权。虽然得到了兵权，但是面对眼前的这一道雄关，他还是心有余而力不足。

剑阁道是通往成都的必经之路，但剑阁道的险要程度可以说是"一夫当关，万夫莫开"，关口宽只有二十米，长度大约六百米，周围全是大山，大山布满了绝壁，攻坚难度实在太大，正面进攻难以攻取。另外，钟会还面临另一个严重的问题——缺粮。

以往蜀军伐曹魏也会缺粮，因为蜀道转运困难，现在钟会也遇到了这个问题，钟会的十几万军队缺乏周围郡县的补给难以为继。当年，曹爽发动骆谷之战也是因为粮草转运困难，最后被费祎打得抱头鼠窜。今日如果军粮耗尽，姜维再从周围杀出，那么钟会的下场只会比当日的曹爽更惨。

历史上对正面进攻拿不下的坚城要塞大致也就三种解决办法：

第一种：围困。比如蒙古攻金中都之战，就采用了围而不打、断绝粮草的战术，最后把金朝人逼得弹尽粮绝不得不投降。可是，这招对于钟会来说太不现实，他根本包围不了剑阁。

第二种：绕道。比如蒙古灭大理之战，蒙古军队攻打险要龙首关不成，干脆绕道苍山。如果绕道苍山，那么整个大理城就被尽收眼底，根本无法防守。蒙古军队绕道苍山进攻大理，使得中原王朝将近六百年都没能拿下的大理被攻克，堪称经典之战。钟会不是没想过这招，不过周围的黄金城和汉乐城也比剑阁弱不到哪里去，钟会已经猛攻两个月，仍无战果。

第三种：奇袭。最经典的战例之一就是唐代中期名将李愬雪夜袭取蔡州。但是，这招也不适用。

这三种方法都用不了。无奈之下，钟会给姜维写信，劝他投降，但姜维根本不理他。

面对坚守不出的西蜀军队，钟会束手无策，甚至想到了撤退，但是就在这个时候，邓艾出场了。邓艾表示，不必撤退，只要绕道就行了。他要绕的地方不是黄金城，不是汉乐城，是阴平。

自古以来，从北方入川去成都，剑阁都是必经之路，要绕过剑阁谈何容易？

由于地理原因，四川地形非常复杂，多山而且山势险峻，大部分地区当时还是人迹罕至，如果缺乏向导很容易迷路。

魏军攻其无备，出其不意，偷渡阴平，直取蜀汉！《三国志·邓艾传》记载："今贼摧折，宜遂乘之，从阴平由邪径经汉德阳亭趣涪，出剑阁西百里，去成都三百余里。奇兵冲其腹心。剑阁之守必还赴涪，则会方轨而进；剑阁之军不还，则应涪之兵寡矣。军志有之曰：'攻其无备，出其不意。'今掩其空虚，破之必矣。"

钟会的十几万大军在正面和姜维对峙，邓艾则率领精兵绕道阴平直奔涪城。

奇袭取胜需有两个要素：第一是要出其不意，这一点邓艾能做到，因为没人想到他会绕道阴平；第二是要快，因为时间太久，钟会正面补给就会出问题，所以邓艾必须加快步伐。

邓艾的三万人浩浩荡荡地开拔了，这项任务的艰难远远超出了邓艾的想象。蜀中地形实在险峻，毕竟邓艾熟知地理，善于寻找空隙通过，在逢山开路遇水搭桥的情况下，邓艾的进展虽然还算可以，但是随着路程越来越远，邓艾的补给出现了困难。

在深山老林，补给还可以通过狩猎补充，另一个巨大的困难却出现在眼前，那就是摩天岭。摩天岭是一片绝壁，邓艾缓缓登上峰顶远眺，周围数百里都是荒无人烟的原始森林，而自己的脚下是恐怖的绝壁，刀砍斧劈一般竖直而下，根本下不去。

邓艾看见前面的将士跪在地上痛哭，之前的一切努力，一切辛苦，都白费了。难道，到此为止了吗？许久，邓艾让部下取毡子来，不顾部下劝阻，拿起了毡子裹在身上纵身滚了下去。

这一年，他六十七岁，即便是在今天，也是高龄了。在他看来，作为将军他该身先士卒。后面的将士看到白发苍苍的主帅如此勇猛，纷纷效仿，从山崖上滚下。也许是运气，也许是命运，邓艾和部分将士活了下来，他们攀岩过山，贴着绝壁通过一处处险要的关口，行程总计七百里。

终于，江油出现在了他的面前。

江油是著名的天下险关，一面临江，三面悬崖，极难攻取。但是现在，江油已经唾手可得。

邓艾简直如同神兵天降，蜀军心理防线瞬间崩溃，他们选择了投降。江油失守使得邓艾得到了补给，现在涪城已经近在眼前，离成功只差一步了。

邓艾占领了江油，成都方面已经得到了消息，刘禅大惊之余紧急命令诸葛瞻率领部队前往涪城防守。此时，蜀汉军队虽然被打了一个措手不及，但是实际上还是占据主动的，只要诸葛瞻拒险而守，邓艾依旧是寸步难行。

然而，邓艾占据江油之后发现，自己一路进军居然畅通无阻，没有任何阻拦。其实，并不是蜀军在搞什么战术，而是诸葛瞻根本就没守。诸葛瞻虽然是诸葛亮的儿子，但是在军事方面，和他父亲的差距实在是太大了。顺便说一句，这并不是诸葛亮没教育好，诸葛亮死的时候诸葛瞻才八岁。他优柔寡断，当时的尚书郎黄崇建议诸葛瞻尽快占据有利地形，诸葛瞻却犹豫不决，导致邓艾兵不血刃就进入了平原地带。

在邓艾兵进涪城时，诸葛瞻派出前锋部队与邓艾作战，结果被邓艾打得大败，诸葛瞻畏惧邓艾的兵锋，居然放弃了涪城。涪城也是一座坚城，只要固守，邓艾不可能在短时间内打进来，诸葛瞻一错再错，使得蜀国危机四伏。

诸葛瞻兵退一百多里至绵竹，绵竹守备虽然稍弱，但是仍旧是一座坚城，绵竹关也是著名的雄关，只要诸葛瞻死守不出，邓艾还是打不进来。

邓艾眼看诸葛瞻要是在这儿坚守不出恐怕会前功尽弃，作为一个名将，他使用了最简单、最直接、也最有效的一招——激将。邓艾说只要诸葛瞻投降就封他为琅玡王，诸葛瞻大怒出战，这正中邓艾下怀。不料诸葛瞻战斗力很强，虽然中了邓艾的埋伏，却十分勇猛，打得邓艾的部队招架不住。邓艾的儿子邓忠和师纂的正面部队筋疲力尽退了下来。

但邓艾却激励他的部下说："生死存亡在此一举，没有可与不可，只有生与死！"

所有人都站了起来，他们知道，这一战将决定他们的生死，胜则立下不世功勋，败则前功尽弃。

邓忠和师纂再次出战，邓艾军锐不可当，大破诸葛瞻，诸葛瞻陷入重围，尚书郎黄崇死战不退直至身死，数万蜀军曝尸荒野，血流成河。

身处绝境的诸葛瞻虽犯了太多错误，但是他是个有骨气的男子汉，决不投降。他说："我内不能剪除小人黄皓，外不能制衡姜维，也没能守住江油，有此三罪，有何面目背叛蜀国？"诸葛瞻之子诸葛尚也同其父一起战死。

诸葛一族世受国恩，最后也无负两代君主的宠信。至此，诸葛一脉在魏蜀吴三国的投资全部失败了。诸葛一脉曾经权倾三国朝野，现在，只剩下无尽的叹息了。

诸葛瞻死，绵竹陷落，成都大门洞开。

邓艾一路高歌猛进，兵临成都城下，顿时令蜀汉君臣丧失了斗志。绵竹之战中，蜀军除姜维军团以外的精锐全部丧生，诸葛瞻、张遵（张飞之孙），还有右都督李球纷纷战死，整个蜀汉政权在实力和气势上均被击溃。

虽然邓艾的魏军也损失惨重。魏军在披荆斩棘翻山越岭之后又经历了绵竹之战，其实已经是强弩之末，但是这时成都已经没有可用之将，更没什么兵力了。

刘禅之前向东吴请求援助，但是由于蜀吴根本就互不相信任，所以东吴援兵也未能进入蜀境。在这种情况下，蜀汉的结局已经是不言而喻了。

刘禅召群臣商议对策，谯周力排众议，劝刘禅投降。北地王刘谌请求背城一战，南中将军霍弋也请求带兵前来守卫成都，但刘禅最终还是听从谯周的建议，向邓艾军投降。刘谌来到刘备的昭烈庙痛哭，蜀汉江山怎么会到这种地步啊！万念俱灰之下，他杀死自己的妻子和儿女之后自杀了。亡国故事总是充满了悲凉。

蜀汉景耀六年，曹魏景元四年，后主刘禅出降，自缚其身，抬棺至邓艾军门，邓艾亲自解缚，烧毁棺木接受投降。共计存在四十二年的蜀汉政权宣告灭亡。

司马昭闻讯大喜，封钟会为司徒，邓艾为太尉。

邓艾成了胜利者，他从阴平披荆斩棘七百余里，逢山开路、遇水搭桥，偷袭江油得手，一连攻克三座天下雄关，消灭了诸葛瞻的蜀军数万人，逼迫成都开城投降，立下了不世奇功，就凭这一次的战绩，邓艾就堪称天下名将，大魏军神。纵览汉末三国时期，堪与之相比的战果也就是周瑜火烧赤壁之战、陆逊火攻夷陵之战、曹操破袁官渡之战，仅此而已。

邓艾偷渡阴平，成了军事史上经典的奇袭战之一，为后人所敬仰。邓艾得意扬扬地进入了成都，他确实有这个资格。

姜维听闻诸葛瞻战败，深知成都兵力不足，所以放弃剑阁向成都方向靠拢，但是没等他到达成都，却接到了刘禅让他投降的命令。他明白，大势已去，但内心仍不想放弃，他还要再做最后的努力。于是，姜维率部假意投降了钟会。

邓艾进入成都之后表现出了极大的宽容，他安抚了城中的居民百姓，也没有为难蜀汉的官吏，反而予以优待。一方面，邓艾遵循东汉邓禹将军的做法以天子的名义大肆封官，比如封刘禅为骠骑将军，蜀汉太子为奉车都尉、诸王为驸马都尉；对蜀汉群臣，则根据地位高低，或任命他们为朝廷官员，或让他们领受自己属下的职务。另一方面，邓艾用绵竹之战中的死者尸体修筑京观炫耀自己的武功。

邓艾此时除了大肆封赏安定人心、炫耀武功之外，已经开始筹划征伐吴国的具体策略了。他认为厚待刘禅可以直接招降吴主孙休，兵不血刃就能结束乱世；现在蜀国灭亡，唇齿相依的吴国根本不能独存，只要施以怀柔政策，自然能轻易统一全国。

钟会日夜兼程赶往成都，此时他已有谋反之心。他敏锐地发现邓艾在成都的行为已经是明显的僭越。代天子行事，谁给你的权力？

钟会掌管着邓艾和司马昭之间的通信，他有意将信改得傲慢无礼，用来显示邓艾居功自傲，司马昭见信后大感不快，愈加猜忌邓艾。钟会又趁机说邓艾大肆封官，矫诏行事，意图谋反。于是司马昭秘密命令卫瓘抓捕邓艾，押往洛阳。

一连串的阴谋，一连串的猜疑，一连串的恐惧，说到底，司马昭谁都不信。

就在邓艾还在享受胜利果实的时候，卫瓘带着他的兵马来到了成都。卫瓘在深夜控制了邓艾的部属，熟睡中的邓艾根本毫无防备。

"晋公（司马昭）有令：邓艾意图谋反，即刻抓捕，押往洛阳。"

邓艾仰天长叹："我是忠臣啊，怎么会到这个地步？韩信白起的往事今日又重现了。"

邓艾被送上了囚车押回洛阳，成都就是钟会的天下了。是这样吗？

一个阴谋家永远不会信任另一个阴谋家。这次出征之前，西曹属邵悌曾对司马昭说：钟会不能让人放心。司马昭则表示，蜀中人心未定，将士思归，钟会即便反叛也不会有人跟随他的。所以，司马昭在接到钟会报告邓艾谋反的时候，做了两手准备。他一方面令卫瓘抓捕邓艾，另一方面下令调集十万大军于长安，并亲自前往长安督军。名义上是协助钟会消灭邓艾，实际上这一举动的意思非常明显——防备钟会。

司马昭这一手让钟会意识到自己的危机，钟会很清楚一句话：君疑臣则臣必死。钟会看到了邓艾的下场，他很清楚自己现在的处境比邓艾更加危险。另外，当他知道司马昭只有十万部队在长安时暗自庆幸，现在他吸纳了姜维的蜀军、诸葛绪和邓艾的部属以及自己的十几万部队，总兵力超过二十万，如果挥师北进则可一举消灭司马氏，自己就能成为新的霸主。如果不成功还可以退守西蜀。

景元四年，钟会进入成都自领益州牧。丁丑，钟会启动了叛乱计划。

钟会召集自己的党羽、魏军将领、蜀国官吏于蜀国朝堂，当时郭太后新死，钟会借举丧为名召集群臣，宣布了一样东西——太后遗诏。钟会表示自己尊奉太后遗命讨伐司马昭，要求众将追随自己。

钟会此时已经下定决心反叛，不管遗诏是真是假，他所需要的只是一个大义的名分而已。

很多魏将纷纷反对，钟会图穷匕见，收押在场所有反对的人于蜀国官衙之中，并且收缴了他们的兵权，下令让自己的亲信督军诸军，同时派重兵封闭宫门。他已经没有回头路可以走了。

姜维建议钟会立刻杀掉所有魏将。

听到刘禅投降的时候，蜀中将领纷纷表示宁可战死，决不投降。但是姜维很快便镇定下来，他安抚了周围的将军们，他知道如果此时拼得玉石俱焚，必然会丧失最后一丝希望，于是他选择了投降。

见到钟会之后，姜维感觉到钟会是一个很有野心的人，如果能够利用钟会的野心也许不只能复兴蜀汉，甚至可以扫平司马氏。他有了自己的计划——利用钟会，兴复汉室。

这是一个极其大胆的计划，一旦失败，将万劫不复，但是姜维要试一次。这是唯一的机会。螳螂捕蝉，黄雀在后，姜维深信自己就是钟会身后的黄雀。

姜维投降之后钟会对他非常优待和信任，并表示姜维的风度超过了诸葛诞和夏侯玄，堪称人杰。

姜维的思路很清晰，只要魏将全部死光，自己就干掉钟会，然后坑杀所有魏军，这样就能复兴蜀汉。姜维在写给刘禅的密信中表示："陛下只需再忍耐几天就能光复了。"据《华阳国志》记载："维教会诛北来诸将，既死，徐欲杀会，尽坑魏兵，还复蜀祚，密书与后主曰：'原陛下忍数日之辱，臣欲使社稷危而复安，日月幽而复明。'"

尽管钟会和姜维机关算尽，但是他们都漏算了一个人——卫瓘。

在伐蜀战役中，如果说邓艾是闪耀的将星，那么卫瓘就是最闪耀的权谋之星。卫瓘一向以公正著称，是个不折不扣的权谋大师。

其实早在决心叛乱之前，钟会也对卫瓘动了杀机。

钟会诬陷邓艾之后，卫瓘接到了司马昭的密信，让他抓捕邓艾。卫瓘虽然是监军，但是他手上只有一千人，邓艾少说也有几万人，但上有命，不得不从。

卫瓘是个极聪明的人，是个权谋家，他赶在深夜到达成都，直接到邓艾府邸抓捕了邓艾父子。第二天，愤怒的邓艾部将集体出动杀奔卫瓘军营，要解救自己的主将。卫瓘一袭白衣，缓缓而出，然后对各位将领说自己此来是奉命行事，只抓捕邓艾，其余不问，意思是以前邓艾说的话还算数；另外他还说他正在写奏折为邓艾申辩，一定会还邓将军一个清白。于是危机化解。

处理了邓艾的问题，卫瓘面临着更大的危险。钟会的心思已经昭然若揭，卫瓘眼看钟会要反，干脆借着上厕所之机将消息告诉了胡烈的部将丘建，让他将消息带给城外的军队。当时魏国军队都在城外而将领在城内，所以城外军队并不知道城内的变故，也不敢轻举妄动。卫瓘告诉丘建钟会已反，让他即刻率兵进城平叛。但是城外军队调动需要时间，而钟会已经近在眼前并且找到了自己。钟会拿出了一块木片，上面赫然写着一句话："欲杀胡烈等。"卫瓘表示了反对。卫瓘作为司马昭监视邓艾和钟会的存在，此时本来要被钟会监禁，但是这个时候钟会居然想让卫瓘去慰劳各军。

卫瓘感觉这是千载难逢的好时机，但是绝对不能暴露自己的想法，于是他故意推脱说应该让钟会这个主帅前去，钟会还是决定让卫瓘前去。过了一会儿，钟会反应了过来，派人去追卫瓘。卫瓘急中生智，为了取信于钟会的亲信，他喝盐水让自己呕吐。卫瓘不是武将，本来就瘦弱，这一吐自然是面色煞白，看起来病得很重。

钟会得到卫瓘确实病了的消息后，便不再忌惮了，卫瓘于是得以住在城外。

丘建虽然得到了消息，但是苦于自己无法调动军队，就向钟会申请见胡烈。丘建表示胡烈一个人过于孤独，想和亲兵前去送饭，钟会没多想就同意了。丘建原来是胡烈的部下，而钟会并不知道这层关系。

胡烈是胡遵的儿子，大将胡奋的弟弟，对司马昭忠心耿耿。丘建见到了胡烈，告诉他大祸临头，胡烈情急之下想出了唯一一个调动军队的办法。他让丘建回去给自己的儿子胡渊传话，就说钟会已经挖好大坑，买了数千条大棒准备杀害外面的将领。

丘建把这个假消息带给了胡渊，一夜之间在城外军队中迅速传开，军心骚乱。十八日中午时分，胡渊率领亲军杀出，各军纷纷响应，一口气奔着成都杀了过去，他们的第一目标就是钟会。

钟会此时还没搞清楚状况，仍在纠结是否要杀死城中魏将。渐渐地，乱兵越发难以控制，姜维和钟会陷入重围，最终寡不敌众，被乱军杀害。

钟会死了，他的野心也跟着一起毁灭了。姜维也死了，他带着诸葛亮的遗愿和蜀汉最后的希望一起化成了灰烬。这时代，终于要终结了。

钟会与姜维身死，乱兵在成都城中大开杀戒，姜维的子女都被杀死，乱兵抢掠数日，成都人民苦不堪言。

卫瓘紧急部署，用几天时间平定了乱兵，稳定了秩序。但是这个时候，他突然想起了一个人——邓艾。

此时邓艾的部下终于追上了前往洛阳的囚车救出了邓艾，他们知道邓艾是被冤枉的。钟会已死，邓艾以为自己终于可以洗雪冤情了。但是，他们没有想到，在他们身后还有一拨人。卫瓘派遣田续追上了他们，田续的目的只有一个——杀人灭口。

当初写信给司马昭时，卫瓘也参与其中，后来抓捕邓艾也是他动的手，此事他难辞其咎，所以绝对不能让邓艾活着回到洛阳，这时他想到了一个人——田续。田续本来是邓艾的部将，但是在进攻江油的时候，田续畏惧不前险些被邓艾杀死。因此，这个时候，他是最合适的人选。

在卫瓘的授意下，田续率军杀光了邓艾父子和前去营救他们的部属，并且一不做二不休，继续诬陷邓艾，导致连邓艾在洛阳的儿子都惨遭杀害，邓艾的孙子和妻子被流放边疆，直到司马昭去世，邓艾都未能得到平反。

钟会死后，按理来说应该被夷灭三族，但是司马昭没有。因为他想起很久之前，钟会的哥哥钟毓曾经对他说："我这个弟弟喜欢玩弄权术，不能过于信任，恐有不臣之心。"而他笑着承诺："若当如此，可免族祸。"即使后来钟毓死了，司马昭也还记得这个承诺。

其实，卫瓘只是做了司马昭想做而又不能做的事情。邓艾新立大功，杀他朝野必然怨愤，但当他效法先祖邓禹跋扈专行，行天子事，已经触动了司马昭的底线，所以杀他又是不得不行。那个位子，从来就只能属于一个人，任何胆敢靠近的人，都是敌人。

在这场变乱之中，最大的赢家，是司马昭。邓艾是个军事天才、内政天才，但不是个权谋家。钟会和姜维都想做黄雀，到头来还是被卫瓘算计了。这没有丝毫的正义可言，他们的死，不是那些史家口中的天命，只是成败罢了。

我忠实地记录着他们的生平，并用近乎冷酷的口吻讲述着这些天才们最后那令人心痛的归宿：他们创造了一个又一个奇迹，他们有勇气、他们有野心、他们也很努力。千载过后，我依旧能感受到这些人心中翻滚的热血：姜维竭力保护他的蜀汉、他的理想，钟会的毒辣和凶狠，邓艾的智谋和勇气。所以这是一个战乱的时代，一群伟大的天才们用他们的鲜血为我们书写了一首波澜壮阔的史诗。

即便，我不喜欢其中的某些角色，但是我依旧承认，这是一部完美的作品。历史，就是这么精彩。

景元四年，蜀中平定。次年正月，钟会之乱平定。而在这之前，司马昭就已经换了头衔了。

景元四年二月，因各路军报捷，在司马昭的授意下，傀儡天子曹奂下诏以春秋时期晋国故地七百里封司马昭为晋公，加九锡。晋者，晋位也，司马昭的意思再明显不过了。在玩过一套三让不受的把戏之后，司马昭登上晋公大位，以相国辅政。当年的魏王，现在的晋公，离那个位一子只差一步了。但是，司马昭并不打算现在就登上帝位，在他心里，这个位置另有其人。再说，他距离皇帝也只差一个称号罢了。

景元五年三月三十日，司马昭正式拜为晋王，加九锡，五月二十四日，追尊司马懿为晋宣王，司马师为晋景王。一个新时代的大幕已经拉开了。

虽然司马昭有很多事情要处理，但他也没忘了一个人。

华丽的歌舞，喧闹的笙箫，鲜艳的服饰，妖艳的美女。这场盛大的宫廷宴会，招待的却是亡国之君刘禅和他的蜀国臣子们。司马昭还为他们准备了特别的节目——蜀乐、蜀舞。

司马昭表面上对刘禅很好，是因为有三方面的考量：第一，善待刘禅可以安抚蜀中人心，使得蜀国臣民归附；第二，由于南中六郡刚刚归附，都督霍弋是蜀汉旧臣，听闻刘禅北上洛阳才归附曹魏，此时必须善待刘禅来安抚他；第三，善待刘禅可以为以后招降吴国君臣做准备。

出于这三个理由，司马昭封他为安乐县公，但是他并不放心刘禅，所以才特地设宴，目的是试探他是否有复国之心。后主刘禅面对蜀乐、蜀舞，欢乐嬉笑，无动于衷。

司马昭又微笑着问刘禅："安乐公，思念蜀国吗？"刘禅回答："此中乐，不思蜀也。"一旁的蜀汉旧臣郤正在上厕所之际对刘禅说："陛下可说'先人坟墓，远在西蜀，无日不思'，这样司马公就会放你回去啦。"过了一会儿，司马昭又问了一遍。刘禅完整地背了一遍郤正教他的那番话，司马昭感觉有点不对，便问他："这话……听着像是郤正说的啊。"刘禅说："诶，你怎么知道啊？"司马昭从此再也不猜疑他了。刘禅作为富贵等身的安乐县公度过了他的余生。

后世有人说，刘禅是真的乐不思蜀，纯粹的亡国之君，忘却祖宗，忘却故国。也有人说，刘禅这是为了保全自己，是大智若愚。谁知道呢？反正，亡国之君能保全自己的性命有多难，后面的朝代都告诉我们了。自晋之后，前代亡国之君除陈叔宝之外，几乎无一可以保全，包括那个死得不明不白的柴宗训。愿生生世世勿复生在帝王家！

司马昭对待蜀汉臣民是仁慈的，他厚待了刘禅，厚待了蜀汉旧臣，包括谯周等人后来在西晋朝廷中也有一席之地。他也并没有压榨蜀汉人民，就凭这一点，他称得上一个"仁"字。后世的统一往往是极其血腥和残忍的，元、清统一全国之时，四川都惨遭屠戮，百户余一，惨烈非常。元屠戮成都，尸骨如山，全川屠杀过后，四川人口从一千三百万直接减少到八十万左右。明末之时，在地方势力和清军的双重屠杀之下，四川人口"死伤殆尽，千百不余一二"，所以，司马氏平定蜀中确实称得上宽厚，作为一个征服者，他是文明的。

到咸熙元年，司马氏代魏已经是板上钉钉的事情了，但是司马昭还得考虑最后一个问题——继承人。

一般来讲，我国古代惯例是嫡长子继承制，司马昭的嫡长子就是司马炎，司马炎继位是理所当然的，但是在司马昭的心中，他更喜欢的是他的二子——司马攸。当年由于司马师无子，所以司马昭把自己最喜欢的二子司马攸过继给了司马师，司马师去世之时没有传位于司马攸，而是给了自己，现在是时候还给他了。但是，司马昭必须询问群臣的意见，毕竟废长立幼乃国之大忌。

在这个关键的时刻，左右天下命运的人依旧是山涛。

虽然司马昭处死了嵇康，但是对山涛依旧很信任，在率军去长安防备钟会的时候还派山涛监视宗室，并且给了他五百亲兵，可谓是器重至极。

司马昭先问了裴秀："我哥哥开国建业，未成而亡，我不过是接掌了他的基业。所以立司马攸来显示兄长之功，如何？"

司马昭这意思再明确不过了，他就是要立司马攸，但裴秀表示司马炎身上有神奇的印记（胎记），又深得人望（司马炎为中抚军），理应承继大统。这理由很明显没有让司马昭信服，所以他就又来问山涛。山涛的回答很明确："废长立幼，违背礼制，国之不祥。"为了这句话，司马炎后来还特地跑来感谢了山涛。

咸熙二年，在群臣反对之下，司马昭改变了立司马攸的计划，转立嫡长子司马炎为晋王。同年八月，司马昭因中风猝死，享年五十五岁，谥号"文王"。

司马昭这一生经历了太多，他有着算得上幸福的家庭、可敬的兄长、美丽的妻子、孝顺的儿孙，他本人位极人臣，承接了父兄创下的基业并发扬光大，他是毫无疑问的人生赢家。

然而，他也有污点，他用血腥的手段弑杀天子，开了一个极其恶劣的先例，他残杀名士嵇康，杀害异己，杀戮了所有的敌人，猜疑过分，甚至连名将邓艾都惨遭毒手。

但是，即便如此，他也算是一个贤君。他任用贤才，能屈能伸；初登大位面对淮南三叛的巨大挑战时，他沉着应对、稳健平叛；他励精图治避免奢侈，调整战略平定西蜀，大大加速了全国统一的进程。尤其难能可贵的是，司马昭平定西蜀之后采取了一系列的怀柔政策，使得西蜀臣民免受涂炭之苦，功莫大焉。

司马昭既有虚心纳谏的一面，也有独断专行的一面。寿春城下，他能海纳百川接受文鸯投诚；洛阳城中，他也能力排众议决定灭蜀大计。但是司马昭的政治手腕是铁血的、是冰冷的，他没有虚伪的面孔，所以，他显得那么无情，那么残忍。但是，历朝历代的帝王们，说到底，不都是用鲜血垒起了皇城的每一块城砖吗？

司马昭卷，终。

不才在下：司马文王承父兄之资，拓恢宏之业，吊民伐罪，抚定四方，三分有二，天下由此略定。至于怀柔体恤，善施教化，可谓之德；灭蜀惩吴，平定淮南，可谓之盛。然弑杀人君，贻害匪浅。风流癫狂之士虽多所保全，亦有遗恨也。

房相等：世宗以叡略创基，太祖以雄才成务。事殷之迹空存，翦商之志弥远，三分天下，功业在焉。及逾剑销氛，浮淮静乱，桐宫胥怨，或所不堪。若乃体以名臣，格之端揆，周公流连于此岁，魏武得意于兹日。轩悬之乐，大启南阳，师挚之图，于焉北面。壮矣哉，包举天人者也！为帝之主，不亦难乎。

卷四

司马炎卷

◆ 真正的开始

曹魏咸熙二年八月，司马炎继位晋王，从某种意义上来讲，西晋的故事终于正式开始了。

司马炎，字安世，人如其字，他真的安定了三国乱世。

司马炎是贵族出身。他的爷爷司马懿自不必说；他的叔父司马师是高平陵的阴谋家；他的父亲也是在西蜀边关喝了几年风，南征北战多年才从哥哥手里接过了基业。相比之下，承爵之初的司马炎还只是个三十岁的没什么经验的年轻人。但是，司马炎是个不一般的人，他很聪明，聪明得有些过头。

司马炎继承爵位之初面临的第一个问题，就是父亲的葬礼规格问题。其实问题的关键在于应不应该以天子之礼下葬。

关键时刻，一个人出面决定了大事，他就是石苞。石苞和邓艾的起家方式很像，都是司马懿提拔的人，石苞直接提出应该以天子礼仪下葬。

咸熙二年，司马昭死，以天子礼仪葬于崇阳陵。

安葬了父亲，司马炎算是正式上台了，上台之后，司马炎的第一要务就是稳定人心，其实他面对的问题和曹丕很像。曹丕当年就曾面临这个问题，他的父亲留下了一大帮功勋卓著、手握重权的功臣宿将，而他很难控制这帮人，于是曹丕想出了一个绝妙的解决办法——称帝。

称帝，一方面可以给这帮老人加官晋爵，另一方面也可以培植自己的势力，让自己的根基稳固，是一个皆大欢喜的方法。外加司马家掌握曹魏国政二十多年，代魏时机早已成熟，称帝也是顺理成章，众望所归。

　　咸熙二年十二月丙寅，司马炎逼迫魏主曹奂禅位于己，即位称帝，国号大晋，改元泰始，官方语言是雅言，治国方针是"孝"。

　　禅位的那套程序颇为复杂，先得各地祥瑞（麒麟、凤凰等）现世，然后群臣劝进、三让受之。再选个黄道吉日，召集四方臣属、内附的少数民族以及藩国，司马炎开坛祭天，然后说一番魏德衰、晋有大功于魏的话（确实有点道理），然后当着四方少数民族以及群臣的面接受魏帝的禅让，大赦天下。其实这都属于禅让称帝的基本步骤，而司马炎接下来进行了一系列深远的政治安排，决定了未来几十年的天下格局。

　　首先，是对魏室的处理。

　　历史上，对待前代亡国之君，项羽直接杀了已经表示归顺的子婴，王莽对待被他篡位的孺子婴可以说是极其残忍，不仅夺走了他的一切权力，甚至禁止别人和他说话，导致孺子婴的情商和智商受到了严重限制，话都说不明白。曹魏篡夺汉室虽然文明了不少，封刘协为山阳公，待遇还可以，但是过程也是十分惨烈的，杀人夺玺。而一直被我们视为废一帝杀一帝的司马氏一族，居然是中国历史上对待亡国之君最好的。

　　司马炎先是将曹奂迁居到金墉城（司马氏专门安置废帝废后的地方），封曹奂为陈留王，食邑万户（基本等于中等封国），宫室安排在邺城，允许他使用天子旌旗，备五时副车，祭祀礼乐都仿照魏初制度，一切如旧，上书不称臣，受诏不拜。意思是他还是皇帝，只是没权而已，好好安度晚年就行了。而且，司马炎做到了善始善终，曹奂一直平安地活到了惠帝时期，西晋官方谥号"元皇帝"。在亡国之君里面，我没见过比这还好的待遇，比这还好的谥号。

　　有趣的是，司马孚在送曹奂去金墉城的时候痛哭流涕，表示自己永远是魏臣。

　　虽然司马孚表示自己是魏臣，但是，对这个为大晋建立立下了汗马功劳的三爷爷，还有许多在司马懿、司马师、司马昭时期付出汗马功劳的宗室们，司马炎是必须要优待的，他开始了自己的第二个政治安排——封王。这是决定西晋命运的措施之一。

　　司马炎首先追尊宣王司马懿为宣皇帝，景王司马师为景皇帝，文王司马昭为文皇帝，宣王妃张氏为宣穆皇后。尊太妃王氏为皇太后，所住之宫名崇化宫，这算是安排了皇室。

　　剩下的就是安排藩王了。封皇叔祖父司马孚为安平王；皇叔父司马干为平原王，司马亮为扶风王，司马伷为东莞郡王（地点在山东），司马骏为汝阴王，司马肜为梁王，司马伦为琅玡郡王；皇弟司马攸为齐王，司马鉴为乐安王，司马机为燕王；皇从伯父司马望为义阳王；皇从叔父司马辅为渤海王，司马晃为下邳王，司马瑰为太原王，司马珪为高阳王，司马衡为常山王，司马景为沛王，司马泰为陇西王，司马权为彭城王，司马绥为范阳王，司马遂为济南王，司马逊为谯王，司马睦为中山王，司马陵为北海王，司马斌为陈王；皇从父兄司马洪为河间王；皇从父弟司马楙为东平王。一共是二十七位王爷。在整个西晋时期，他们将成为一股巨大的政治势力，左右天下的命运。

司马炎是一个不折不扣的贵族，所以和他爷爷司马懿有很大不同。司马懿的人才储备充足，比如石苞、邓艾、州泰等人都是他一手提拔的。司马懿用人大致分两派，前者属于寒门出身的寒门派，另外他也用士族派，比如陈泰、蒋济、高柔这些人，出身比较高贵，属于士族的代表。

司马师和司马昭基本继承了司马懿的人才遗产，但是从司马昭时期开始，朝廷就已经出现了人才凋零的倾向，比如我们提到的灭蜀之战，司马昭派的就是钟会和邓艾，邓艾是司马懿的老底子，出身寒门，钟会则是不折不扣的士族代表。

到司马炎时期，整个朝廷的士族阶级力量空前强大，而且九品中正制的恶果也显现出来，朝廷中门阀林立，除贾氏、裴氏、石氏、荀氏之外，还有琅玡王氏、东海王氏、何氏、陈氏、卫氏、杨氏，构成了西晋初年十大家族。他们手握重权，掌控国政，和司马氏息息相关，家族之间多有姻亲关系，构成了紧密的利益共同体。如果这帮人掉转枪头，那就是十个司马氏，将会天下大乱。而且，更可怕的是，司马炎除了这帮人之外，几乎无人可用。

由于西晋实行九品官人法，"遂计资定品，使天下观望，唯以居位为贵"。所谓"资"，即门资、世资所构成的"门第"。所以西晋推行的九品官人法，门第高则品高，所授的官也高；门第低则品低，所授的官也低，形成"公门有公，卿门有卿"，高级官吏的职位完全被门阀世族垄断的局面，当朝高官莫不是前代功臣的后裔，不是他们的子孙，就是他们的曾孙玄孙。

一个司马氏能篡夺大魏天下，十个司马氏，那就是世界末日。

司马炎是傻子吗？不是。司马炎一直没有忘记曹髦是怎么死的，高平陵的事情绝对不能在他的身上重演。但是如果不用这帮人只靠自己是玩不转的，在没有科举制的晋朝，司马炎只能靠这些树大根深的士族，但是也必须防着他们。所以他决定大封宗室屏藩中央，防止士族夺权。出于这个目的，他对以上的这二十七位王爷都是实封。

中国古代封王大致有两种封法：一种是实封，也就是既有封地也有兵权，说穿了就是独立王国，只是要效忠于中央罢了；另一种是虚封，也就是只有头衔并无封地与兵权。

凡是实行实封的朝代，都有一个共同点——在中央控制权削弱的时候，会发生藩王叛乱。我们可以分析一下每一个朝代——

夏商时期就不提了，毕竟汤武的事迹在那儿摆着呢。

周朝分封八百诸侯，即便是在王室权力较强的西周时期，诸侯之间的互相攻杀也时有发生，西周初年共有八百多诸侯国，到东周初年就只剩一百七十多个，进入东周时期，争战连连，王室根本就是摆设。

接下来是西汉，西汉初年刘邦大肆分封同姓王，导致诸侯王居天下之半，内廷只统十五郡，到景帝时期更是爆发了"七王之乱"，使得西汉面临分崩离析的危险。

接下来是西晋，先按下不表。

之后是隋朝，虽然短暂，汉王杨谅还是反了，虽然被杨素打得溃不成军。

再之后是唐朝，唐朝藩镇实际上已经形成了割据之势，河北三镇节度使长时间不受中央管辖，完全就是独立王国，各地节度使虽然没有封王之名，但是却有封王之实。自玄宗朝始，到德宗成形，唐宪宗时期虽然有所削弱，但是治标不治本，有的藩镇和朝廷对抗甚至超过百年，成了唐朝的心腹巨患。

明代朱元璋封朱棣等同姓王镇守北疆等地，形成实封，结果朱棣的作为我们都是知道的，朱元璋尸骨未寒他就起兵反叛，直接打到了南京城下，把自己的侄子拉下马，自己做了皇帝，史称"靖难之役"。

清代，清军入关之后分封吴三桂等三藩，康熙十二年康熙帝决定撤藩，导致三藩反叛，一度占据西南半壁江山，成了清廷入关以来的最大危机，历时八年才平叛成功。

纵观历史，可以看出，夏商周、西汉、唐、明、清分封的实封诸侯王和没名分但中央默认无力征讨的藩镇都有同样的举动——反叛。历朝历代，莫不如是。

既然实封有这么巨大的隐患，那么历朝历代又为什么一而再再而三地分封呢？

我们来分析这一问题不能先入为主，要具体问题具体分析。主要原因有三：

第一，王朝建立初期实力不足，或存在外部威胁，要靠藩王镇守边关，协助朝廷治理天下（夏、商、周、明、清）；

第二，要保卫皇室，保卫中央，防止权臣篡权（汉、晋）；

第三，历史遗留问题，朝廷只能默认（唐、清也有一部分算在这里）。

封建王朝第一代统治者考虑的问题不是疆域，不是一统，而是核心的两个字——社稷。保证新政权不被消灭，是他们的第一目标，也是重中之重。而有趣的是，这些朝代除了夏、商、周由于不是中央集权，剩下的封建国家中央集权政府，对待这些诸侯王或藩镇都不约而同地采取了一个态度——削藩。

西汉削藩引发了七王之乱，藩王们为了避免权力被夺联合发动叛乱；唐代唐宪宗等君王针对藩镇屡次发兵征讨，一直到晚唐时期；明代建文帝削藩引发靖难之役，结果把皇位都丢了；清代削藩引发三藩之乱，清廷和吴三桂等三藩打了个你死我活，持续八年才算收场。

纵观中国大一统的封建王朝，往往是第一代君主分封，第二代君主就削藩，然后藩王反叛，双方拼个你死我活。

西汉的贾谊准确地指出了削藩的本质："疏者必危，亲者必乱，已然之效也。"意思是，无论亲疏远近肯定要反。为什么呢？我们来分析一下——

首先是经济上，诸王都有自己的封国：西晋封王分三等，第一等大国食邑三万户，第二等一万到两万，第三等五千左右，这帮人有稳定的经济基础，就有造反的本钱。

其次是军事上，西晋诸侯王和历代实封诸侯王都有自己的军队，大国人数上万，小国也有数千，而配合封邑的人口，则可瞬间变出数倍的大军，自己的常备军则可以成为亲兵骨干。事实上，很多人就是这么干的，比如朱棣。

最后是政治上，历朝历代都有一些政治举措，以降低诸王在中央的地位，限制他们的势力，但是历朝历代的藩王都不遗余力地在朝中安插耳目，贿赂重臣。比如明代的宁王叛乱；清代的吴三桂选官号称"西选"，时人更是有"西选之官遍天下"之说。晋朝藩王们在朝中的势力更是达到了历代之最，安平王司马孚总领军国重任，齐王司马攸堪称王中王，总领诸王，到了后期，这帮王爷们动辄就是各种大将军、都督诸军事，势力庞大，不可一世。

然而回到晋朝本身看，又有很多更严重的问题。

司马炎不是不明白这个弊端，毕竟西汉的七王之乱就在那儿摆着，但是曹魏宗室无权皇帝被欺负得那么惨他也是知道的，所以他有了一个神奇的想法：我封一大堆诸侯王，让他们互相牵制不就没事了吗？所以，在他执政的二十多年中，他一直小心翼翼地保持着政治平衡。

司马炎不止利用司马氏的王爷们替他防着士族，还授予他们许多人以军国大权，让他们平衡朝廷中的士族势力，这构成了晋朝的二元政治结构——士族和皇族共治天下。

还好，至少目前司马炎给这帮人设置了四道枷锁。这四道枷锁是：

第一，限制他们回到封地，防止其发展自己的势力。这点很关键，有很多人直到去世都没有到过自己的封地，那么阴谋造反就无从谈起。

第二，在朝堂中，以士族限制他们的势力。

第三，诸王之间互相牵制，并且重用老王爷等血缘近的王爷，对血缘关系远的和野心勃勃的年轻王爷们少用或不予重用。

第四，各地州郡兵马的牵制作用。

正是这四道枷锁限制了诸侯王们的反叛能力，使得西晋在很长一段时间内出现了空前繁荣的局面。

处理完封王的事宜，就得处理一下对群臣的赏赐了：

以骠骑将军石苞为大司马，封为乐陵公，车骑将军陈骞为高平公，卫将军贾充为车骑将军、鲁公，尚书令裴秀为钜鹿公，侍中荀勖为济北公，太保郑冲为太傅、寿光公，太尉王祥为太保、睢陵公，丞相何曾为太尉、郎陵公，御史大夫王沈为骠骑将军、博陵公，司空荀顗为临淮公，镇北大将军卫瓘为菑阳公。这些人将成为未来几十年中另一股巨大的政治势力。

西晋初年的十大士族的政治势力大致可以分两拨：比如石苞、后来的张华，都是属于寒门或者名气小的士族，根基不深，算是寒门权贵；另外就是以琅玡王氏和平阳贾氏为代表的豪门大族，他们都是累世高官，树大根深，门生故吏遍布天下。

那么我们来具体看一下。

首先是石苞，这位和邓艾有一拼，都是司马懿在洛阳发现的人才，然后将他一路提拔。石苞的军事才华确实也是不可小视，在曹魏大败的东兴之战中，只有石苞的部队全身而退，之后在东吴交战中多次获胜，并且坐上了诸葛诞的老位置——镇守淮南。作为西晋初年的权贵，骠骑将军、大司马石苞，堪称柱国级别人才。

第二就是贾充了，他为司马昭鞍前马后做了很多事，最关键的是，贾充在司马炎和司马攸争夺储位的关键时刻选择了司马炎，这也对司马昭最后的决定形成了巨大的助推力，司马昭死时对司马炎说："知汝者贾公闾也。"堪称顾命大臣级别的人物。

第三就是陈骞了，作为东阳陈氏的代表人物，其父亲陈矫是曹魏司徒。陈骞可是司马昭的心腹肱股，常年在外控制重兵，现在也是西晋最重要的门阀势力之一。

第四就是以裴秀和他儿子裴頠为代表的河东裴氏，这是中国历史上最有名的家族之一，在他们家族漫长的做官历史上，光宰相就出过五十九位，大将军五十九位，七品以上官员达到三千人，包括给《三国志》作注的裴松之，堪称官场巨无霸。

第五就是颍川荀氏了，颍川荀氏可谓是司马氏的老班底了。西晋朝的代表人物之一荀勖一开始是曹爽的人，高平陵之后无人敢去给曹爽吊丧，只有他大摇大摆去做了。"荀氏八龙"出将入相，在西晋朝廷那是呼风唤雨，子孙也在西晋朝廷出任重臣。司马昭临死之时，荀勖和羊祜共掌机密。虽然荀勖历来被认为是奸臣，不过他却做过一件堪称伟大的事情——校译《竹书纪年》。

第六就是琅琊王氏了，这家虽然没有之后在东晋时无与伦比的地位，也是豪门大族。征伐东吴的王濬，竹林七贤之一的王戎，以及在上面那张名单里面任太保的著名孝子王祥，乃至后面的王敦、王导，都出身琅琊王氏。

第七就是东海王氏了，作为太后的母族，王朗王司徒的后人，他们在西晋一朝活得是相当滋润，最关键的就是——有钱。著名的斗富精英王恺就是太后王元姬的弟弟，东海王氏的杰出（腐化）代表。

第八就是以卫瓘为代表的卫氏一族，他们也是皇亲国戚，他儿子卫宣娶了晋朝公主，成了驸马爷。卫瓘是司马昭的心腹，官高德厚，在这之后，他还当了太子司马衷的老师，也就是传说当中的帝师。虽然，这个职位对他这种绝顶聪明的人来说是个折磨。

第九就是以何曾和他儿子何劭为代表的何氏一族，他家也是累世公卿。

第十就是以皇后杨艳和其父杨骏为代表的，赫赫有名的超级大族弘农杨氏。这个家族出过很多历史名人，如西汉的杨震，隋朝的杨坚，唐朝的杨玉环，北宋的杨家将。

除了上述十家之外，还有许多势力，不过相比之下小了一些，或者有些势力没能延续下去，在此就不赘述了。另外杜预和江东陆氏这些人属于后起之秀，之后也会加入这个利益集团。还有一些特殊的，比如太傅郑冲，比如羊祜。

十大家族外加二十七位王爷，这朝代也真够乱的。

司马炎按照五等爵位制度给予士族们加官晋爵，这一系列措施使得司马炎的支持率明显上升，基本上继承了老爹司马昭留下的人才，并获得了世家大族的信任和拥护，稳定了自己的统治基础，也为后来的励精图治打下坚实的基础。

封赏完毕，司马炎就要开始最后一项工作——改革法度与经济制度了。

历朝历代都会推行一套新法与新的经济制度，来表明与前代王朝的不同。

先来说一下曹魏的经济制度。

曹魏时期主要实行屯田制,对屯田客实行分成制地租:使用官牛者,与官府四六分成;不使用官牛者,与官府对半分成。对自耕农,于建安九年针对自耕农(少数人)推行户调制:田租每亩纳粟四升,户调每户纳绢二匹、绵二斤。曹魏实行户调制,废止了汉代实行的口赋、算赋等人头税,改以户为征收单位;改分成制地租为定额地租。虽然自耕农交税比东汉和袁绍时期少了很多,但是屯田的居民赋税太重了。

由于曹魏的主体经济是屯田,所以屯田收取的赋税是非常重的。要知道中国古代一般是十取一,乃至十五取一,也就是官府取一成,曹魏则是对半分,乃至四六分成。

既然赋税如此重,那么为何人民没有造反呢?

其一,这是乱世,别的地方都是兵荒马乱,人命如草芥,相对而言曹操这里还是不错的,此外,曹操有时也会适当减免赋税,所以大家还能接受。

其二,曹操的屯田是强制劳动,不耕作是要挨鞭子的。那些没怎么遭受战乱的百姓自然是不愿意的,所以后来荆州人民一看曹操来收租就逃跑,毕竟荆州没怎么遭受战乱,自然不买曹操的账。但是曹操迁移这帮人到北方,在背井离乡的情况下也只有继续耕作。但是到了西晋初年,北方基本是天下太平,人民要提高生活质量,这种竭泽而渔的重税很明显已经过时。

司马昭在临死之前做了一件功莫大焉的事情——废除了屯田制。司马炎基本延续了父亲的政策,在即位之初他表现出了励精图治的一面,亲自到籍田里面耕作,以显示重视农业,还减免了很大一部分的赋税,使得西晋人民生活日渐富裕。此外,司马炎还亲自督办兴修水利,建立粮仓。

但是,到了咸宁年间,世家大族们拥有人口和圈占土地的情况日益严重,严重影响了西晋的社会经济,外加兵马和屯田客依靠这些门阀,使得接近半数人口不在耕作状态。在这种情况下,司马炎推出了门阀士族时代的终极经济制度——占田制。这一部分且留以后再表。

在司马炎的命令下,自泰始三年起,贾充、杜预、羊祜等人参考汉律与魏律,制定了著名的《泰始律》,这是一部具有里程碑意义的律法。后来经过杜预、张斐作注,形成了完整的律法,所以《泰始律》加注解又被称为《杜张律》。

《泰始律》又称为《晋律》,这部律法是中国历史上第一部儒家思想浓厚的律法,它与前代律法相比有两个特点:一是简明规范,二是量刑较轻。

这套法律条文与前代相比有了巨大进步,首先是条律很明确,篇目从十八增到二十，体例的设置、条文的安排更为合理，用词也更确切。《晋律》将《魏律》的《刑名》篇分成了《刑名》和《法例》，放在首要位置，完善了《魏律》的刑法总则部分。这套法律理解起来也较为容易。《晋律》中的法律概念更加明确，而且第一次正确区别了"律"和"令"这两个重要法律概念，将"律"解释为以定罪量刑为主的法典，"令"则是规定国家制度的法典。"律"是固定性的规范，"令"是暂时性的制度，违令有罪者，依律定罪。从此以后，"令"便成为和"律"并立的法典。杜预在《律序》中指出："律以正罪名，令以存事制。"《晋律》的总字数从汉律的七百七十三万字减少到了十二万六千字。以前判刑得看好几车竹简，现在，终于可以变成一本书了。

另一方面，这套法律的量刑是比较轻的，"犯罪应死刑者六百一十，耐罪千六百九十八，赎罪以下二千六百八十一，溢于《甫刑》千九百八十九，其四百一十大辟，千五百耐罪，七十九赎罪。"（《晋书·刑法志》）也就是说有六百一十种死刑罪名，并且提出了"生罪不过十四等，死刑不过三，徒加不过六，囚加不过五，累作不过十一岁，累笞不过千二百，刑等不过一岁，金等不过四两。月赎不计日，日作不拘月，岁数不疑闰。不以加至死，并死不复加"的原则（用刑罚要有限度），这是非常难能可贵的，要知道，在当时这样的思想不仅是超前的，而且是非常仁厚的。

除此之外，《晋律》重申了不恢复肉刑的原则，确实是善莫大焉，后代的隋唐律法普遍受此影响，这部律法堪称是贾充、杜预、张斐等人为人民作出的巨大贡献。

但是，《晋律》毕竟是封建刑律，也有很多搞笑和不合理的地方。比如：不孝可以判死罪（晋朝特色，以孝治天下的产物）；可以靠花钱、免官等免罪（明显包庇世家大族和有钱人），统称为"杂抵罪"；乱穿衣服也判刑，要按照规定穿衣服，不许奇装异服（这条目测是针对那帮狂士的）；"人治"色彩明显，"夫律者，当慎其变，审其理"。（《晋书·刑法志》）判刑时会考虑亲疏远近的关系，还有财产纠纷也是如此。

即便如此，这也是一套在当时处于世界先进水平的律法。

◆ 治宏四方

开国之君司马炎是一个有理想、有抱负的男人。他即位之初十分节俭，轻徭薄赋，任用贤臣，确实使西晋朝廷呈现了吏治清明、欣欣向荣的景象。

司马炎即位之初亲自耕田，颁布了五项规则："一曰正身，二曰勤百姓，三曰抚孤寡，四曰敦本息末，五曰去人事。"

为了显示厉行节俭，司马炎去除了宫中的奢侈之物，发展国力，休养生息。泰始二年，司马炎为了防止扰民，做出了停止了迁徙太庙范围内居民的决定，堪称仁义之举。

除此之外，司马炎还做过一件非凡的事情——亲自决狱。

泰始四年，司马炎亲自去洛阳监狱审决罪犯，这堪称关心民间疾苦的行为。作为一个帝王，司马炎去了监狱这个最能反映法治和吏治的地方，不管是不是面子工程，都体现了他的决心。司马炎之后还数次去监狱，为很多人减轻了罪行，倒不是说司马炎的判断都是准确的，只是这个举动传递了一个信号——西晋治国，法从宽，断从公，令从平。其实，这个举动还包含着司马炎最显著的特点之———宽厚。

司马炎上台之后就做了一件让众人拍手称快的事情——为邓艾平反。司马炎赦免了邓艾家人的罪，同时，也解除了山阳公刘康（刘协后人）的监禁，算是弥补了前朝的过失，堪称仁义之举。

司马炎确实很厚道，也很仁慈，在他漫长的执政生涯中，他从没有杀过一个大臣，最多是免职，即便是免职之后他也能厚待，使他们安度晚年。

在政治上，司马炎也能虚心纳谏，即位之初就表示要臣下直言进谏。《晋书·武帝纪》记载有他颁布的一份诏令，诏曰："凡关言人主，人臣所至难，而苦不能听纳，自古忠臣直士之所慷慨也。每陈事出付主者，多从深刻，乃云恩贷当由主上，是何言乎？其详评议。"

右将军皇甫陶曾经顶撞司马炎，大夫郑徽建议治皇甫陶之罪，司马炎表示："谠言謇谔，所望于左右也。人主常以阿媚为患，岂以争臣为损哉！徽越职妄奏，岂朕之意。"意思是尽忠直谏，是朕的意思，朕最怕的是臣子阿谀奉承，你怎么能陷害忠良呢？而且你越职参奏，不是朕的意思。之后，司马炎还免了郑徽的官位，以示自己的纳谏之心。

在用人方面，司马炎重用了山涛、任恺、张华这样的贤臣，这三个人都不属于世家大族，张华更是寒门出身，但是司马炎对他们非常信任。任恺是司马炎一朝有名的贤相，山涛更是不用说——吏部尚书，张华（汉代大神张良的后人，唐代名臣张九龄的先祖）也是能力超强的贤臣。在豪门大族和皇族林立的西晋朝堂之中，这些人的存在，弥足珍贵。

然而，当帝王，最难的不是一时圣明，而是一直圣明。

泰始年间，司马炎除了努力发展生产、恢复经济之外，还在谋划一件惊天动地的大事——灭吴。为此，他起用了一个人——羊祜。

泰始五年，司马炎以羊祜坐镇荆州，节制东南军事，准备灭吴大计。不过在消灭东吴之前，司马炎先要解决一个重要的问题——北胡。

历朝历代，中原王朝和北方民族之间战争不断。

汉武帝雄才大略，派卫青、霍去病远征匈奴，留下了赫赫威名。但是，大规模的对外征讨也使得西汉国力受到了极大损害，海内虚耗，人口损失过半，导致了武帝末期的经济危机。

东汉和曹魏对北方民族采取了剿抚并用的策略，当时北方的民族主要是匈奴、鲜卑。在东汉政府的不断打击之下，匈奴分裂成两部，一部外迁，一部选择内附，所以到了曹魏时期，鲜卑和羌族就成了主要的打击对象。鲜卑在匈奴衰弱之后，基本取代了匈奴在北方草原的地位，鲜卑的领袖轲比能统一鲜卑各部，对曹魏形成了威胁，但是鲜卑王轲比能死后，鲜卑各部基本处于分裂状态，属于西晋的隶属部落。到了司马炎时期，鲜卑再度出现了一个领袖——秃发树机能。他野心勃勃，准备对晋用兵。

在司马炎时期，鲜卑族还没有和汉族融合，虽然表示隶属关系，但是当时西晋边将普遍对少数民族不友好，采取高压统治，由于日子实在苦（小冰河期），加上晋朝战乱不断，还顾不上打击他们，因此不断跑来抢劫。

泰始六年，鲜卑首领秃发树机能起兵反晋。鲜卑战斗力强悍，武器装备已经有了很大改善，普遍使用了铁甲劲弩，已经不是当年的匈奴可比了。

泰始五年六月，秃发树机能与胡烈战于万斛堆，胡烈孤军深入，结果惨遭包围，秃发树机能杀死胡烈，并击破晋军上万。

泰始六年，秃发树机能再度出兵凉州，这次倒霉的是凉州刺史牵弘。

牵弘是当年和邓艾入蜀的部将之一，后来被派去扬州防备东吴，但是他和上司陈骞不合，陈骞素知他不堪大任，就向司马炎报告说："胡烈、牵弘皆勇而无谋，强于自用，非绥边之材，将为国耻。"但是司马炎又不愿意无故贬他，所以就把他派去边关防守胡人。结果这次，牵弘为了建功立业，居然主动出击、轻敌冒进，被打得大败，自己战死了不说，还连累了许多无辜的晋军将士。

其后，第二个凉州刺史苏愉也大败于金山。

眼看凉州地区要变成无政府状态，司马炎坐不住了，他先命令汝阴王司马骏都督西凉诸军事，坐镇关中。司马骏是司马家族内部公认的俊杰，能力很强，立刻稳定了局面。咸宁二年，司马骏率军击破秃发树机能，后者损失数千人，被迫后撤。

咸宁三年，不识趣的胡人再叛，但是这次他们的对手又换了。

自泰始四年开始，鲜卑屡屡犯境，西晋朝廷苦于没有得力大将难以征讨，导致北疆形势危急，司马炎也是寝食难安。

咸宁三年，文鸯都督雍、凉、秦三州军事，尽起三州大军与鲜卑大战。虽然史书上对此战一笔带过，但是文鸯的战绩确实非常惊人。

文鸯和秃发树机能大战，破敌无算，鲜卑方面累计投降达到二十万人，天下震惊，西晋北疆遂转危为安。要知道，这可是自汉末以来对北胡最大的胜利。不过这二十万人并不全是兵，少数民族征战一向是拖家带口。但是不论如何，一次性损失二十万人对秃发树机能的打击非常大。

咸宁四年，秃发树机能再度攻破武威，斩杀凉州刺史杨欣（这已经是战死的第三个凉州刺史了）。咸宁五年，秃发树机能攻破凉州，关中震动。马隆主动请缨，招募勇士三千前往收复。

马隆的对手虽然兵力不详，但是估计有四五万人。十比一的兵力对比堪称悬殊，朝中大臣表示反对，说国家已经派出了军队，不应另行赏募。但是司马炎认为此时不能因循守旧，所以他让马隆自选兵器甲胄，前去对敌。

事实证明，马隆虽然狂妄，但是一个有实力的人。

马隆首先进行了选人工作，他的要求只有一个——力气大。要大到什么程度呢？马隆定下了硬性标准，合格的人要能拉起三十六钧（约二百三十八公斤）的弩和四钧（约二十六公斤）的弓。

西晋军队能征惯战之士还是很多的，到中午就选出了三千五百个猛士。

面对马隆，鲜卑人采取了拒险而守的战术。他们多年来和晋朝军队交手，战术也有了一定提高，他们准备截断马隆的后路，然后将他们一举歼灭。

马隆观察了地形，这是狭窄的山谷，鲜卑人占据了有利地形，自己还有被截断后路的危险。十倍的敌军，险恶的地形，剽悍的蛮族，弱小的兵力——这是惊人的不利局面。但是，也有一个好处——山路狭窄，对方虽然人多却不能全部施展。

鲜卑人十分勇猛，他们看马隆兵力不多，自己又占据巨大优势，干脆直接进攻。

晋军从阵形后面缓缓推出了大量的木头车，这些车子挡在了他们的面前。这是鲜卑人第一次见识木车阵。

所谓木车，就是以大木车作为阻挡骑兵的武器，木车挡板上放置尖刺之类的东西，在狭窄的地方对骑兵的冲锋形成阻挡，后排的射手就可以从容放箭。

就在鲜卑军队还没反应过来的时候，千箭齐发，飞蝗满天。在这毁灭的箭雨之下，如此狭窄的路口，根本冲不破的木车大阵，鲜卑军能做的，只有留下痛苦的哀号和一地的尸体。

到了开阔处，他们面对的则是鹿角和车阵。鹿角填充了车阵的空当，仍然冲不过去。当他们气势汹汹地骑马冲锋的时候，要么撞在厚重的木车上，要么被鹿角穿透身体。而接下来，仍旧是满天的箭雨。他们只能听见划破长空的弓弦之声和痛苦的惨叫。然而，他们遇到的更痛苦的事情还在后面。有很多人都被吸在了地面上，动弹不得，而晋军行走在这如同沼泽的地面之上却丝毫无碍，用锋利的长刀割下他们的头颅。

鲜卑军队吓坏了，对面的晋军会妖术，是魔鬼。此时，保命的欲望占了上风，这些人一溃千里，马隆乘势追杀。

后来，人们才知道，马隆的士兵穿的都是犀甲，而地上布满了磁石。

此一役，马隆转战千里，使敌军伤亡惨重。捷报传至京城，朝野震惊。

在此之后，马隆与秃发树机能展开大战，终于在咸宁五年斩杀秃发树机能，收服鲜卑部众上万，西晋北疆的祸患算是告一段落了。

◆ 明争暗斗

对于司马炎来说，西北边疆的祸患，远比不上朝堂中的祸患来得可怕。

对于有总括四海之心的司马炎来说，统一全国是他毕生所愿，但是朝堂之上的明争暗斗，极大地拖延了西晋统一全国的时间。

西晋初年，朝堂之上最大的争斗不是来自于士族和皇族，而是来自于士族内部。

当时，士族中有两股势力，大致还是势均力敌的。一股势力是名士派，也有人称为寒门派，代表人物就是：和峤、张华、任恺、庾纯、向秀、秦秀等人。

这些人有许多是寒门出身，或者是出身门第较低，比如任恺就是曹魏太常卿任昊之子，和峤是曹魏太常和洽之子，张华是寒门，向秀是著名的竹林七贤之一，但也属于寒门，秦秀是秦朗之子，门第不高。这里面有一个人比较特殊——庾纯，他出身于颍川庾氏。庾纯肯定不会想到，在未来的几十年，他的家族将成为一股决定天下的力量。这些人都属于名士，特点是比较正直，名声很好，很多人能力很强，基本代表着儒家的传统思想，有着明显的魏晋时期的名士风度，属于清流集团。

另一派则是以贾充为代表的豪族派，也有人称为贾充派，代表人物有：贾充、皇后杨艳、荀勖、冯纨、华廙，还有一大批豪门子弟。这帮人大多是累世公卿，背景深厚，并且与前者在价值观上存在明显对立。比如皇后杨艳，就是弘农杨氏的代表，中书令荀勖自不必说，华廙是曹魏开国功臣华歆的孙子，冯纨的父亲也是曹魏重臣，官至司隶校尉。这些人是同气连枝、枪口一致对外的利益共同体。除此之外，他们还有一个很大的共同点——名声比较差。

比如贾充，由于杀了曹髦，堪称人民公敌，很被士族看不起，甚至连老好人裴楷都对他有看法。由于弑君这件事实在是太黑，搞得贾充千百年来骂名不断，据说连吴主孙皓都上去踩了他一脚。其实说句公道话，贾充为西晋的建立也是做了不少贡献的，弑君算是为好伙伴司马昭背了黑锅。

另外一个名声很差的人就属荀勖了，荀勖出身颍川荀氏，是一个能力超强的人，当年让卫瓘出任监军就是他的主意，他堪称司马昭的肱股之臣。荀勖最大的功绩莫过于考订释译《竹书纪年》。

咸宁五年，一位叫作不准的盗墓贼盗取了魏王墓（不知道具体是哪个魏王），他挖着挖着突然发现这里面有很多竹简。估计是觉得不值钱，只拿了金银珠宝就跑了。但是，他根本不会想到，这竟然成了一个特别重大的考古发现。后来有人发现了不准盗取的魏王墓，立刻把里面的情况上报了西晋官方。不准发现的竹简，经过西晋官方的抢救性发掘，发现竟然有数十车之多，司马炎非常重视，决定立刻派官方人员参与考订校译。

他派去的人是荀勖与和峤，这是个诡异的组合，因为荀勖与和峤不和，和峤因为讨厌荀勖甚至都不愿意和他坐同一辆车。不过这次皇命在身，两位大才子怎么着也得精诚合作一把，但是接下来的事情震惊了整个史学界。

这数十车竹简包罗万象，其中有一套非常久远的编年体史书，作者是春秋时期晋国史官和战国时期魏国史官，成书时期更是早于《史记》，里面记载的内容和太史公的《史记》有巨大不同。从本质上来说，是价值观完全不同。

这套编年体历史被称为《竹书纪年》，详细记载了上古时代至春秋时期的历史，其中包括大量的血腥政变和战争，史官们用冷酷的语言和视角讲述了漫长而血腥的历史。

随便举个例子，《竹书纪年》记载："昔尧德衰，为舜所囚也。""舜囚尧于平阳，取之帝位。""舜放尧于平阳。""舜囚尧，复偃塞丹朱，使不与父相见也。"

里面像这样的记载还有很多，比如这一段："殷仲壬即位，居亳，其卿士伊尹。仲壬崩，伊尹乃放太甲于桐，而自立也。伊尹即位於太甲七年，太甲潜出自桐，杀伊尹，乃立其子伊陟。伊奋命复其父之田宅，而中分之。"

而太史公是这样说的："帝太甲即位三年，不明，暴虐，不尊汤法，乱德，于是伊尹放之于桐宫。三年，伊尹摄行政当国，以朝诸侯。帝太甲居桐宫三年，悔过自责，反善，于是伊尹迎帝太甲而授之政。"

这是完全相反的记载，太史公表示，伊尹是教导商王向善之后把他再度立为商王，是个典型的贤相；但是《竹书纪年》表示，伊尹囚禁了商王还自立为王，结果后来还被商王杀了。

历史充满了阴谋的味道。真相，也许将永远掩埋在时间的沙漠之中。

但是不幸的是，《竹书纪年》的原本已经遗失了，并且到了宋代，连荀勖和和峤校订编译的版本也丢失了，我们今天能看到的，是后人在当时的书目之中寻章摘句引用的原文。后来，人们在清华简和《竹书纪年》的比对之下，发现了所谓"共和元年"的真相。

言归正传，虽然荀勖有如此强的能力，但是他的名声确实很差，当时很多名士嫌弃他阿谀奉承，没有骨气，就连豪族派的许多人都和他不和。而且因为荀勖掌管机密，所以很多人对他也有误会，认为此人玩弄阴谋诡计（确实也有），外加上荀勖确实私德有亏，所以被归类为奸臣之列。

贾充一党在后世得到的评价大致是这样的：不学无术、穷奢极欲、陷害忠良、祸国殃民。其实在我看来，这种归类方式很不可取，奸臣未必不能做事，清流未必就能治国，表面上的清流实际上的庸才，误国最甚。

这不是正义与邪恶的较量。在这朝堂之上，只有权力才是永恒。

从泰始元年开始，郑冲、王祥、何曾、荀顗、裴秀等人相继以年老、有病要求辞职，司马炎特地优待他们，让他们不必前来朝会，派任恺去他们的府第咨询对重大事件的意见。这样一来，任恺便成了实际上的宰相之一，名士派日益壮大，在这种情况下，贾充和任恺代表的两大集团开始了一系列明争暗斗。

贾充向司马炎建议说太子年少，任恺忠诚坚贞，气度宏达，应该去东宫辅佐太子。其实，贾充这一手看上去是在夸奖任恺，实际上却是想让司马炎对任恺明升暗降，把他调离中央权力中心。结果悲剧的是，司马炎听了贾充的话，虽任命了任恺为太子少傅，但却是兼职，人家仍旧担任侍中，参与军国大事。

泰始七年，秦州、雍州等地爆发了大规模的少数民族叛乱，司马炎忧心忡忡，就在此时，名士派不失时机地发动了反攻。

裴楷对司马炎说："陛下之所以未能效法尧舜，就是因为有贾充这样的小人在朝堂之中，若陛下能削弱他的权力，任用清流，天下必能大治。"

任恺趁机表示："陛下可以委任贾充都督两州军事，抵御外族。"

中书令庾纯附议。

于是，司马炎让贾充去长安镇守。

贾充慌了，他知道，一旦被排挤出朝中外任，恐怕自己的地位将要不保，这个时候荀勖出手了。荀勖对贾充说，要想留在中央其实并不是什么难事，只需要你付出一样东西——女儿，即可。

贾充一共有四个女儿，分别是：长女贾褒，次女贾裕，三女贾南风，小女儿贾午。荀勖的意思是，让贾充把他的女儿嫁给太子司马衷，借婚事躲避外任。

这确实是一条妙计，但是，这个决定的后果是所有人都没想到的。

当时竞争司马衷太子妃的一共有两家，卫瓘的女儿和贾充的女儿。中国古代是一夫一妻多妾制，太子妃就是太子的正妻，将来的皇后，所生的长子那就是嫡长子，也就是未来的帝王，这种地位自然是诸多豪族争取的对象。

由于是包办婚姻，一切还得司马炎拍板才算数，司马炎表示："卫公女有五可，贾公女有五不可。卫家种贤而多子，美而长白；贾家种妒而少子，丑而短黑。"

但是，皇后杨艳和荀颤、荀勖纷纷表示贾充的女儿特别贤惠，司马炎最后还是决定选择贾充的女儿为太子妃。

本来贾充选定的嫁给司马衷的是他的小女儿贾午，但是由于出嫁那天，婚服太大，贾午年纪小穿不上，无奈之下贾充做了一个改变历史的决定，让姐姐代妹出嫁。贾南风就这样代替她的妹妹贾午嫁给了司马衷。

从这一刻开始，贾南风的命运已经注定，天下的命运也已然注定。这一年，贾南风十五岁，司马衷十三岁。距离那场惊天巨变，还有整整三十年。

《晋书·贾南风传》记载："始欲聘后妹午，午年十二，小太子一岁，短小未胜衣。更娶南风，时年十五，大太子二岁。泰始八年二月辛卯，册拜太子妃。妒忌多权诈，太子畏而惑之，嫔御罕有进幸者。"

有趣的是，贾午后来居然看上了韩寿，通过婢女穿针引线多次在家中幽会，最后成就了封建时代少有的自由恋爱。贾充一看女儿和韩寿木已成舟，干脆就默认他们的恋情，不动声色地把贾午嫁给了韩寿。

通过把女儿嫁给司马衷，贾充算是躲过了去大西北喝风的命运，司马炎把这个苦差事给了卫瓘，此后，贾充对任恺怀恨在心，伺机报复。

贾充毕竟是混迹朝堂多年、老奸巨猾的权谋高手，他知道，如果下次再被排挤，估计再送女儿也无济于事了，他必须先下手为强。为此，他制订了一个周密的计划。

他首先上书司马炎，表示任恺才能卓著，应该典选举事。司马炎觉得贾充这个提议不错，任恺确实堪当此任，于是听从贾充的建议，任命任恺为吏部尚书（掌管朝中人事）。

这又是一次明升暗降之举，从此任恺就被调离了司马炎身边。同时，贾充趁机催动党羽大肆进谗，但是任恺为人正直，司马炎对他又非常信任，故而根本不为所动。

在贾充和任恺的争斗之中，司马炎一直是洞若观火，他非常清楚，贾充和任恺之争其实是朝中两党之争，在他看来，若要治国，这两派都必须要用。张华、任恺等人都是能臣，而且私德良好，享有盛名，肃清吏治必须要靠他们；但是世家大族是统治基石，如果弃而不用也是不行的。所以他一直充当和稀泥的角色，保证自己不被两派利用，居中持正，并且适当出手调和两派之间的矛盾，保证国家的发展。

不得不说，司马炎的政治平衡水平绝对是超一流的，任恺和贾充斗了十年，西晋国力却蒸蒸日上，丝毫没有因为党争衰退。

但是，司马炎也不是没有弱点。在司马炎心里，或者说在历代帝王心里，一直有一道不能触碰的底线，一旦触碰，必死无疑。

任恺在吏部尚书任上十分公正，但是这种行事准则很明显会得罪人。可任恺身居高位又深受司马炎信任，想扳倒他可不容易。打小报告的人不少，而任恺却岿然不动。

可荀勖和冯纨中伤任恺豪华奢侈，擅用皇家器皿。说实话，骄奢并不算是什么罪名，毕竟任恺吃饭奢侈是出了名的，关键是——僭越。在古代，僭越就意味着图谋不轨，而司马炎心底最怕的就是士族图谋不轨。司马炎立刻下令罢免任恺的官，并加以严查。

经过调查以后，任恺确实是使用了皇室规格的器皿，但那是前朝所赐，并非任恺擅自打造使用，但是，已经于事无补，司马炎渐渐疏远了他。

任恺并没有过错，但是司马炎已经怀疑他了，君疑臣，则臣死。任恺知道，他已经触及了司马炎那个不能说的底线。

在这场斗争之中，豪族派已经占据了绝对的上风。此后，贾充仍旧持续打压任恺。任恺一辈子也没做到三公之位，而当年任恺举荐的那些人，已经位列三公。

任恺倒台，整个西晋王朝的名士派受到了致命的打击，张华、庚纯等人都被贬斥，豪族派彻底占据了西晋朝廷。

名士们是愤怒的。任恺、和峤虽然敛财，但是他们确实善于治国和选拔人才。当年管仲奢侈无比，但是齐国人从不认为管仲贪婪，他的治国才能确实能拿得起那样的傣禄。

他们的倒台，换得的却是一批更加贪婪的豪族，而那些人荒淫无度，不仅缺乏能力，更缺乏另外一种更重要的东西——信仰。

有一次，贾充宴请群臣，庚纯最后才到。贾充很不高兴："你以前都是提前到，为何偏偏今天我请客你晚到？"（其实也是变相讥讽庚纯的出身）

庚纯立刻还击："因为处理一点市井小事。"（贾充祖上为市井之徒）

贾充更不高兴，酒到半酣，他故意不接庾纯的敬酒，庾纯当即出言嘲讽："老人给你敬酒，你敢不喝？"

贾充冷笑："你都自称老者，那你为何不回去奉养你的父亲？"

在这个以孝治天下的时代，庾纯明显受到了人格上的侮辱："贾充，天下成了这样，都是你的罪过！"

"我贾公闾辅佐两代君王，平定巴蜀，才有这大晋天下，我有何过错？"

庾纯拍案而起："高贵乡公何在？！"

贾充无言以对。

这个时代最大的过错，就是彻底丧失了信仰。

◆ 吴宫风雨

　　西晋朝廷的内部问题虽然很严重，但是司马炎心中始终有一个宏伟的目标——灭吴。在司马炎看来，灭吴是基本国策，完成天下一统、四海归一是大晋利益之所在，是天命之所归，但是灭吴绝对是一项大工程。

　　也许有人觉得，西晋朝廷对吴国已经形成了绝对优势，灭吴又有何难？但自古以来，剿灭南方政权看似容易，其实要满足许多条件。

　　对于西晋来说，这些条件都在逐渐成熟。

　　第一，占领荆襄，早在曹魏时期，荆襄地区的重要据点——襄阳就已经落入曹魏的手中；第二，夺取巴蜀，在司马昭时期，巴蜀地区也落入了曹魏手中；第三，要有得力战将统领，如羊祜、杜预、王濬等；第四，东吴朝廷内乱，掌权者昏庸。

　　让我们来看看东吴是如何为西晋的统一创建条件的。

　　自从孙权死后，整个东吴政权就陷入了一个怪圈——内斗。

　　先是诸葛恪作为太傅掌握了东吴的军政大权，后来在新城之战中诸葛恪被张特击溃，以致人心尽失。但诸葛恪败军回国之后，反而更加跋扈，与孙氏宗室之间的矛盾日益严重，结果孙峻在宴会之时发动政变，杀死诸葛恪掌握了军政大权。实际上，这是士族和孙氏宗室的二元政治格局的必然结果。

　　在这次斗争之后，东吴的士族力量遭到了极大削弱，再也无力与孙氏单独抗衡，在这种情况下，孙峻极度膨胀，他任用亲信统率禁军，大肆残杀异己，使得东吴国力受损，日趋衰落。

孙峻死后，孙綝继承了他的权力，跋扈日盛，甚至形成了篡位之势。他们俨然成了东吴内部的司马氏，孙峻、孙綝兄弟没有司马师、司马昭的能力，却有和他们一样的野心。

淮南二叛时，孙峻掌权，毌丘俭请求支援，结果，毌丘俭直到死，都没看到东吴的一兵一卒。

淮南三叛时，孙綝执政，首先是诸葛诞求援之后，名将朱异率领三万吴军进攻，因为军中缺粮，于是引兵撤退，结果孙綝趁机杀了朱异，然后命令弟弟孙恩虚张声势，自己则退回了都城建业（今南京）。寿春城因此军心大乱，最后四分五裂，东吴就此丧失了唯一一次问鼎中原的机会。

寿春战役的失败，尤其是擅杀名将朱异，导致东吴官员极为不满，整个东吴弥漫着对孙綝的怨恨和反叛情绪，甚至连东吴勋贵朱然之子朱绩都萌生了反意，密谋联合蜀汉接管东吴，消灭孙綝。《三国志》称："孙綝秉政，大臣疑贰，绩恐吴必扰乱，而中国乘衅，乃密书结蜀，使为并兼之虑。"

人混到这个份儿上，确实也就离死不远了。不过孙綝还做了一件让他必死无疑的事情——废立。

当时的东吴小皇帝孙亮是非常聪慧的，当孙綝在外征讨之时已经开始掌握权力，而且当时东吴宗室并不支持孙綝，以公主孙鲁班为代表的帝党势力也是非常庞大，完全可以和孙綝抗衡。面对日益跋扈而且已经严重威胁到皇权的孙綝，孙亮忍不住了。

可惜的是，孙亮虽然很聪明，毕竟才十五岁，能依靠的主要力量仅是自己的皇后全氏一族。

全氏一族的代表人物是孙亮的岳丈全尚，虽然当时他官位不高，因是国丈，很有号召力。孙亮见孙綝日渐跋扈专权，明显威胁到了自己，于是决心废黜孙綝，彻底夺回权力。孙亮当时已经联合了全氏一族和将军刘承，打算杀死孙綝。这个计划其实是可行的，但孙亮将计划告知了全尚的儿子全纪，谁料全纪将这个计划告诉了自己的父亲全尚，全尚居然又把这个计划告诉了自己的妻子，孙峻的姐姐、孙綝的堂姐孙氏。

孙氏一听皇帝要杀自己的堂弟，赶紧把这个计划告诉了孙綝，孙綝顿时大惊失色，连夜带兵回到建业抓捕了全氏一族，并宣布要废立皇帝。

事实上，吴国内斗的复杂程度远远超出上述内容，甚至可以追溯到孙权时期。在历史上，那场旷日持久影响深远的政治屠杀被称为"南鲁党争"。如果不了解南鲁党争的历史，就不知道这些人究竟是怎么登上政治舞台的。关于这个故事，还要从遥远的正始年间说起。

南鲁党争实际上是三国历史上最大规模的党争，几乎毁灭了整个东吴朝廷。

三国时期，除了蜀汉没有发生过立太子的斗争之外，曹魏和东吴都发生过旷日持久的立嗣之争，这三家之中尤其以东吴最为严重，危害最大。

孙权步入晚年，整个东吴上下心知肚明，大帝已经是命不久矣，关于这个位置的继承人大家也是各怀鬼胎，大致分成了两派：太子党和鲁王党。

太子孙和看上去是个不错的太子，为人低调，算是一位比较恭顺的太子，也相当本分。但是，树欲静而风不止，孙权的儿子中盯着太子这个位置的可是不少。鲁王孙霸就是其中最有实力的代表。

大凡能威胁太子地位的人基本是差不多的。孙霸是孙和的同母弟弟，孙权非常宠爱孙霸，当年立孙和为太子之时就让孙霸和他处于同等地位，这就埋下了巨大的隐患。

孙霸的能力很强，为了谋取太子之位，他广结党羽，形成了一股巨大的势力。这股势力不仅包括东吴朝廷的许多官员，还包括对孙权具有巨大影响力的全公主孙鲁班。

从表面上看，这是太子孙和和鲁王孙霸的斗争，但是实际上这也是后宫之间的斗争。太子孙和的母亲是王夫人，公主孙鲁育和孙鲁班的母亲是皇后步练师，也就是说，王夫人实际上站在两位公主的对立面，但是两位公主在支持谁当太子的问题上却存在分歧，孙鲁育支持太子孙和，孙鲁班则支持鲁王孙霸。

她们是一母同胞，本当同气连枝，姐妹同心，但是，政治斗争没有父子，更没有姐妹，只有胜败，所争夺的也只有权力。

一母所生的两位公主尚且如此，那朝堂之中的分歧就更为严重。朝中大臣分为两派，除陆逊、顾谭和吾粲之外，朝中骠骑将军朱据、大将军诸葛恪、会稽太守滕胤、施绩、尚书丁密等也都支持太子，但骠骑将军步骘、镇南将军吕岱、大司马全琮、吕据和中书令孙弘等都支持鲁王。

这包括了东吴所有的豪门大族，这已经不单单是一场继承人的风波，而是一场整个士族集团对东吴权力的争夺战。

当时东吴四大家族陆、顾、朱、张（暂时不分排名）几乎控制了整个东吴的权力系统，陆逊一门两相；张昭掌握东吴内政长达数十年，家族子弟遍布朝堂；顾雍也长时间作为东吴丞相掌握权力；朱家更是皇亲国戚，公主孙鲁育嫁给了丞相朱据，朱氏一族也是如日中天。

这里的张氏一族和吴中四姓的张氏一族并不是同一个，后者指的是以张温为代表的三支张姓氏族，势力也很大，也支持太子孙和。

这四家不仅掌控内政，最关键的是，他们控制着东吴的军队。这些大家族"势力倾于邦君，储积富乎公室"，"僮仆成军，闭门为市"。孙权死后，魏国邓艾就曾向司马师说："吴名宗大族，皆有部曲，阻兵仗势，足以建命。"根据《三国志》记载，四大豪门中朱家的朱桓有"部曲万口"。

东吴虽然实行和曹魏一样的世兵制，但是也实行独具特色的世袭领兵制。世袭所领之兵来自私家部曲和吴主授兵、给兵，东吴将领所领军队有世袭领兵权，无所有权，故领军将领死后如无子弟或子弟有罪不得赦免时，东吴政权可将其世袭所领的军队收回。东吴将领所领世袭之兵占东吴军队总数的比例目前无法考证，但估计很大。《三国志·孙皓传》记载："凡十一王，王给三千兵。"陆逊死后，其子陆抗领其父部众五千。东吴的这些豪门将领往往集地方军事、政治、经济大权于一身。与曹魏的错役制不同，由于东吴采用世袭领兵制，将领对士兵有很强的控制力，所以士兵家属可以随军。东吴只需将领军将领的家属作为人质就可以控制军队，而不必像曹魏那样将士兵家属作为人质。孙权就曾讥讽曹魏的错役制"及离闲人骨肉，以为酷耳"。其实只是五十步笑百步而已。

东吴在施行世袭领兵制、授兵制的同时还施行奉邑、复客制度。在授兵的同时还划定军赋食邑，赐赏有功将领私属佃客，如曾赐吕蒙"寻阳屯田六百人"。

正是有了这些制度，东吴将领才非常热衷攻打山越、蛮夷等少数民族，因为不但可以扩充兵源，还可以增加奉邑和私人佃户，扩大家族势力。

东吴的这四大家族不仅仅是政治集团，更是军事集团，在这场旷日持久的帝位之争中，这四大家族统统站在了太子一边。站在鲁王一边的则是全氏、吕氏这些新兴门阀。

东吴的这种这政治格局影响深远，直到一个叫作侯景的人出现，才改变了这种情况。只是，他用了一种恐怖的方式。

南鲁党争既是两位皇子之间的太子之争，也是两位公主之间的后宫之争，还是新兴门阀和老门阀之间的权势之争。

242年，吴赤乌五年，曹魏正始三年，孙和被立为太子，宣告了这场斗争的正式开始。

同年，孙霸被封为鲁王，但仍居于宫殿中，等第与品级并未与太子区分。顾潭等人表达了反对意见，认为太子和王爷应在礼制上有所区分，甚至要求鲁王出镇地方。鲁王认为自己地位下降是太子及其党羽所害，在有自己的势力后，欲除之而后快，取而代之。

孙权最宠爱自己的两个公主——孙鲁育和孙鲁班，所以这两位公主对孙权的影响力是极大的。孙和为太子后，孙权本打算立孙和的母亲王夫人为皇后，全公主孙鲁班多番使出手段阻止。孙权一度卧病在床，派孙和到宗庙祭祀，太子妃之叔张休的住所恰好靠近宗庙，他便邀请孙和到家中，不料被全公主派去监视的人看到。于是全公主就对孙权说，孙和没去宗庙，而是去了太子妃家暗谋大事，又说孙权生病时王夫人面有喜色，因此孙权愤怒地责骂王夫人，王夫人心中郁闷，突然去世，孙权与太子之间的关系自此逐渐冷淡。

在孙权看来，太子孙和去张休处的行为意味着——谋划自己死后如何接管权力。因为张休是张昭之子，是太子妃的叔父，是东吴四大家族的重要成员。他认为太子眼里根本就没有他这个父亲，只有权力，太子已经迫不及待地想要取代他登上帝位了。

但是，他眼里不同样也没有这个儿子吗？孙权真正的可怕之处，在于他的谋略。他是三国之中最擅长平衡的男人。对外，当曹操强大的时候，他和刘备联合，当刘备强大的时候，他和曹操联合，孙权一直是两方争取的对象。对内，他年少执政经验不足，只能重用新人打压江东老臣，但是他也用江东老臣制衡新人。他广泛结下姻亲，使得整个江东形成了完整的血缘纽带，这种血缘羁绊远远超越蜀汉和曹魏。三国之中，蜀汉靠忠，曹魏靠才，东吴靠的是亲戚。

但是，孙权也深知，这些门阀大族已经对他构成了威胁，自己在世的时候尚能控制他们，等到自己死后，自己的子孙很难控制他们，甚至有可能被他们控制。孙权最怕的就是江东基业丧于己手，虽然他怕太子在自己死前就逼宫夺位，但他更怕太子借助这些豪门大族之手登位，将来必定受制于人，而且站在太子背后的四大家族每一家都具有挑战皇权的实力，如果这些人将来图谋不轨，后果不堪设想。

在他还活着的时候，他必须削弱这些门阀大族的力量，这是他最后的使命。

表面上来看，孙权被孙鲁班利用，开启了南鲁党争，但实际上，孙权只是找了一个借口开始了他新一轮血腥的政治平衡。那个看上去即将不久于世的老人，已经准备让江东大族们给自己殉葬了。接下来，等待金陵城的是一轮又一轮血腥的政治绞杀战。

自从太庙事件之后，太子的地位岌岌可危，孙权秘密召见了名士杨竺，杨竺是鲁王一党的中坚力量。孙权屏退左右，故意问道："你觉得鲁王才能如何？"杨竺是鲁王一党，自然心领神会："鲁王殿下英明神武，有陛下的风范啊！"孙权默默地表示："是到了换人的时候了。"

但是，他们没想到的是，床下还藏着一个人，那人是太子的密探。太子闻知此事更加惊慌了。前朝汉景帝时期栗姬曾权重一时，她儿子刘荣一度成为太子，但是因为在景帝生病之时骄矜自傲，触怒了景帝，导致自己失宠、儿子被废，现在，孙和面临着和刘荣一样的情况。前车之鉴历历在目，太子孙和情急之下做出了一个决定——找人求情。在当前的情势之下，只有一个人能挽救他了，这个人便是陆逊。

陆逊，字伯言，东吴丞相。在《三国志》中，只有两个臣子是单独列传的，一个是诸葛亮，另一个就是陆逊。三国时期英雄辈出，将星闪耀，但遍观天下，能称得上文武双全的确实不多，陆逊就是其中最杰出的代表。

陆逊年少就享有盛名，是江东著名的青年才俊，他本来只是一介书生，要是在太平盛世估计能成为治世贤臣，但是命运将他推向了江东，推向了乱世。

建安八年，年仅二十一岁的陆逊进入孙权的幕府，开始了他超凡的一生。

他初出茅庐就扫平鄱阳贼寇，斩首数千，一举铲除了东吴后方的一个大患。建安二十四年，他协助吕蒙迷惑关羽成功夺取蜀汉的荆州地区，并且擒杀关羽，改变了三国形势，避免了刘备坐大一统三国的局面出现。夷陵之战，面对来势汹汹、欲报荆州之仇的刘备，他故意示弱，使刘备进退不得，让蜀军疲惫不堪，最后火烧连营大破刘备，蜀汉由此彻底丧失了夺取天下的机会。石亭之战，陆逊审时度势，大破曹休，一举消灭曹军万余人，缴获无算，从此曹魏数年之内不敢南顾，名将曹休也因此忧愤而死。

他的战绩在三国历史上罕有匹敌。

在他的任内，百姓殷实，人民富足，他治国以黄老之术，不轻易耗费民力，使得东吴人民生活宽裕，更为难得的是，他很清廉。

陆逊性格宽厚。会稽太守淳于式弹劾他在任上滥用民力，其实他只是收编山越部族入伍而已，但是陆逊得知之后却能理解淳于式的用心，让孙权不要怪罪于他。他是真正的君子，温润如玉。

陆逊是一个近乎完美的人，他温柔，他刚毅，他善于审时度势，他总是能站在别人的立场上考虑问题。他明白他人的用心，明白他人的苦衷，他懂得这个世界上的人不能总是依靠强权压制别人，要讲道理，要懂得以德服人。

孙权曾问他："诸将不服约束，为何不上书告知？"

陆逊却说："微臣愚鲁，诸将都是江东栋梁，为的是国家社稷，和他们讲道理他们会明白的。"

若以孙权名义压制众人，众人虽然表面敬服，但心里却不一定服，只有以德服人，以事实说话，才能真正得到诸将的尊重。

古往今来，能明白这个道理的人真的太少了。正因为如此，孙权对他极为器重，石亭之战出征之前，孙权以百官送行，赏赐颇多，得胜而归后，孙权更是对其恩宠有加，仍令其镇守荆州，无人可及。

孙和找到了御史陆胤，陆胤是陆逊的侄子，嘉兴侯陆凯的弟弟，而且他此时正要前往武昌陆逊处。孙和告诉陆胤事情的经过，请求他务必找陆逊替自己求情。孙和知道，此时只有陆逊的话能挽救自己。陆逊是吴国最重要的支柱之一，为国家立下大功，孙权对他非常敬重，再者他也是自己一党，定能保护自己。

陆胤得知此事之后立刻禀报了陆逊，作为太子一党的陆逊大惊，立即上书表示不应废立太子，动摇国本。从他的立场考虑，太子不仅是自己的利益相关人，更是国家的根本，废立太子会使得东吴社稷不稳，国家倾覆。

陆逊是一个君子，是一个军事天才，内政天才，但唯独在政治上，他错了。他忘记了，在很久之前，孙权就说过一段话："依我看，曹叡不如曹丕，曹丕不如曹操，那些士族欺负幼主，掌握朝权，明争暗斗，魏国当能长久？"

孙权接到了陆逊的上书之后，立刻知道有人泄密。他想到的第一个人是杨竺，当时只有他和杨竺两人在场，孙权叫来了杨竺，杨竺当即表示不是自己泄密，而且他怀疑这个人最近一定去过武昌，那么只有陆胤有嫌疑。孙权觉得有理，便写信问陆逊究竟是谁告诉他这个消息的。

陆逊回答："杨竺。"

所以孙权决定同审陆胤和杨竺。其实就是刑讯逼供。陆胤和杨竺都被抓入大牢，严刑拷打，现在，就是比谁能挺得住的时候了。杨竺被屈打成招，孙权大怒，下令处死杨竺。但他并没有放下对陆胤的怀疑。

在孙权看来，陆逊已经位高权重，一人之下万人之上，手握重兵，总理内政，他还要管自己的家务事，控制太子之位，是何居心？他信任过陆逊，但此刻他开始怀疑，甚至于彻底不相信陆逊了。

这就是帝王。

陆逊多次上书之后，愤怒的孙权派人责备陆逊，同时，他开始剪除陆逊的党羽。

对陆逊来说，孙权派人责备他是史无前例，但是以他的胸怀，这并不足以震撼他，真正让他痛苦的，是孙权开始针对他的亲朋好友。

陆逊的外甥顾谭、顾承都是太子一党，面对危局，他们都愤然上书请求孙权明辨嫡庶之别，但是孙权此时根本什么都听不进去，他坚信：你们越是保护太子，就越证明我打压士族的必要性。

树欲静而风不止，太子一失势，鲁王一党自然就要发力了，更何况有人已经忍了很久了，这个人就是——全琮。其实在一旁冷眼旁观的有很多人，全琮只是其中之一。

东吴名将全琮是鲁王党的代表人物，他很有实力。首先他是全公主孙鲁班的丈夫；其次，他儿子全寄也是鲁王一党的中坚力量；再次，他很有手段。皇亲国戚，手段高明，文武双全，而且他还很低调。

全琮虽然为人低调，但是阴狠，他一直对芍陂之战（赤乌三年发生，吴国先败后胜）后的封赏耿耿于怀。他认为儿子全端、全绪的功劳高于顾承和张休，结果朝廷对他儿子们的封赏很少，当时全琮是大都督，虽然认为极不公平，但是碍于朝廷的旨意也只能暂且接受，而且也不得不考虑他们背后的陆逊。

现在报仇的机会来了。

之前陆逊曾经写信给全琮，和他申明大义，希望他能引导自己的儿子全寄退出鲁王一党，维护江东稳定。但是全琮非但没有这么做，反而因此与陆逊决裂。为了打击陆逊，他直接上书指出当年芍陂之战中张休等人串通谋取功劳，并且夺取了当时本应该属于自己的战功。

虽是陈芝麻烂谷子的事，但是这牵涉到一个人——顾谭。

顾谭是一个身份非常特殊的人，首先，他是江东士族的代表人物，四大家族之一顾家的子弟；其次，他的父亲是顾邵，祖父是顾雍，而顾雍当过丞相。而且顾雍当丞相的时间很长，翻开东吴的丞相列表就会发现，东吴的丞相能干十年以上的，只有顾雍一个人，其他人一般是两三年、五六年，而顾雍干了十九年。孙权对他的信任，可见一斑。

顾谭是太子一党的中坚力量，打击顾谭对太子重创，此举一石二鸟，既能报当年之仇，又能打击太子，全琮这一手，不可谓不毒。

孙权此时已经被愤怒冲昏了头脑，正好需要这个借口，没有详查就认定顾谭欺骗了自己。看在顾雍的面子上，孙权觉得不能过分处置顾谭，所以一直期待他自己能认错，但是顾谭没有。所以他下令将顾谭、顾承、张休投入大狱，经过审理，孙权下令将三人革职流放到交州（今广州和越南北部地区），当时那里还是瘴气弥漫的未开化之地，热带病盛行，顾承、顾谭忧愤难忍，痛苦不堪，不久便去世。后来在全琮、孙霸等人的穷追猛打之下，孙权又下令赐死了张昭之子张休。

根据《三国志》的记载，芍陂之战中，张休、顾承奋力作战，使得王凌军队转胜为败，而全琮的儿子全端、全绪只不过是做了追击工作。但是这些其实都不重要，孙权要的只是一个借口，一个打击陆逊、打击太子的借口。

之后，陆逊的至交好友太傅吾粲上书孙权，要求将鲁王外调，孙权非但不听，反而听信孙霸等人的谗言将吾粲下狱赐死。

这一连串的打击彻底摧垮了陆逊的精神，他人生中第一次绝望了，他愤怒，他无奈，但他毫无办法。他为江东奋斗了一辈子，他立下不世大功，所以孙权不能杀他，也不能贬他，但孙权选择了一种最狠毒的办法，他要让陆逊亲眼看着身边的人一个一个被流放、被赐死，而自己却无能为力。

陆逊的痛苦摧残了他的身体，赤乌八年，这个江东的才子，天下的谋士，伴随着痛苦与无奈去世了。陆逊死后，家无余财。

陆逊曾经手握巨大的权力，但是他并没有为自己谋利，他始终清正廉洁，为国为民，大公无私，这叫作理想。陆逊是个实干家，他最看重的不是获得多少财富，为子孙谋求多少利益，他看重的是江东的事业，他看重的是青史留名，成就大功。

这是儒家价值观的力量，是陆逊自己的力量，更是理想的力量。他披肝沥胆，竭智尽忠，鞠躬尽瘁，却落得如此下场。悠悠苍天，何薄于我！

陆逊死后，孙权仍旧不能释怀，这个时候陆逊的次子陆抗来金陵谢恩，孙权拿出了一样东西——杨竺的弹劾书。昔日杨竺列出陆逊二十条大罪，孙权对此将信将疑，现在孙权开始依次询问陆抗。这是他对陆抗，也是对陆逊的一次考验。

孙权在秋后算账、打压功臣宿将的子孙方面丝毫不留情，当年周瑜次子周胤就因罪被贬，死于庐陵，现在面对这二十条罪状，陆抗明白自己必须撑过去。

陆抗思考过后，开始了他人生中最漫长的一次抗辩。

孙权惊讶地发现，陆抗对答如流，说得有理有据，竟然把这二十条大罪都解释得很清楚，看来自己确实冤枉了陆逊。但是他不知道的是，他无意之中发掘出又一个能挽救江东危局的人。陆抗和他的父亲一样，都是东吴优秀的续命师，都是东吴后期最伟大的男人。

陆逊死了，孙权也沉默了。也许在孙权看来，陆逊是最大的太子党，陆逊一死，太子一方的势力就会偃旗息鼓，自己的目的也就达到了。之后的几年，朝廷看起来彻底清净了，但是孙权没想到的是，事件的发展已经超出了他的控制。

由于太子一方和鲁王一方已经形成了对峙之势，在太子一方看来，太子的地位已经岌岌可危，如果太子下台，鲁王上台，那么以全寄等人的为人必然反攻倒算，到时候自己身败名裂事小，家族利益受损事大，所以他们绝对不能善罢甘休。

此外，孙权如此血腥的平衡之术已经引起了江东大族的不满，他们已经把鲁王一党视为眼中钉肉中刺，必欲除之而后快。鲁王等人陷害的是他们的亲朋好友、兄弟姐妹，他们岂能善罢甘休？而且孙权在处理二宫之争的时候极端偏袒鲁王，对太子一方经常杀戮流放，但是对鲁王一党却十分宽容，只杀了几个门第不高之人，比如杨竺，用以"应景"，其用意已经昭然若揭。

金陵城已然是山雨欲来风满楼。

赤乌十三年，太子孙和被孙权幽禁。孙权应该已经做好了废立太子的准备，这触动了太子党最后的底线，隐忍许久的太子一方终于按捺不住，做了最后的抗争。

刚刚接替鲁王党成员——已死丞相步骘职位的太子党成员——朱据，带领太子一方的中坚力量，用一种近乎疯狂的方式展开了最后的抵抗。

赤乌十三年秋，他们冒死进谏。史书记载，他们"泥头自缚"，请求孙权原谅太子。他们知道这是唯一的办法，必须一试。这是以死进谏，结果必然是九死一生。

年迈的孙权登上了高台，看着下面这些东吴的功臣宿将。朱据的丞相只当了不到一年，现在他却带领着群臣如此行事，孙权再度愤怒了。你们这是在逼宫！

朱据痛哭流涕，请求孙权不要废黜太子，尚书仆射屈晃更是磕头磕得血流不止，但是孙权丝毫不为所动，并下令将这两人杖责一百。他们都年事已高，廷杖二十就有可能殒命，一百廷杖这是要他们的命啊！即便这样孙权还不解恨，下令将屈晃免官，将朱据贬为新都郡丞，无难督陈象和五营督陈正都被满门诛杀，朱据没等到任上就被政敌孙弘矫诏杀死，所谓"群司坐谏诛放者十"，孙权又借此杀了吴中张氏的代表之一——太子辅义都尉张纯。张纯是张敦之子，算是张温的近支，但是孙权毫不留情。

局面大大超出了孙权的预期，已经彻底失控，孙权彻底摧毁了太子一方的势力，而且他知道鲁王一党也会因此失控，无奈之下，他只能下令赐死鲁王孙霸，同时杀死全寄等鲁王党羽，再度达成血腥的平衡。

赤乌十三年，孙权废太子孙和，立幼子孙亮。至此，南鲁党争宣告结束。

这场旷日持久的内斗是江东士族的一场浩劫，在这场内斗中，陆逊等名臣身死，孙权损失了两个儿子，只能立十岁的幼子为太子，他说过的话已经忘得一干二净了，"一尔已往，群下争利，主幼不御，其为败也焉得久乎？"

十岁天子，谁人能服？孙权后悔了，太元元年，在陆抗还都治病的时候，他牵着陆抗的手说："过去我听信谗言怀疑你父亲，今日追悔莫及，我亏待了你们陆家啊！你把那些责问你的材料都烧了吧，千万不要让别人知道！"

孙权毕竟还有那么一丝理智。

不得不说，虽然老祖宗的嫡庶之别、长幼有序迂腐得很，但是在古代社会确实是一套非常先进的继承制度。因为它非常客观。也许它不公平，也许它选择的不是最好的君王，但是它却断绝了其他人的非分之想，从根本上确定了继承人，避免了因为争权夺利导致的国家内乱。

孙权已经别无选择，他知道自己将不久于人世，只能仿效汉武帝托孤，现在太子年幼，不能处理政事，国家大政只能委托顾命大臣代为处理，毕竟汉宣帝那样的奇才中国历史上也没几个，孙亮虽然聪慧，但是也有很多不懂的。

孙权在生命的最后再度玩弄了他的制衡之道，他仔细思考后决定以诸葛恪、腾胤作为辅政的核心。这两个人根基很浅，诸葛恪虽然是诸葛瑾之子，但是诸葛一脉在江东势力不大，而且孙权对诸葛恪比较放心，孙氏宗室也可以保护皇帝。

神凤元年四月，孙权去世，孙亮继位，大赦全国，改元建兴。

孙权死后，江东彻底走上了曹魏的老路，幼子继位，权臣当道，中国古代上千年来概莫能外，归根究底就是未成年人想去控制一堆成年人，谈何容易？

诸葛恪上台之后的事情我们都知道了。诸葛恪专权引起了孙氏宗室的不满，孙峻在取得孙亮的同意之后杀死了诸葛恪，夺取了权力。但是孙峻又成了比诸葛恪更加跋扈的人，而且他居然勾搭上了全公主孙鲁班。自从全琮死后，孙鲁班就成了寡妇，孙峻为了取悦孙鲁班，做出了一个非常残忍的决定。建兴二年，孙峻先将废太子孙和赶到新都居住，后竟赐死了孙和，孙和的妃子也一同身亡。莫大的讽刺是，孙权生前曾经对孙峻说过："子弟不睦，臣下分部，将有袁氏之败，为天下笑。"也算是一语成谶了。更讽刺的是，他恰巧选中了那个打开杀戮之门的人。

五凤二年，将军孙仪等人想趁蜀汉使者来时杀死孙峻，结果被孙峻发现，孙仪自杀，受到牵连者达数十人。其实这只是针对孙峻的多次刺杀中的一次罢了，但是它却牵涉到了一个人——朱公主孙鲁育。虽没有史料显示孙鲁育参与到这次刺杀计划之中，但是不幸的是，她同样也被下令处死。而陷害她的人，正是她的亲姐姐，一母同胞的全公主孙鲁班。

全公主孙鲁班和朱公主孙鲁育在南鲁党争之中的分歧，终于演变成了仇恨，这种仇恨变成了吞噬一切的毒蛇，销蚀了她们的感情。在帝王家，这些心如蛇蝎的女人背后是无尽的苍凉，她们要维护世家利益，她们必须出卖自己的灵魂。孙鲁班固然狠毒，但是归根到底也不过是扫除异己罢了。传说很多年后，孙皓清理孙鲁育的坟墓，有人似乎看见了她，她仍旧婀娜多姿，芙蓉清浅。

孙峻死后，他的堂弟孙綝继承了他的权势，孙綝与孙鲁班一党决裂，结果孙綝杀死滕胤、吕据，控制了东吴大权。正如我们之前所言，孙亮恐惧孙綝专权，密谋联合孙鲁班和全氏一族杀死孙綝被发觉，结果孙亮被废，全氏一族部分被杀，部分投降曹魏，不过孙鲁班比她妹妹幸运多了，她被迁徙到豫章郡，度过了余生。

太平三年，孙綝立孙休为帝，但是他没想到的是，就在同年十二月，孙休秘密联合张布和老将军丁奉在百官祭典之上抓住了他。孙休杀死孙綝，之后又将孙峻的坟墓挖开，将棺木削薄后重新埋葬，同时为孙鲁育平反。

孙綝临死之前表示愿意被流放，沦为官奴都行。孙休微微一笑："当初滕胤、吕据等人，你怎么没让他们沦为官奴啊？"

其实孙休之所以能轻易消灭孙綝也是孙綝自己挖的坑，孙峻掌权靠的就是和孙鲁班联合，而孙綝与孙鲁班决裂实际上也孤立了自己。再加上他大开杀戒，搞得人心尽失，也得罪了东吴的士族和老臣，他的覆灭也在情理之中。

但是孙休万万没想到的是，他死后，他宠信的张布和濮阳兴废掉了他的儿子，立了孙和的长子孙皓为帝，孙皓上台之后就杀了孙休的长子和次子，以除后患。

这出"螳螂捕蝉，黄雀在后"的游戏，真是没完没了。

在东吴漫长的内耗中，蜀汉和曹魏完成了最后的决战。永安七年，孙休想趁火打劫，派陆抗率领三万人攻击蜀汉将领罗宪驻守的巴东地区，当时蜀汉已经灭亡，但就是在这种情况之下，罗宪也不愿意投降东吴，继续抵抗，坚持到了最后。不是罗宪太强，也不是陆抗太弱，而是东吴在旷日持久的内耗中已经腐烂透顶了。

公元 264 年，孙皓登基为帝，改元元兴，他是东吴的第四位君主，也是最后一位。

他有一个悲惨的童年。

建兴二年，孙峻为了讨好孙鲁班矫诏杀死了废太子孙和，连带着孙和的妃子张氏也因此而死。但孙皓勉强活下来了，和他的三个异母弟弟一起被何姬养大。孙休即位后，他被封为乌程侯。

孙休也是有儿子的，按理说皇位轮不到孙皓坐，孙皓之所以能被立为皇帝，主要是江东已经经不起折腾了。孙休留下的两个顾命大臣濮阳兴和张布知道主少国疑，现在东吴内外风雨飘摇，交趾叛乱，北方曹魏虎视眈眈。孙亮的前车之鉴不能不考虑，而且拥立新君能立下大功，以后在朝中也能呼风唤雨，但是选谁确实是个问题。

这个时候，左典军万彧便向他们推荐了孙皓，说他才识明断，有长沙桓王（孙策）的风采，于是张布和濮阳兴说服朱太后让孙皓继位。但是张布和濮阳兴怎么也想不到，他们的这个举动彻底把自己断送了。

孙皓离开封国到了金陵。刚登帝位的孙皓还是有点励精图治的决心的，他减少宫女数量，勤俭节约，开仓济贫。总而言之，看上去是个好皇帝。

但是和很多帝王相似，孙皓圣明了几年之后就坚持不住了，人过三十的他决定尽情享受人生，但他虽然享乐，却没忘记掌控权力。这下可急坏了东吴的那些有识之士，当初拥立孙皓的濮阳兴和张布两位重臣开始后悔。孙皓安插的眼线很快就得知了两人的想法，于是孙皓直接将这两位拥立功臣革职诛杀。

杀了拥立自己的濮阳兴和张布之后，孙皓简直像着了魔一样，开始了他疯狂的杀戮之旅。甘露元年，孙皓逼杀了朱太后，随后又杀先帝孙休的长子和次子。

宝鼎元年，孙皓决定迁都。关于这个决定，历来说法不一，有人说是为了前线战事，有人说是因为宫中术士的谗言，还有人说是因为建业（南京）大族太多，他要换个地方，免得被人管。

反正不管是哪种说法，这绝对不是个好主意。借着西陵督步阐（前丞相步骘的次子）上书，孙皓决定迁都武昌。他不顾群臣进谏，一意孤行，于是群臣抛弃了建业的香车豪宅，随着孙皓迁都武昌。然而孙皓到武昌不到一年，就爆发了以施但为首的农民起义，而且起义军打到了建业。孙皓无奈地回去平叛，在打败了施但之后，让几百人敲锣打鼓进入建业，把里面施但的家人杀了个一干二净，说这叫作"荆州王气破扬州贼"。但是孙皓回到建业后，发现还是这儿比较舒服，于是又迁回来了。

孙皓回到建业第一件事就是修房子。宝鼎二年，孙皓营建昭明宫。昭明宫方圆约五百丈，穷极壮丽，耗费民力空前。除此之外，他还从全国征调挑选美女填充后宫。

建衡二年，孙皓因为自己的左夫人去世过于悲伤，一连数月没有出来，民间传说孙皓死了，孙奋与上虞侯孙奉中将有一人接替孙皓。豫章太守张俊信以为真，觉得孙奋真的要当皇帝了，为了讨好未来的主子，跑去给孙奋的母亲扫墓。

孙皓得知此事后勃然大怒，将张俊车裂，并诛灭三族，又一口气杀了孙奋和他的五个儿子。

孙皓杀人已经到了癫狂的地步。他以前的宠臣陈声因为秉公执法，在后妃派人上街抢夺财物之时抓捕了犯罪人员，竟直接被处死。

关于孙皓残暴的记载是数不胜数，后来庾峻问孙皓的侍中李仁："听说孙皓以前常常割人面皮、挖人眼珠，是真的吗？"李仁回答："此言者之过，君主处上，众罪归之。"李仁是孙皓的近臣，此时东吴已经灭亡，李仁虽然有为旧主袒护的可能，不过当时孙皓已经成了归命侯，他的话应该还是靠谱的。

孙皓杀人其实是他维护统治的手段，在他看来，只有杀人才能使众人畏惧。

在孙皓的断头政治之下，东吴士族勋贵人人自危，整个江东政权风雨飘摇，此种情势之下，不断有人外逃入晋。

建衡二年，孙皓亲信何定率领五千人到夏口，名义上是打猎，实际上就是想对夏口督孙秀动手。孙秀内心极端惶恐，他知道孙皓忌惮自己已久，无奈之下，孙秀率领数百人投降晋朝，司马炎大喜过望，封孙秀为骠骑将军，仪同三司（虽然是虚职，但是官位还是很高的）。

◈ 羊祜VS陆抗

司马炎的宽厚仁义和孙皓的残忍暴虐形成了鲜明对比，继孙秀逃晋后，"壬午，吴平虏将军孟泰、偏将军王嗣等帅众降。""吴威北将军严聪、扬威将军严整、偏将军硃买来降。"（《晋书·司马炎传》）

凤皇元年，孙皓让西陵督步阐离开西陵，步阐担心孙皓是想杀他，便投降了司马炎。司马炎闻讯大喜，封步阐为都督西陵诸军事、卫将军，外加一堆虚职。

不过，步阐的投降和别人有很大不同，他是带着西陵城和数万人割地投降的。

西陵在今天的湖北宜昌附近，属于吴国西线的要冲，如果西陵有失，那么武昌危急，武昌危急，则全局震动，要是丢了武昌的话，东吴就算是气数已尽了。孙皓虽然残暴，但对这一点还是非常清楚的，眼看情势危机，他被迫起用了唯一一个能挽救东吴的人——陆抗。

在这个决定江东命运的时刻，陆家的子孙再一次站了出来。

当时的情况非常紧急，晋军八万人不顾一切地向西陵支援，其中羊祜的五万精锐正在猛攻江陵，晋朝杨肇的三万人则直接向西陵支援，西陵步阐在城内还有数万人马，而陆抗只有三万人。

从战略上来看，一方面，晋军已经对西陵城外的陆抗军队形成了合围之势，有着绝对的优势兵力；另一方面，由于孙皓的倒行逆施，东吴军队的粮草器械准备相当不足。在这种情况之下，陆抗想要消灭叛军，同时阻挡晋军的援兵，可谓难于登天。

更关键的是，他的对手也绝非泛泛之辈。羊祜，同样是这个时代闪耀的将星。

羊祜是司马师的第三任妻子羊徽瑜的弟弟，也算是出身名门，羊氏一族也是累世公卿的魏晋高门。传说羊祜小时候有一次在河边玩，过来一个老者，老者看了一眼羊祜，对羊祜说道："你这孩子仪表不凡，将来六十岁不到肯定会建立大功啊！"

在魏晋这个玄学当道的时代，羊祜却是少见的儒者，为人光明磊落。正始十年，司马懿发动高平陵事变，羊祜的岳父夏侯霸一看曹爽被诛杀，投降了蜀汉。羊祜冒着巨大的风险去安抚了夏侯霸的亲族。

也许是姐姐羊徽瑜的枕边风，羊祜不但没有受到任何责罚，反而平步青云。其实司马氏兄弟也清楚，羊祜为人坦荡，确实是个君子。

司马师死后，羊祜成了司马昭最信任的人之一，在司马昭一朝，羊祜和荀勖两个人一正一邪，掌握着司马氏的机密，成了炙手可热的人物。

不过羊祜也有一个最大的政治对手——贾充。

其实羊祜和贾充的矛盾也很好解释，贾充是西晋一朝名士派的全民公敌，毕竟他阿谀奉承毫无气节，外加有弑君这个大罪。羊祜天生疾恶如仇，而且为官清正廉洁，合不来是正常的，要是合得来那才不正常。有一次羊祜的女婿问他："您为什么不买点地产，置办点家业呢？"羊祜说："为人臣者，净琢磨买地置家业，简直糊涂！"这和那帮豪门大族骄奢淫逸日费万钱形成了鲜明的对比，在西晋一朝难能可贵。

不过，和贾充不和，羊祜也吃了不少苦头，几度被贬，还好司马炎比较圣明，知道羊祜大才。在司马炎的心目中，羊祜是他灭吴的不二人选，这个看上像是文弱书生的男人，其实胸中有百万甲兵。

这次步阐叛乱，都督荆襄的羊祜抓住机会，立刻出手救援，而且他的思路非常正确，正面救援西陵，外加攻击江陵使得陆抗首尾不能相顾。看上去，他已经是胜券在握。

不过羊祜虽然很有才华，但他是个战略家，不是个武将，而他对面的陆抗不仅是个武将，而且还是个名将。

现在陆抗有两个选择：一是直接攻打西陵，二是先击溃援军再攻打西陵。

当时，东吴将领纷纷表示，步阐不堪一击，应该直接攻打西陵。陆抗却要围堰困敌。诸将不解，却只能服从。

陆抗把西陵城围得是水泄不通，吴军昼夜筑围，工程量巨大，很快各路将领表示修堰太累，还不如直接打进西陵城。

"我不打，不是因为怯战，而是因为你们打不进去。"陆抗说，"你们不知道，这座城是我修的，坚固异常。"

诸将表示要试一试，陆抗干脆就放他们攻城。但他们玩命攻打之后，西陵依然坚挺，他们只能听陆抗的话修围堰了。

后来，陆抗督战西陵，而诸将听闻羊祜率兵进至江陵，皆请陆抗到江陵督战。陆抗便说："现在晋军围攻江陵，但是江陵城池坚固兵力充足，没有什么可担忧的。而西陵不同，如果西陵失守则全局震动，南方的山越部族和蛮夷很有可能起兵响应，到时我们就会非常被动。"

其实，陆抗此举还有两个好处。首先，古代作战，守城方比攻城方优势大。《孙子兵法》说，只有兵力占据优势才能进攻。陆抗早就深明此理，以逸待劳，化被动为主动。以逸待劳，因势利导，这就是当年陆逊在彝陵的战术啊！

另外，陆抗之所以敢于围城坚守，还有一个重要原因——他知道羊祜围攻江陵看似是一步妙棋，实际上却犯了一个大错。

羊祜率领五万大军围攻江陵，其实只是想让陆抗回援，并非真的想攻破江陵，只要陆抗率领精锐回援，那么西陵之围就不攻自破了。但是，江陵是东吴重镇，兵精粮足，羊祜久攻不下。而且陆抗早就看穿了一切。

江陵久攻不下，晋军粮草消耗巨大，很快就粮草吃紧了。而江陵周围路况很差，转运粮食非常困难，还好羊祜发现，当初陆抗为了防止敌人利用江陵大道进攻，修筑了堤坝蓄水，准备在敌人进攻时水淹敌军，现在正好可以利用其运送军粮，不过在这之前，为了防止陆抗有所防备，他决定玩弄一个诡计。羊祜对外宣称，他将要破堰进军西陵，解除西陵之围。羊祜认为，陆抗一听自己要破堰进军西陵，必然会保存堤坝替他运粮。

可惜，陆抗再次识破了一切。陆抗一听羊祜要破堰进兵，立刻下令将堤坝拆除。

羊祜这下没了办法，水路已经没戏，陆路更是被淹不能用，只能从小路运粮，导致五万晋军食不裹腹。而江陵方向的主力援军雷声大雨点小，硬是过不来。这样一来，陆抗的外围敌人就只剩下杨肇手下的三万晋军了。

十一月，杨肇终于抵达西陵，陆抗亲自率领大军沿着长围与他对峙。杨肇深知西陵城被围困已久，城内斗志全无，粮草吃紧，如果自己再不突破重围与守军会合，西陵危在旦夕。他需要一个突破口。关键时刻，吴国将军朱乔和都督俞赞反叛，给杨肇送去了重要的情报——陆抗的军事部署。

杨肇大喜过望，第二天根据二人的指点，全军出动猛攻夷兵。

陆抗早就料到，这两个人肯定会将自己军队的虚实都报告给杨肇，而自己守备最弱的地方就是夷兵防守之地，这些人训练不足，不堪大用。于是，陆抗连夜调换精锐部队替换了他们。

杨肇经此大败，无计可施。十二月，杨肇趁夜率部逃跑，陆抗挥军直取西陵。

西陵城内的守军彻底绝望了，两路援军都已经指望不上，西陵城成了孤城，更何况粮草殆尽，兵无斗志将无战心，陆抗挥师猛攻西陵，旬月而破。步阐的末日到了。

陆抗入城之后，面临的第一个问题就是：如何处置满城居民。陆抗本着只问首恶其余不问的原则，并没有追究全城军民的责任，在这一点上他是仁厚的。但是，他紧接着下令："将步阐夷灭三族，一个不留。"

陆抗杀光了步氏一族，盛极一时的步氏一族只剩有前往洛阳当人质的步璿和步玑逃过一劫。眼看他起高楼，眼看他宴宾客，眼看他楼塌了。封建家族的兴衰胜败，就是这样猝不及防。

其实，依照孙皓的性子，恐怕不仅步阐一家难逃毒手，就连西陵城的数万百姓也要遭殃，他临机决断保全全城百姓，已经算是仁厚，但是，时人仍旧觉得他过于狠辣。

在这场战役之中，陆抗显示出了自己的军事才能，他以弱敌强，力排众议，在复杂的战局之中发现了制胜之道。他巧妙地各个击破，疲敌滞敌，最后在晋军眼前消灭了反叛的步阐，真不愧为陆逊的子孙，名将的继承人。

西陵之战，陆抗挽救了东吴危局，这一战延长了东吴的寿命，但也加速了它的自我毁灭。这看上去似乎很矛盾，但其实并不矛盾，因为赢了，孙皓就膨胀了。

孙皓看晋军连陆抗的三万人都打不过，所以干脆就大举北伐西征，吴国的国力就这样变得更加虚弱，吴国灭亡只是时间问题了。

西晋方面，有司奏报后，司马炎大怒。杨肇被贬为庶人，羊祜被夺取所有封侯赏赐，降为平南将军，仍领荆州事务。

其实陆抗对西陵的重视，羊祜是很清楚的，当年陆抗围攻罗宪，司马昭正是使用了声东击西之计佯攻西陵，才使得陆抗撤围。

《三国志·陆抗传》中，面对西陵安危，陆抗是这么说的："臣父逊昔在西垂陈言，以为西陵国之西门，虽云易守，亦复易失。若有不守，非但失一郡，则荆州非吴有也。

如其有虞，当倾国争之。"意思很明确，宁起倾国之兵也要保住西陵。

羊祜很清楚，自己这次西陵之战失利，几年之内恐怕都不能染指江东了，而陆抗确实也是技高一筹，不能力敌也不能智取。鉴于历史上孟献子经营武牢而郑人畏惧、晏弱筑城东阳而莱子降服的经验，羊祜采取了步步蚕食的战术。

羊祜在荆州之地新修五座卫城，迫使吴国的实际统治线后退。这样，羊祜基本上占据了周围的膏腴之地，导致吴国和晋朝以石城为界，石城以西都归晋朝所有。这是一套杀人不见血的战术。

其实，羊祜蚕食的不只是土地，还有人心。作为一个伟大的将领，羊祜有自己的作战方式——以德服人。

有一次，陆抗病了，毕竟人食五谷杂粮，难免生病，但是东吴医学水平实在太差，陆抗直接向羊祜求药。羊祜听到后二话不说就把药送过去了，并说："这是我新配的药，我还没吃，听说你生病了，就先给你吃吧。"

周围将领一听，这可不行，万一羊祜下毒那大都督就危险了。陆抗微微一笑："羊祜不是这种人，他不会下毒害我的。"说罢，陆抗一饮而尽。

羊祜、陆抗隔着两座小小的城郭，用彼此宽阔的胸怀感化了所有人。羊祜规定，晋军在吴国田地里收粮要按原价补足，不能收人家一针一线，吴军所伤害的猎物被晋军捕获的话，晋军要原物奉还，吴军战死的尸体晋军都要归还，而且如果吴军前来吊唁还要以礼相送。不仅如此，羊祜每次进攻都会提前告知吴人，严禁部下偷袭。

吴国人被羊祜的行为彻底折服，并尊称他为"羊公"。这虽是小恩小惠，但却彰显了大仁大义。

因为晋军出兵攻打吴国是国家行为，也就是理所当然，但是羊祜告知进攻时间绝不偷袭，保护吴人利益却是个人行为，因此吴人恨的是西晋，而不是羊祜，他们甚至还会感激羊祜。虽然羊祜此举是为自己树立威信和仁义的形象，但是那些吴军知道，只要向羊祜投降，就能被宽待，只要羊祜还在，自己就永远有一条安全的退路。羊公如此仁义，我等咸服。

羊祜成了晋朝的一面旗帜，吴国人纷纷向羊祜投诚，陆抗几乎毫无办法，因为这是阳谋。

羊祜如此光明磊落，如此坦荡宽容，而自己的君主在国内倒行逆施，人民不堪其苦，要是吴国人人都安居乐业，谁愿意顶着骂名背井离乡投降西晋啊？

在这场没有硝烟的战争中，羊祜做到了在战场上做不到的事情。陆抗输了，不是输给羊祜，是输给了孙皓，所以他才无奈："彼专为德，我专为暴，是不战而自服也。"

吴军士兵不想打，吴军将领不想打，陆抗也不想打。兵无斗志，将无战心。

陆抗知道，论行军作战羊祜其实并非自己的对手，但是他善于养兵，攻心为上，将来只要他振臂一呼，吴国军心必乱，无人想和羊公为敌啊！对此，陆抗只能告诫己方将士不要暴力侵扰，以防不战而被征服。然而陆抗心里很清楚，天不假年，自己活着尚能保全江东，有朝一日自己不在人世，东吴只怕是气数将尽。

无论如何，他们是真的欣赏对方。如果他们不是对手，定能把酒言欢！

陆抗称赞羊祜的德行肚量，"虽乐毅、诸葛孔明不能过也"。这是陆抗能给出的最高评价。

陆抗和羊祜的君子之交使得晋吴之间多年无战事。对此，吴主孙皓表示了极大的不满，来信询问陆抗，陆抗则回答："大国岂能无信？彼以仁义御我，必以仁义还之。"

两军交战中，充满了陆抗和羊祜二人优雅的琴箫合奏、精彩的智慧交锋、平淡的惺惺相惜。在这个呼啸的乱世之中，它们划破了寂静的夜空，绽放出绚烂的光彩，他们成了最优雅的对手。

◆　彼岸花开

其实，在羊祜和陆抗平静的表面之下早已暗流涌动。羊祜很想统一全国，为晋朝为自己立下不世功勋、获得千秋功业，但是无奈陆抗在彼，自己纵使有雄心壮志也实现不了，不过他可以打好基础留待后人。羊祜也知道自己时日无多，但是他已经为吴国找好了两个掘墓人。

在羊祜的战略计划里，攻打吴国有三个出兵方向：一是荆州方面进攻江陵，二是益州水军直取武昌，三是豫州的军队进攻夏口地区。但是这三路大军必须都由优秀的将领统率，北方将领不习水战，东吴将军却是深谙水性，大江之上如履平地，要是以庸才统领水军，别说打到建业，恐怕都出不了益州。水战羊祜也不行，但是羊祜知道有一个人行，这个人叫王濬。

王濬实际上属于太原王氏，和琅玡王氏算是一族。王氏一族在魏晋时期是累世高官，王濬出身高门衣食无忧，有一次家里修房子，王濬居然修了一条数十步宽的大路。家人不懂，就问王濬："你这是干什么啊？"王濬说："我打算使这路容纳长戟幡旗的仪仗。"大家都笑他，王濬说："陈胜说过，燕雀焉知鸿鹄之志哉？"

王濬为人清正廉洁、刚正不阿，得罪了很多人，以至于一些不廉洁的官吏一听王濬来了，皆望风而去。当时的豪族徐邈有个女儿，貌美多才眼界高，徐邈把各地的青年才俊、各级官吏都招来，令女儿暗中相看。女儿看中了王濬，指着他告诉母亲，徐邈便把女儿嫁给了他。

王濬也算是喜从天降，稀里糊涂就赚了个才貌双全的大美人和德高望重权势显赫的

原来你是这样的西晋

岳父老泰山。

王濬因得罪很多人，不得升迁。但在羊祜的提拔之下，王濬开始慢慢起飞，先转为车骑将军从事中郎，后来又任巴郡太守，他的才华终于有了施展之地。

王濬到了巴郡，发现当地人居然都不待见男孩儿，男人可是农业社会主要劳动力，这怎么得了？他便找了个当地人问了一下情况。人家告诉他，我们这里男娃子都充军咧，所以家里指望不上，都不养。王濬稍加思考就想出了一个办法——生育者都可以免除徭役。这简简单单的一条法律，不仅保全了数千婴儿的生命，也被之后很多朝代效法。

这件事王濬确实功莫大焉，他的内政才能也显露无遗。不久，王濬在羊祜的建议下，做了另外一件更加考验内政功力的事情——造船。泰始八年，在羊祜的保举之下，王濬出任益州刺史，开始了他漫长的造船生涯，这一造，就造了七年。

在中国古代的水军历史上，东吴水军是有名的强军，东吴的船只制造技术也是绝对先进的。赤壁之战时，曹操水军虽然人数众多，但是主力战舰都是从刘表处缴获的荆州水师的战舰。赤壁之战后，吴国国力上升，周瑜开始建造更大的战舰。东吴的主力楼船有五层楼高，可以搭载三千人，在当时绝对是霸王级别的战船，上面设有拍竿，一般的船只要撞上去就撞碎了。东吴水师这种大舰船有名号的就有十余艘，以这些巨舰为核心的东吴水军战斗力冠绝一时。

王濬在益州打造的战船，有五层楼高，长一百二十步，可以搭载两千余人，甲板很宽，上面可以跑马，还有城楼装置可以远望，规格和东吴大型战舰差不多，但是，他造得太多了。《晋书》曾描绘这一盛况，"舟楫之盛，自古未有"。

此外，王濬还在船上画了一堆猛兽邪神，以恫吓敌军，镇压江怪。战斗在王濬看来大致就是这样的——吴军且战且退，吴军进退维谷，吴军无路可走，吴军缴械投降。就算打不死你，我用船头的画也能吓死你。

王濬当了八年的益州刺史，天天造船，造船的木片浮满江面。吴建平太守吾彦取木片呈给孙皓说："晋必有攻吴的打算，应在建平增兵防守。建平攻不下，晋军终不敢东下。"然而孙皓不听。

陆抗同样知道晋人砍树造船声势浩大，心急如焚。病重垂危之际，他请求向西陵增兵八万，但孙皓未同意。

大概在孙皓看来，陆氏一门，陆抗的族兄陆凯是吴国丞相，陆抗又手握军事大权，这俩人的势力已经非常庞大，不能再给他们更多兵力。

凤凰三年七月，陆抗病重。同年秋，陆抗在忧愤中离开了人世。临死之前，陆抗还上书孙皓，希望他能施行仁政，不要再滥杀无辜，要加强西陵守备，孙皓依旧置之不理。而且孙皓一听陆抗死了，简直如释重负，立刻把陆抗部曲化整为零，让其五个儿子分别接收，以削弱陆氏力量。然后，孙皓直接让陆凯一族迁到了建安（今福建）。

陆抗死后，孙皓的倒行逆施更加无所忌惮。公元278年，孙皓大封十一王，每人给三千兵。另外，对孙皓来说，有一个好消息和一个坏消息。

好消息是羊祜死了。晋咸宁四年，羊祜人生中最后一次进京。这一年，他的姐姐羊徽瑜死了。羊祜内心极端悲痛，他的病情也日益恶化，但是由于朝中阻力和西北战事，朝廷迟迟不肯统一伐吴，他有生之年恐怕是不能见到这大好河山归于一统，也无法成就不世大功了。

此次入朝，羊祜再次向司马炎陈述了伐吴的主张。

后来羊祜返回了荆襄。也许是舟车劳顿消耗过大，羊祜病情快速加重，一病不起。司马炎派张华去看他，羊祜对张华说："陛下神文圣武，仁义宽厚，待我不薄，只可惜天不假年，我看不到陛下四海归一、成就大功的那一天了。我害怕的是万一孙皓早亡，吴人另立贤君，那么我们就将失去这个千载难逢的良机啊！"

张华哽咽了："羊公，何至于此啊？成就大功者，非你莫属！"

羊祜摇摇头："能完成灭吴大业的不是我，而是你啊！"

同年十一月，羊祜病逝，死前推荐杜预代替自己。

羊祜终究没能等到那一天。他说过，如果有朝一日灭吴成功，他将归隐山林不问世事。以他的才华，时人都认为他是宰相的不二人选，但是，他耗尽自己的生命也没能亲眼看到理想实现。羊祜不贪图荣华富贵，他最想看见的是一个太平天下啊！他想让那些边境的士卒回到家乡，让那些劳苦的百姓回到田园，让那些浴血的将军脱下战袍，这才是他最大的愿望。

羊祜死讯传来，司马炎素服白衣，痛哭不止，时值寒冬，以至于眼泪凝结成霜。荆襄百姓在集市之日听闻羊祜的死讯，无不痛哭流涕，以致罢市（历史记载尚属首次）。吴人也无不哀伤，边关将士痛哭之声四野可闻。

对孙皓来说，坏消息则是杜预接替羊祜担任荆州都督。

我们之前说过，著名的《泰始律》就是杜预作注的。实际上，杜预不只是个法学家，更是罕见的全才，从财政到农业无一不通；然而他最擅长的，还是兵法。

杜预是个不折不扣的智谋高手，与光明磊落、收买人心的羊祜不同，杜预作战靠的是他惊人的智谋。

杜预到荆州之后做的第一件事就出乎所有人的意料。他二话不说先发出了一道命令——全军准备，偷袭西陵。晋军将领都不相信自己的耳朵，羊公在世之时，晋军从没偷袭过，杜预一来立刻就改变规矩，但将令不能违抗，于是，晋军立刻挑选精锐之士偷偷摸摸地准备进攻西陵。西陵是吴国重镇，防备严密，但是吴军怎么也没想到杜预屁股都没坐热就跑来偷袭，这下被打了个措手不及，损兵折将。好在陆抗留下的底子很好，外加驻守西陵的是名将张政，西陵守军损失并不大。

杜预得胜归来，下达了第二道命令："把俘虏给我绑起来送到建业去。"就在所有人都摸不着头脑的时候，一件让所有人震惊的事情发生了，东吴的名将，西陵大门的镇守者张政竟然被撤职了。晋军将领欢呼雀跃，吴军士卒垂头丧气，但是所有人都没搞明白这是怎么回事儿。

杜预说："孙皓心胸狭隘。张政坐镇西陵是我之大患，此次我一反常规他必定始料不及，遭受损失，但他未必敢把此事告知孙皓，而我大张旗鼓，将此事搞得人尽皆知，孙皓必然震怒，张政轻则撤职，重则性命不保。"

杜预身体不好，骑马射箭是一样不会，也从未上过战场杀敌，但他就是懂得什么叫作兵法。

羊祜说："天下不如意，恒十居七八。"然而杜预却一直是个如意的男人，在他手上，这个乱世将迎来最后的终结。但是谁也想不到的是，那只是另一个乱世的开始罢了，世事无常，人生难料，历史就是这么诡异。

其实，杜预最大的对手不是东吴，而是来自朝堂。在这之前，灭吴早就已经不是一个单纯的军事问题，而是一个政治问题了。

在朝堂之上，围绕灭吴问题，名士派和豪族派爆发了旷日持久的明争暗斗。豪族派是反对派，代表人物有：贾充、荀勖；名士派是支持派，代表人物：张华、杜预。

其实这事说复杂也复杂，说简单也简单，两边各有理由：名士派认为，一统天下完成统一大业是历朝历代该做的事情，天经地义，更何况现在西晋优势巨大，吴国君主残暴昏庸，灭吴简直是千载难逢的良机，可以一举而定。

豪族派理由也很充分：西北鲜卑未定不能打，东南战备虽然充足但是吴国并无大乱，此时出击未必能一举成功，万一失败，吴国必将反攻，到时若得鲜卑配合，晋朝将有大祸。前几年鲜卑把西晋折腾得够呛，好不容易现在有点起色，确实不宜大动干戈。这是能摆上明面的理由，其实还有其他不能摆上明面的理由。万一灭吴成功，主张灭吴的名士派必然在朝堂之中占据优势。对豪族派来说，好不容易解决了任恺，将名士派打压下去，现在绝对不能让他们死灰复燃。

司马炎知道，朝中支持伐吴的也就张华和杜预等少数人，而反对的却是一众士族，如果自己一意孤行决定伐吴，万一兵败失利，若再想伐吴就会遭遇更大的阻力。司马炎输不起，晋朝输不起，伐吴必须一举成功。

咸宁二年，羊祜上书请求伐吴，权臣贾充、荀勖、冯纨等人反对，司马炎无奈只能采取搁置之策。

咸宁五年八月，眼见吴国忙于平叛（郭马在广州叛乱），杜预上书请求伐吴，司马炎同意，但紧接着豪族派发动全面政治进攻，驻守在扬州前线的王浑（王昶之子，典型的豪族派）表示吴军正在计划发动倾国之兵进攻晋朝，此时伐吴正中吴国下怀。司马炎一听，决定推迟伐吴。

杜预心急如焚，此时正是千载难逢的灭吴良机，吴军正忙着对付南部叛乱，如果现在不动手，等吴国回过神来，恐怕就再也没有这样好的机会了。杜预立刻二次上书，表示司马炎不应该轻信谣言，现在东吴别说出击，连防守都困难，兵力明显不足，如果此时出击可一举而定，绝对不能坐失良机啊！但司马炎还是没能下定决心。

杜预宁可不当都督了也要伐吴，于是第三次上书。在这份上书之中，杜预再也掩饰不住自己的愤怒，他的言辞非常锋利："昔日羊公在世之时就应该和陛下秘密谋划，要不然早就伐吴功成了。伐吴之举有九成胜算，一些人之所以反对就是因为计谋非己出，功劳不在自己身上。现在孙皓昏庸残暴，不趁此时机消灭东吴更待何时？现在我们的计划已经暴露了，要是孙皓做出反应，那灭吴就多了许多新的困难。"

司马炎收到信的时候，正在和张华下棋。在这个决定历史的时刻，张华作出了一个十分正确的决定。

张华一把推开棋盘，跪在地上："陛下，不要再犹豫了。这是千载难逢的良机啊！陛下英明神武，堪比尧舜，吴主昏聩诛杀贤能，此时灭吴，吊民伐罪，水到渠成啊！"

司马炎终于决心灭吴。

这时，贾充等人又出来反对。司马炎大怒，重责贾充，贾充吓得把官帽脱下来跪在地上。

他从没有见过司马炎如此愤怒，只能同意。

司马炎正式宣布了伐吴的决定。

在这庞大的反对派之中，有一个人最为特殊，他就是山涛。

山涛也反对灭吴。他在朝会之上听到司马炎宣布灭吴，退朝回家之后说道："古人曾说，'只有圣人才能做到内外无患。如果不是圣人，外宁则必有内忧。'以我朝目前的情况来看，留着吴国作为外患，难道不划算吗？"

山涛这番话其实另有深意，所谓"外宁必有内忧"，他的意思是：吴国并非西晋的大患，西晋另有大患。在山涛眼中，吴国、鲜卑都是纤芥之疾，不足为患，西晋最大的祸患其实在朝堂之上，在国家内部。山涛深知司马炎，深知朝廷这些人，一旦灭吴成就大功，西北鲜卑略定，在这个不讲究忠义放弃了儒家的时代，他们这些人必定贪图享乐，骄傲自满，再也没有人能约束他们，再也没有什么事情能阻止他们。

灭吴的胜利，既是胜利者的丰碑，也是胜利者的坟墓。

咸宁五年十一月，司马炎发动大军二十万，分兵六路大举伐吴：

一、镇军将军、琅邪王司马伷自下邳（今江苏邳县南）向涂中（今安徽滁河流域）方向进军。

二、安东将军王浑自扬州（州治在今安徽寿春）向江西（指今安徽和县方向），出横江渡口进军。

三、建威将军王戎自豫州（州治在今河南许昌东南）向武昌（今湖北鄂州）方向进军。

四、平南将军胡奋自荆州向夏口（今武汉市武昌）方向进军。

五、镇南大将军杜预自襄阳向江陵（今属湖北）方向进军，尔后南下长江、湘水以南，直抵京广。

六、龙骧将军王濬，广武将军、巴东（郡治在今四川奉节）监军唐彬自巴蜀顺江东下，直趋建业。

另以太尉贾充为大都督，冠军将军杨济为副，率中军驻襄阳，节度诸军；中书令张华为度支尚书，总筹粮运。

这套方案已经很完美了，但是有一个很关键的问题，为何要选贾充担任大都督？原因有二：一方面，贾充担任统帅可以代表豪族派在这场战争中的态度，同时贾充一党也只能全力进攻；另一方面，如果伐吴成功也可以给他们分点功劳安抚他们，如果伐吴不成，他们统御有过，为了一雪前耻，也不便阻止下次伐吴。而且，贾充这只是政治挂帅，也就是说他实际上就是个名义统帅。

司马炎很清楚，贾充绝不能节制诸军，所以特地派司马伷等司马氏宗室的力量参与其中，还是那句话说得好：战争，就是政治的继续。

太康元年，晋将王浑率领十几万大军在正面战场发动进攻，同时派出参军陈慎等率部分兵力攻击寻阳（今湖北武穴东北）；并派殄吴将军李纯率军向高望城（今江苏江浦西南）进攻吴军俞恭部。正月二十五日，李纯占领了高望城，击破俞恭军，推进至横江以东，夺占了渡江的有利渡场；与此同时，参军陈慎军攻取了阳濑乡，大败吴牙门将孔忠等，吴历武将军陈代、平虏将军朱明等率部众降于晋军。

同时，杜预也出动了，他的目标是当年羊祜没能拿下的江陵。

杜预一到江陵便下令：围城。然后出手扫荡江陵外围，第一个倒霉鬼是驻守在乐乡的都督孙歆。眼见杜预把乐乡周围搞得鸡犬不宁，孙歆深知杜预的厉害，天天坐卧不安。过了几天，他发现杜预并没有大举攻城，稍稍安心。

"将军，江岸的军队回来了。"

孙歆一听，急忙说："打开城门，放他们进来，这点小事，还用得着告诉我吗？"

只用了一盏茶的工夫，城内火光大作。孙歆大惊，出去查看，只听有人喊道："活捉孙歆！"城内已经满是晋军。孙歆大惊，就在他还没搞清楚状况的时候，晋军的长刀就已经架到他的脖子上了。

原来，杜预早已经在城外埋伏好，他看见江岸的吴军返回便派人趁机潜入城中，里应外合，兵不血刃夺取乐乡。

经此一役，晋军对杜预的智谋心服口服，杜预乘胜攻取江陵并兵分两路，东进南征，进一步扩大战果。不过杜预面对的并非吴军主力，晋军真正的对手是吴国丞相张悌手下的三万精锐，他们现在已经渡过长江，欲与晋军决一死战。

张悌渡江之后正面遇到了王浑的部将张乔率领的七千人，并将他包围，张乔无奈只能诈降。但是，张悌居然没经考验就将他们直接收编。

接受投降之后，张悌大军继续前进，随即与王浑主力部队的司马孙畴和扬州刺史周浚军列阵相对。吴将沈莹率军出战，首先率领五千精锐向晋军攻击，三次冲击均未奏效，反而被晋军斩首二将，不得不退兵。晋军则乘吴军退兵混乱之机，将军薛胜、蒋班率军追杀，吴军大败。此时，伪降的张乔军又从背后杀来，吴军溃败而逃。吴将诸葛靓见大势已去，收集败兵数百逃回江南。

然而，对于吴国来说，更大的威胁还在后面，真正的晋国利刃早就已经出发了，龙骧将军王濬的楼船势如破竹，直指吴国都城建业。

在中国历史上，南京（吴称建业）的防御要分为两个阶段。我称之为前安庆时代和后安庆时代（以安庆城建城为节点）。

安庆城始建于南宋，战略位置十分重要，所谓"安庆一日无恙，天京一日无险"，可见安庆城的重要性。朱元璋攻南京（当时称集庆），率先进攻的就是安庆（今安徽安庆）。当年蒙古军攻打金陵也是先攻打安庆。哪怕到了清军对战太平天国之时，还是先打安庆。公元1861年，当曾国荃攻破安庆时，也不禁感叹："南京已经唾手可得。"

那么，没有安庆城。南京的西大门就到了更远的地方——武昌，武昌实际上体现着后世安庆的作用。

王濬早就蓄势待发了，要知道他造船多年，这些战船现在终于有了用武之地。

王濬率领水军东下，一路势如破竹。但是之前，司马炎下诏，五濬的水军在武昌以西（荆州地界）由杜预节制，到了秣陵要由王浑节制。王濬到了武昌，杜预和他说："将军应乘胜追击，一鼓作气直扑建业。"杜预大公无私，认为这不世之功应该归王濬所有。

王濬到了秣陵之后，王浑怕王濬建立大功，就想让王濬留在秣陵。

现在吴国已经不堪一击，王濬当然明白，如果自己在这里停滞不前，恐怕就走不了了，王濬干脆回复："哎呀，这里风大，船停不了啊。"

王浑十分生气，却毫无办法，只能看着王濬顺流而下。

王濬一路过关斩将，只用了四十多天就杀到了建业城下，城里的孙皓紧急命令都督张象率领水军迎敌，但是张象一看到王濬的旌旗就投降了。

三国乱世的终结之日总算是到了，公元280年五月一日，孙皓听从胡冲的建议，仿效刘禅的做法：备亡国之礼，素车白马，肉袒面缚（两手反绑），衔璧牵羊，大夫衰服，士舆榇（把棺材装在车上），率领太子孙瑾等二十一人来到王濬营门。孙皓决定投降后，为了让晋军顺利接收各地，广发劝降书信给臣僚。

王濬接受孙皓的投降，亲解其缚，接受宝璧，焚烧棺榇，并派人将孙皓一家送到晋都洛阳。孙吴至此灭亡。

远在洛阳的司马炎听到前线的捷报，哽咽着说了一句："这是羊太傅（羊祜）之功啊！"所有人都沉默了，他们知道，今日的胜利其实离不开那个已经去世的老人。

　　还有一个人也哭了，他就是那个背主投敌的孙秀。孙秀退朝之后痛哭流涕："想当年孙策以一校尉之身开创江东基业，到今日居然亡于昏君之手，悠悠苍天，此何人哉！"他背叛了孙皓，但没有背叛江东。

　　近百年的分裂局面总算结束了，天下终归一统。东晋著名史学家、文学家习凿齿称之为"千古盛功"。

　　司马炎在灭吴这件事情上确实功莫大焉，西晋用中国历史上堪称最小的代价完成了统一，以仁厚之心平蜀灭吴，善待两国人民和亡国之君，避免了大规模的屠杀和破坏，保留了文化和经济基础，最终结束了三国乱世，还给百姓们一个太平天下。"白骨露于野，千里无鸡鸣"的汉末时代，总算被画上了一个完美的句号。单论此点，称"千古盛功"丝毫不为过。

　　所有人都看见了盛世的希望之光。但是，谁也想不到，这不是希望之光，这是回光，返照的回光。

◆ 论功行赏

既然大功告成，那自然要论功行赏。

杜预功劳巨大，在灭吴过程中共斩杀、俘虏孙吴都督、监军一类的高级官吏十四人，牙门、郡守一类的中级官吏一百二十人，受封为当阳县侯，增食邑至九千六百户，继续镇守襄阳。其子杜耽也被封为亭侯，食邑千户，更赐绢八千匹。王浑进爵为京陵公，增邑八千户。但是到了灭吴的头号功臣王濬的时候，司马炎就犯难了。因为王浑消灭了吴军主力，却裹足不前，让王濬抢先到了建业。王濬受王浑节制，却不听号令。和当年的钟会一样，王浑立刻上书说王濬不听号令，要治他的罪，朝中众人也认为王濬违背诏令，不听调遣，应该以囚车送进京城。

不过，司马炎毕竟不是昏君，知道王濬立下奇功，这样对待有功之臣，会让众将寒心，但是王濬不听号令，如果姑息纵容也说不过去。从本质上来讲，王濬这么做让朝中的豪族派丢了面子，他独占此功，没有分王浑一杯羹，让朝中对他不满和愤怒的人感到有机可乘。

由于明面上王濬确实有过，于是司马炎下诏，委婉地批评了他一通。

王濬上书为自己辩解。结果王浑更是气不打一处来，继续弹劾王濬没有上交从吴国搜出的宝物，王濬再度上书辩解。

王濬回到洛阳之后，朝中众人再次上书弹劾王濬不听节制，应该送到大牢。没多久，又说王濬烧毁吴国船只一百三十五艘，应该问责。

面对巨大的压力，司马炎封王濬为辅国将军。这个将军位是不太高的，但是司马炎为了表示嘉奖，对王濬有很多补偿，首先是供给五百大车，增兵五百人组成辅国营，供给亲骑一百人、官骑十人，配置司马官，封为襄阳县侯，食邑一万户，儿子王彝封为杨乡亭侯，食邑一千五百户，赐绢一万匹，又赐衣一套、钱三十万及一些食物。

按照制度，辅国将军是不设置司马官的，司马炎开了特例；按惯例，步兵校尉只有五营步兵，司马炎特地给他加了一营；食邑一万户，基本上和诸侯王等同。

然而王濬每次一见到司马炎就哭诉自己冤枉啊，委屈啊，后司马炎改封他为镇军大将军，加散骑常侍，领后军将军。

王濬这下终于称心如意了。其实范通就劝过他："您得归功于皇上，怎么能归功于自己呢？您得说灭吴是圣上的功劳，自己只是借天子之威才能成就大功罢了，这样皇上才能下得来台啊！"

但王濬就是如此耿直。王濬，你真得感谢你遇上一个好脾气的皇帝。

封赏完了，司马炎就得处置一下亡国君臣了。

司马炎基本沿用了当年司马昭的做法，对东吴官吏和对蜀汉官吏一样，将他们纳入西晋朝廷，作为统治的基础，并善待江东子民，收买人心。同时，司马炎封孙皓为归命侯。

孙皓灰头土脸地到了洛阳，司马炎高高在上，指着一个空闲的椅子，微笑着对孙皓说道："归命侯，你看这个座位是我为你设置的。"

群臣哄笑起来，孙皓却是面不改色心不跳："哼，我在吴国也给你设置了一个。"

作为一个亡国之君，孙皓确实还有点骨气。

司马炎也肚量惊人，孙皓跟他这么说话，他并未秋后算账，还是让他安度了晚年。太康五年，孙皓在洛阳去世。

有趣的是，《资治通鉴》记载，贾充也曾想羞辱孙皓，于是在下棋的时候问孙皓："闻君在南方凿人目，剥人面皮，此何等刑也？"大意是说，听说您在南方挖人眼睛，剥人脸皮，这是对谁用的刑罚啊？

孙皓说："人臣有弒其君及奸回不忠者，则加此刑耳。"大意是说，弒君不忠的人就用此刑。

说实话，虽然这事大快人心，但未必是史实。实际上，根据《晋书》记载，这事是发生在王济身上的，并不是贾充。

《晋书》记载："帝尝与济弈棋，而孙皓在侧，谓皓曰：'何以好剥人面皮？'皓曰：'见无礼于君者则剥之。'济时伸脚局下，而皓讥焉。"

◆ 极乐盛世

天下一统之后，司马炎开始一系列改革。

首先，他改革了经济制度。司马炎推出了西晋的终极经济制度——"户调式"经济制度，包括三项内容：占田制、户调制、品官占田荫客制。

在曹魏时期，大部分地区实行的是屯田制。那么怎么收税呢？曹操规定了，使用官府耕牛的人，得交六成给曹操，如果使用的是自家耕牛，那么就得交五成。

司马昭死前做了件好事，规定不用再屯田了，把屯田制度废了，穷苦人民终于要翻身了。但是农民的田地立刻就被那帮世家大族给占了。他们贪得无厌，农民的生活还不如曹魏时期。

最惨的还是国家，司马炎发现，因为大量的屯田客人口被门阀士族隐藏了起来，天下太平时期国家人口居然发生了负增长。

太康元年，全国共有人口 1616.3863 万人，根据统计，这个数目远远小于实际人口数目。据《中国人口发展史》称，西晋实际人口应该在 3500 万人左右。

大量的人口被门阀隐藏，导致国家税收困难，司马炎为了解决这个问题，使用了全新的制度——占田制，它是把占田制和赋税制结合在一起的一种制度。

朝廷规定农民可以分得土地了，男人七十亩地，女人三十亩地，成为丁男丁女，十三到十五岁或者六十到六十五岁的人，就是次丁男、次丁女。

然后，国家要收税了。

户调制即征收户税的制度。户调不分贫富，以户为单位征收租税。司马炎规定，每户的丁男交三匹绢、三斤棉，丁女与次丁男立户的交一半。边郡及少数民族地区的户调，纳规定数目的三分之二，更远的纳三分之一。少数民族，近的（边地）交三斛米，再远的交二十八文钱。

《晋书·食货志》："男女年十六已上至六十为正丁，十五已下至十三、六十一已上至六十五为次丁，十二已下六十六已上为老小，不事。"

《晋书·食货志》："男子一人占田七十亩，女子三十亩。其外丁男课田五十亩，丁女二十亩，次丁男半之，女则不课。"

《晋书·食货志》："远夷不课田者输义米，户三斛，远者五斗，极远者输算钱，人二十八文。"

这个税收在中国历史上算低的，每个丁男都有二十亩地不上税，丁女有十亩不上税，次丁男减半，次丁女不课税。

另外，朝廷还颁布了一套制度——品官占田荫客制。品官占田荫客制，是一种保障贵族、官僚们经济特权的制度，同时也有为贵族、官僚们占田和奴役人口的数量立一个"限制"的用意，以制止无限制地兼并土地和隐瞒户口的情况出现。

品官占田荫客制规定，其官品第一至于第九，各以贵贱占田。第一品者占五十顷，第二品四十五顷，第三品四十顷，第四品三十五顷，第五品三十顷，第六品二十五顷，第七品二十顷，第八品十五顷，第九品十顷。

《晋书·食物志》："又各以品之高卑荫其亲属，多者及九族，少者三世。宗室、国宾、先贤之后及士人子孙亦如之。而又得荫人以为衣食客及佃客，品第六已上得衣食客三人，第七、第八品二人，第九品及举辇、迹禽、前驱、由基、强弩、司马、羽林郎、殿中冗从武贲、殿中武贲、持椎斧武骑武贲、持鈒冗从武贲、命中武贲武骑，一人。""其应有佃客者，官品第一、第二者，佃客无过五十户，第三品十户，第四品七户，第五品五户，第六品三户，第七品二户，第八、第九品一户。"

意思是说，官僚是可以占地的，但是国家规定占田数目和荫客数目要按等级分层，不过这些地盘都是不收税的，这些食客也都归主人役使。因为西晋和历朝历代一样都是收取人头税的，这实际上就是很大一笔收入。

国家规定多出的人口必须交税，那么就可以逼迫门阀把多出的人口吐出来。司马炎想通过这种方式减少门阀食客的数量，以增加国家税收。然而，士族是非常聪明的，他们早就想出了应对之策，所谓上有政策下有对策，这帮人的方法也是非常简单——隐瞒户口。

司马炎解决隐瞒人口的问题，实际上效果并不显著。

士族隐瞒了大量户口，约占全国半数，导致西晋的人口数目与实际严重不符。而被隐瞒的人口也都成了士族的奴隶，不仅仅要提供自己几乎全部所得，他们有好女儿的还得上交女儿作为奴婢。

虽然司马炎推出的这套政策并没有解决所有问题，但还是有很多人脱离了门阀的控制，变成了自由农民，所以他们成了西晋政府的纳税主力军。另外，司马炎还大力建设水利工程，增修仓库，平抑物价，所以西晋呈现出了空前繁荣的局面。正如《晋书·食货志》所描述的："是时天下无事，赋税平均，人咸安其业而乐其事"。《晋书·傅咸传》也曾记载："古者后妃乃有殊饰，今之婢妾被服绫罗；古者大夫乃不徒行，今之贱隶乘轻驱肥。"

西晋富裕到什么程度？号称"天下无穷人"。虽然有点儿夸张，但是也确实非常富裕，堪称中国历史上数一数二的富裕之世。但是，这也是一种病态的富裕，恐怖的富裕。在这盛世的华丽外表之下，是所有人的糜烂与腐败。

司马炎同时还改革了政治制度。天下一统之后，他的第一个目标不是别的，就是要稳定大晋江山，为此，他制定了一系列制度。

首先，司马炎做了一个决定——尽罢州郡兵马。

司马炎做这个决定其实有着自己的考量。一方面，在经济上，大量的州郡兵马已经成了西晋政府沉重的经济负担，而现在天下无事，在马隆的打击之下北方鲜卑略定，而南方东吴也已经平定，养着这些兵已经没什么用了。

司马炎的罢兵计划是这样的：将州郡兵马缩减，然后变为诸王的兵马，实际上也就是改刺史领兵为诸王领兵，但是课役还得服从，罢州郡兵马只是将他们的兵役免除，让他们交税罢了。每个大郡留下武吏百人，小郡留五十人。这看上去是一件转战时体制到和平时期体制的大好事。而且这个举动背后还另有深意，司马炎罢去州郡兵马在一定程度上就是防着士族。汉末诸侯割据靠的就是各个州刺史手底下的州郡兵马，刺史的权力实在是太大了。司马炎本身是不信士族的，只不过为了治国他要用这些人，但是也必须防着他们。司马炎心里很清楚，他只能依赖宗室压制士族，所以他决定将兵权交给诸王，毕竟都是司马家的人，更放心些。

其实当时朝中众人对司马炎的用意心知肚明，但是大家都没觉得有什么不对，除了一个人——山涛。

山涛听到司马炎的这个政策之后，提出了反对意见，他说得头头是道，司马炎也表示："天下名言也。"然而，这个政策还是被落实了。

司马炎不知道的是，他打开了两扇地狱之门。一方面，诸王领兵之后凭借着封地的经济实力和政治上的地位实力快速膨胀；另一方面，诸王现在又有了州郡兵马，那么数州之内都不可能有什么力量能压制住他们，如果这些诸侯王举兵造反，根本无人可以与之抗衡。但是司马炎认为互相牵制可以解决问题。

尽罢州郡兵马，万一州郡有事，谁来处理？司马炎表示，诸王处理，诸王平叛，诸王抵御外患。可是，司马炎没想过，万一诸王不这么做，或想做也做不了的时候该怎么办。

最可怕的是，司马炎竟然把凉州、益州、荆州、雍州等重镇兼蛮夷多事之州全部划为"轻州"，也就是需要罢去州郡兵马的州郡。这些州郡面对的是少数民族，尤其是凉州外面就是鲜卑。司马炎根本想不到，这些司马氏的王爷们虽然看上去一个个英明神武，实际上却是腐朽无能，争权夺利，野心勃勃。

西晋，其实已经面临着巨大的危险。前文提过的那四道枷锁，一道已经粉碎了，而且是最重要的一道。

其实，司马炎此时早就不想那么多了，灭吴之后他忙着享乐。

司马炎在中国历史上的好色是出了名的。君王好色其实也没什么，毕竟如果君主禁欲没有子嗣，国家很容易没有继承人，那么恐怕会江山动荡，所以君主多生几个皇子也是不错的。但是司马炎不一样，他的生育能力和他的好色程度完全不对等。

《晋书·后妃传》："多内宠，平吴后，复纳吴王孙皓宫人数千，自此掖庭殆将万人，而并宠者甚众，帝莫知所适，常乘羊车，恣其所之，至使宴寝。"

司马炎平吴之后全盘接收了孙皓的家底，后宫万人，由于不知道临幸谁比较好，他干脆坐在羊车上，在宫苑里随意行走，车停到哪儿他就临幸谁。有的妃子为了获得宠幸，盐水洒地，树枝挂门，吸引羊来吃，也算是中国历史上的一大奇闻。

早在泰始年间，皇后杨艳（司马衷生母）就曾亲自主持选美，盛况空前。

司马炎广选良家女子以备后宫，为了选美，他事先禁止百姓结婚，然后派遣宦官到处搜罗美女，连大臣的女儿都不放过。司徒李胤、镇军大将军胡奋、廷尉诸葛冲、太仆臧权、侍中冯荪、秘书郎左思等的女儿都被归于三夫人九嫔之列。

为了防止选一帮红颜祸水，杨艳只选那种长得白的、个子高的，但司马炎就不愿意了，他看上了卞氏。

杨艳聪明过人："卞藩三代都是皇后的亲属，他的女儿不能委屈地居于卑位。"司马炎一听皇后不愿意，只能作罢。

尽管后宫万人，司马炎的开销和他的那些大臣们比起来，还真的不算大。

比如十大家族之一的太尉何曾，未见治国有何成就，但见花销如水奔流。何曾号称"日食万钱"，就是一天要吃一万钱。何曾不好女色，很孝顺，但是就是喜欢吃。每次晋武帝开宴会，何太尉都自己带吃的，司马炎问他："太尉为何不吃宫里的食物啊？"何曾回答："不好吃。"

其实不只是豪族派奢侈，名士派也不落下风，比如任恺吃饭也是奢华无度，最后还因为吃饭把官职都丢了。再比如那位校订《竹书纪年》的和峤，为人确实很正直，也很有能力，但是却爱财如命，杜预认为他有"钱癖"。和峤死的时候家里的钱和王室一样多，真是富可敌国。

不过以上两位和接下来这两个人相比，还是小巫见大巫了。他们是中国历史上著名的超级财神爷、大富豪——石崇、王恺。

石崇的父亲是大名鼎鼎的开国元勋，十大家族之一中的石苞。石苞死的时候，给几个儿子都分了巨额财产，唯独没给石崇。石崇的母亲问石苞："你为什么不给小儿子分点钱呢？"石苞表示："他年纪最小但是最能赚钱。"

石崇担任荆州刺史之时大设陆卡，抢劫来往客商，获得了巨额财富。不过，这种方式并不是他获取巨额财富的主要来源，他的主要来源是：庄园经济、皇帝封赏和商业贸易。

虽然石崇担任荆州刺史已经是晋惠帝时期的事情了，但是他在晋武帝时期就已经富可敌国，所以根据后人分析，石崇其实是个商业人才，靠庄园经济获取了巨额财富。这样看石崇才是红顶商人的鼻祖。

石崇作为公认的西晋第一财神，靠另外一件事确立了自己的地位：斗富。他斗富的对象就是同样大名鼎鼎的富豪——司马炎的舅舅，山都县公王恺。

《晋书》："出为南中郎将、荆州刺史，领南蛮校尉，加鹰扬将军。崇在南中，得鸩鸟雏，以与后军将军王恺。时制，鸩鸟不得过江，为司隶校尉傅祗所纠，诏原之，烧鸩于都街。"

王恺和石崇斗富，王恺饭后用糖水洗锅，石崇便用蜡烛当柴烧；王恺做了四十里的紫丝布步障，石崇便做五十里的锦步障；王恺用赤石脂涂墙壁，石崇就用花椒涂墙。

司马炎赐给王恺一株珊瑚树，高二尺许，枝柯扶疏，世所罕比。王恺一看，这是好东西啊，立刻找到石崇一起鉴赏。不料石崇看了一眼，嘴角一撇，挥起铁如意将珊瑚树打得粉碎。王恺心疼死了："石崇，你这是嫉妒我的宝物！这可是皇上给的，你赔不起。"哪想石崇命手下取来一株珊瑚树还他。王恺惊呆了，这珊瑚树高有三四尺，条干绝俗，光耀如日，比自己那株强多了。

为了和石崇斗富，王恺连间谍都用上了。当时，石崇有三大法宝：跑得飞快的牛车、热气腾腾的豆粥总是能片刻间就端上来、冬天也能吃上晶莹剔透的韭菜碎末儿。在没有冰箱和保温设施的时代，这简直是不可能的，王恺就花钱贿赂了石崇的下人，那下人告诉他："豆子是先准备好磨成粉的熟豆粉末，客人来时直接放入煮好的粥里，所以才能很快煮好；韭菜是将韭菜根捣碎后掺在麦苗里，所以能保证韭菜晶莹剔透；给老爷的牛车是老把式，牛随便跑他也不控制，所以跑得快。"

不过石崇最可怕的地方，不是斗富而是冷漠。当这个世界只剩下金钱的时候，对于人们来说，一切都只不过是数字的变化罢了。

石崇经常在家里开宴会，每次请客饮酒，总让美人斟酒劝客，客人不喝就会杀掉劝酒的美人。有一次，王敦和王导两兄弟去石崇家里参加宴会。石崇的金谷园富丽堂皇，恢宏壮丽，非常漂亮，更是有上百美女，每一个都是国色天香，让人看了心生喜欢。王导和王敦都是有名的大帅哥，石崇对这两位帅哥也是很尊敬的，就让人给他们敬酒。

王导十分宽厚，尽管素来不能饮酒，但怕石崇杀人，一看娇滴滴的美人来敬酒，勉勉强强也就喝了。王敦是个刺头，平时就看石崇不顺眼，美女来敬酒他就是不喝，石崇看他不喝，立刻下令把美人拖出去斩了。没想到，下一个侍女来的时候，王敦还是不喝，石崇一连杀了三个美人。王导责备王敦，王敦一脸不屑："他杀他家的人，与我何干？"

石崇根本就没把这些美人当人看，她们只是石崇的商品，和那珊瑚树并没有什么区别。对于石崇来说，对于那些富商、豪族来说，人也是有高低贵贱之分的，有些人命也只是商品罢了，是能用金钱衡量的，是可以被他们予取予求的。

以上情况只是冰山一角，西晋一朝恐怖的奢侈浪费比比皆是，"奢侈之祸，甚于天灾"，这种腐化就像蔓延的热病，深入骨髓。

西晋的那些豪族亲贵毫无信仰，在这中国历史上少有的儒家文化极度衰落的时期，西晋的那些士族喜欢做什么呢？他们喜欢谈玄说理，就是随便找一个话题谈论一些乱七八糟的道理，原则就是比谁更能诡辩。清谈的内容也绝对不能与俗事有关，这是世界贵族的通病，讳言俗事以显示自己的超然物外，高人一等。

他们穷奢极欲，毫无信仰，追名逐利，奢侈放纵，欲望惊人，淫靡不堪。更可怕的是，整个社会呈现出了一种恐怖的病态，人们丧失了礼义廉耻的概念，完全依靠仓廪实而知礼仪的基本观念维持社会道德的运转，人人只知道有家不知道有国。

西晋一朝孝子成群，但是忠臣寥寥，能为国尽忠的人少之又少。另外，长期的腐化生活彻底消磨了他们的才华和意志，比如著名的王濬，在灭吴成功之后就贪图享乐，奢侈无度，完全没有了当年的锐气。

西晋王朝的腐化在中国历史上是极端罕见的，这是全社会的快速腐烂，不只是一个人、一个家的腐烂，从上到下都极端腐化，丧失了理智。所以西晋的鲁褒写了一篇文章讥讽世人。

《钱神论》："钱之为体，有乾坤之象。内则其方，外则其圆。其积如山，其流如川。动静有时，行藏有节。市井便易，不患耗折。难折象寿，不匮象道。故能长久，为世神宝。亲之如兄，字曰孔方。"

对此，何曾评价道："主上创业垂统，而吾每宴，乃未闻经国远图，唯说平生常事，后嗣其殆乎？及身而已，此子孙之忧也！汝等犹可获没。"又指着几个孙子说道，"此辈必及于乱！"后来还真的和他说的一模一样。

忧劳可以兴国，逸豫可以亡身。真是千古名言！

这些人如此奢侈，如此浪费，在古代社会的经济条件之下怎么可能行得通呢？又怎么可能"天下无穷人"呢？

其实这并不矛盾。古代社会上层统治阶级存在一条食物链，在中国的农业文明之下，由于和外界通商较少，所以朝廷的开支用度、官员的一切财产只有一个来源——下层人民。

但西晋的食物链很短，苛捐杂税是没有的，农户只需要交人头税份子钱就行了，而农业税是唯一的税种，后面朝代的各种摊派是没有的，所以人民的生活其实是很富足的。注意，这里说的是人民。而真正受到剥削的人，是那些门阀旗下的食客。西晋实际上是中国古代少有的半封建半奴隶制社会。全国近半的人口都在各大门阀士族的压迫之下，他们存在的意义就是为这些人的奢侈浪费提供养料。根据西晋政府的经济政策和从汉末曹魏时期已经形成的惯例，门阀士族的荫客都是不用交税的，因此他们实际上都被隐藏了起来，他们的生死大权都被士族攥在手心里。石崇对他的侍女说杀就杀，那些门阀大族内部对他们的那些奴隶都拥有绝对的权力，而西晋一朝的这种情况达到了历代之最，近半数人口被门阀大族控制，他们才是真正受到最严重剥削的对象，也正是通过剥削这些人，世家大族才能维持惊人的奢侈与浪费。

在这些荫客中，有一批非常特殊的人——内迁少数民族。

实际上，北方少数民族的内迁早在东汉就已经开始了。

东汉时，南匈奴内附，"汉嘉其意，割并州并界以安之。于是匈奴五千余落入居朔方诸郡，与汉人杂处。"曹操把并州匈奴分为左、中、右、南、北五部，以匈奴贵族为五部帅。

晋武帝泰始初年，"塞外匈奴大水，塞泥、黑难等二万余落归化，帝复纳之，使居河西故宜阳城下。后复与晋人杂居，由是平阳、西河、太原、新兴、上党、乐平诸郡靡不有焉。"加之东汉迁入繁衍的匈奴，人数更众。他们分布在河套以南、汾水流域以及关中地区，即并、凉、雍、幽诸州，仍以并州为主要居住地。

咸宁三年，西北杂虏及鲜卑、匈奴、五溪蛮夷、东夷三国前后十余辈，各率部落内附。

根据不完全统计，在司马炎时期，内迁的匈奴和各北方少数民族人数累计达到四十万人，庞大的内迁人口逐渐向关中地区渗透。到了司马炎统治末期，实际上内迁的少数民族人口数，"关中之人百余万口，率其少多，戎狄居半"。（《晋书·江统传》）

这些内迁的少数民族实际上有的已经在西晋这片土地上生活了六十年左右（216—277 年），他们受到汉文化的影响，在很多方面有了很大改变，实际上已经成为华夏文明的一部分。但是由于存在华夷之辨，西晋政府并不信任他们，反而对他们横征暴敛，压迫无度，各个少数民族"怨毒之气，毒于骨髓"。

对北方少数民族的治理是历朝历代棘手的难题，自从秦朝一统中国以来，历朝历代都在探索一个完美的政策。

汉族政权修建的长城基本上是与四百毫米等降水量线重合的，实际上，这条万里长城就是一条农耕与游牧的分界线。当我们的伟大先祖面对匈奴势如破竹，杀敌无算之后，终于发现了一个严重的问题——打下来的土地，并没有什么用。

首先，汉族的实际统治需要具备两个条件：一是农耕，二是城市。也就是说，汉族在打下大片土地之后都要进行开垦，然后修建城市，然后形成城市网络进行统治。由于农耕文明自给自足的特点，外加城市的网络化分割，利用农业化的聚落构建城乡行政中心和经济网络，实现实际统治和管理就成为了可能。

但是对草原民族来说，这两个条件都不具备。

汉武帝占领河套地区和河西走廊之后，通过筑城的方式来巩固统治，这是有效的，但是再深入蒙古草原，这样的方式就非常困难。原因有三：其一，蒙古高原以草地为主，草地土壤非常贫瘠和脆弱。一般来说，以古代方式耕种三年以上就会出现严重的水土流失，甚至沙漠化，根本不能持久耕作。而不能耕作就不能建立经济基础，说穿了，就是不能定居。其二，蒙古高原气候恶劣，经常出现极端天气，冬天极寒，夏天冰雹，大风呼啸，除了长时间生活在草原上的游牧民族，一般汉人根本受不了。其三，草原上不同的游牧部落众多，会时常攻打边塞，边塞士兵可谓不堪其扰。另外那些草原上的孤城简直如同孤岛一般，供给基本要靠内地，与关内的联系也很容易被切断，外面的草原简直和大海一样深不可测，只要出城就到处都是敌人。

河套地区由于黄河的存在，水源比较充足，能从游牧变为农耕，但是蒙古草原水源十分紧张，根本不能农业化，直到近代才勉强解决了"定居"这个技术上的大难题。

草原上的游牧民族怎么生活呢？他们冬天有冬草场，春天有春草场，夏天有夏草场，秋天有秋草场，一年四季都有不同的美丽草原。冬草场草地茂盛，能从大雪之中露出尖芽，牛羊能吃到，春草场牧草肥美，夏草场绚丽，秋草场耐枯。这需要巨大的草地面积，需要一年四季不停地更换地点放牧，他们以天为席，以地为床，在草原之上循环往复地过生活。

但是，这样的游牧经济是非常容易崩溃的，只要中间任何一个环节出了问题，就会彻底崩溃，所谓"金山银山，带毛的不算"。如果牛羊生病死亡，如果遭遇狼群偷袭，如果遭遇恶劣的气候，如果被敌对的部落打击，那么一切都会化为乌有。而巨大的草原，一望无际却没有什么人能吃的东西，自己部落的子民会被活活饿死。

内地的政权能赈灾救济，农耕经济也能储存粮食应对灾年，但是草原民族是不可能的，他们遭遇这样的大灾的时候就只剩下一条路——抢。不抢就得饿死，与其饿死，那还不如抢。这时谁还管天性善良与邪恶的问题，满脑子只剩下"生存"俩字。

从此，北地再无宁日。

汉初，草原上形成了一个统一的政权——匈奴，单于冒顿是匈奴共主，拥有"控弦之士三十万"，实力雄厚。西汉王朝军事力量不足，根本无力打击，只能采取怀柔政策。和亲不仅仅是送宗室女子那么简单，还要提供大量的金钱和粮食作为陪嫁，匈奴人看见有好处，觉得不用来抢劫就有人送钱，挺不错，自然会消停一段时间。

结果过了不久，他们的野心和欲望又开始膨胀。到武帝之时，他们又开始不断抢掠边境以满足自己不断增长的物质需求，这让已经强大起来的汉朝政府不能忍受，武帝表示：反击。

汉朝政府组织了庞大的军队对匈奴部落展开了强大的军事攻势，基本上摧毁了匈奴在漠南的军事力量，将匈奴的势力范围驱逐到了大漠以北。但是，汉朝付出的代价也实在是过于巨大，造成人口锐减。武帝末年，"海内虚耗，户口减半"。（《汉书·昭帝纪》）

武帝连年征伐匈奴，直接造成的兵马损失非常巨大，导致了严重的社会矛盾。打击匈奴，只是为了反击抢劫，但打下来的地又守不住，除了河西走廊和河套平原之外，几乎就没什么实质上的收获，对经济的损耗又特别巨大，大家也实在不愿意打下去了。

打，损失太大，而且不久又会有一批新的游牧民族占领草原继续跑来抢劫；不打，他们还是会来抢劫。于是有了个主意：内迁。从此，拉开了汉末以来少数民族大规模内迁的序幕。

其实不只是内地的汉人发现了，连少数民族自己都发现了，拓跋力微总结匈奴、乌桓的统治经验教训时说："历观前世匈奴、蹋顿之徒，苟贪财利，抄掠边民，虽有所得，而其死伤不足相补，更招寇仇，百姓涂炭，非长记也。"大意就是说，老来抢劫被人打，不划算。所以，干脆就内附种田吧。

然而，很快大家就发现了一个问题，这些内迁的少数民族原来是放牧的，现在让他们种田，他们根本不会。由于根本不会种地，牧民来到内陆以后，当地的汉族地主是相当不待见，所以他们人大部分分得的土地都是什么都不长的盐碱地，用不了多久自然就破产了。

他们本来以为来内地可以过上稳定的日子，但是西晋的官僚士族发现这帮少数民族虽然作为农户不太好用，但是作为奴隶却非常好用。少数民族女子高挑妖艳，男子身强体健，所以他们这些人内迁之后大部分都变成了奴隶。著名的奴隶皇帝石勒就是羯族人，原来连个名字都没有，西晋太安年间发生饥荒，被抓去卖掉。时人不管羯族人叫人，因为羯族人是白种人，所以称为"白奴"。

不仅仅是羯族人，就连早就内附的匈奴族人和氐族人也都大规模地被变卖为奴，作为士族门阀的食客奴婢或为晋朝统治阶级兴修水利、充当徭役、服兵役。那些内迁较早的少数民族，部分已经掌握了农耕技术，但是他们已经统统被降为编户，按口交税，看上去似乎也和普通汉人一样，但那段时期天灾人祸频繁，据陈高傭《中国历代天灾人祸表》所辑资料统计，西晋五十年间大的旱灾有三十五次。如武帝"泰始九年，夏四月戊辰朔，日有蚀之。五月，旱"。太康六年，"郡国四旱，十大水，坏百姓庐舍"。太康九年，"郡国三十二大旱，伤麦。秋八月壬子，星陨如雨。诏郡国五岁刑以下决遣，无留庶狱"。惠帝永平七年，"秋七月，雍、梁州疫。大旱，陨霜，杀秋稼。关中饥，米斛万钱。诏骨肉相卖者不禁"。永宁元年，"郡国十二旱，六蝗"。怀帝永嘉三年春，"大旱，江、汉、河、洛皆竭，可涉。九月，旱"。

西晋时期正值中国历史上著名的小冰河期，整个中国大陆的气候极端反常，翻开《晋书》，基本上每隔几行就是一个天灾，北方人民在大灾的折磨之下痛苦不堪。最可怕的是，西晋的大灾达到了堪称密集的程度。西晋立国时间不长，但是所受灾害却接近魏晋时期的三分之一，共计一百一十五次。

北方的少数民族编户因恶劣的自然条件大规模破产，而他们由于距离关中较远（而且关中地区本来就是重灾区），受到的救济也是杯水车薪。在这种情况之下，他们大量地被收为奴隶。

对于匈奴部落的人而言，他们还有着另外的不满。

这些内迁的少数民族，基本上都被汉族的门阀地主作为奴隶使用，就连刘渊这种匈奴贵族都被降为编户。

在政治上，西晋朝廷没有一个少数民族官吏，没有一个少数民族门阀，没有一个少数民族贵族，只有管理少数民族的那些贪得无厌、横征暴敛之徒。

汉族统治者是怎么看待他们的呢？邓艾认为："戎狄兽亲，不以义亲，强则侵暴，弱则内附。"江统则认为："以其言语不通，贽币不同，法俗诡异，种类乖殊。""其性气贪婪，凶悍不仁，四夷之中，戎狄为甚。弱则畏服，强则侵叛。"这根本就是没把他们当人看，认为他们只是一群未开化的野兽罢了。

但是，那些匈奴贵族根本不这么看。那些内迁的匈奴部族都是刘姓，因为早年汉高祖刘邦和亲之时将一位宗室女子嫁给了冒顿单于，并且和冒顿单于约为兄弟，所以匈奴冒顿单于一支人都以刘为汉姓。所以造反的时候，都是打着汉朝的旗号造反。甚至包括那个羯族的石勒，最崇拜的人也是汉高祖刘邦。刘渊立汉国之时完全以汉朝正统自居："昔我太祖高皇帝以神武应期，廓开大业。太宗孝文皇帝重以明德，升平汉道。世宗孝武皇帝拓土攘夷，地过唐日。"完全是以汉室之甥的姿态出现在世人的眼前，要继承汉室正统，与西晋角逐天下。其实和汉族通婚这么久，他们身体里的基因早就和汉族人所差无几，所谓的华夷之辨，怕的不过是这些人起来反抗罢了。

司马炎虽然心知肚明，但是他绝对不会采纳他们的建议（把内迁的戎狄再迁回去），朝廷上的那些人也很清楚：到手的奴隶这么好用，怎么可能不要呢？

在残酷的天灾和西晋政府猛烈的军事打击之下，这些原来的牧民们纷纷内附。他们一旦踏入西晋的国门，就必须和编户相同，甚至被贬为奴隶。这就是命运。

咸宁四年，东夷九国内附。

咸宁五年三月，"匈奴都督拔弈虚帅部落归化"。冬十月戊寅，"匈奴余渠都督独雍等帅部落归化"。

太康元年，东夷十国归化。

太康二年，东夷五国朝献。夏六月，东夷五国内附。

太康三年九月，东夷二十九国归化，献其方物。

太康四年，群柯獠二千余落内属。

太康六年，参离四千余落内附。

太康七年，东夷十一国内附。

太康八年，东夷二国内附。

太康九年，东夷七国诣校尉内附。

太康十年，东夷十一国内附。虏奚轲男女十万口来降。

永平元年，东夷十国、南夷二十四部并诣校尉内附。

其实，西晋内部的有识之士也很清楚，这种"收纳远夷，奴隶御之"的方式必然招致内迁民族的普遍不满。当然也有少数人能脱离华夷之辨的桎梏，认识到少数民族也是有优秀人才的，比如张华就知道慕容廆（慕容鲜卑的得姓鼻祖）不是凡人，司马炎也意识到刘渊虽然地位低下，但是可以为他所用，虽然还是被其他人阻止了。

司马炎本人过于宽厚，和苻坚很像，但他在海纳百川的同时，并未能准确地意识到这些人内附之后是要求政治地位和经济地位的。后来，北方五胡民族相继建国，刘宣就曾说："我单于虽有虚号，无复尺土之业，自诸王侯，降同编户，今司马氏骨肉相残，四海鼎沸，兴邦复业，此其时矣！"这些匈奴贵族从王侯变为编户，自然心怀不满。没有一寸封地，没有人口和赋税，他们的生活水平直线下降。晋朝保存了他们的军事部落基础，使他们仍旧对自己本部落的人拥有巨大的号召力，一旦他们振臂一呼，那么千千万万原来部族的胡人都将响应。"晋为无道，奴隶御我！"（《晋书·刘渊传》）

这不是隐患，这已经是心腹大患。

难道奴隶里面只有少数民族吗？汉族不是也有一大堆人成为奴隶，成为门阀士族的食客了吗？他们怎么不起义呢？他们怎么不造反呢？实际上，后面所谓的"五胡乱华"，其实不只有五胡，还有很多汉人。

"五胡乱华"第一阶段，从永嘉时期到后赵灭亡，主要是西晋内部内附的少数民族奴隶和原有的奴隶贵族起义，外加汉族反晋地主武装起义和大量原来晋朝的军事势力袖手旁观，割据自守。

实际上，反晋的主力军有两支，一支是少数民族，主要是匈奴（第一阶段的绝对主力）、羯族和氐族，但是少数民族毕竟人数很少。还有一支就是以汉族地主武装为主力的汉军势力。两方的势力几乎是等同的，石勒的那些对手们，祖逖、刘琨、苟晞、邵续、王弥、王浚，包括后来的曹嶷（王弥部将）等人，都是汉人。这些人的目的各有不同，但是实力都曾远强于石勒，尤其是王弥这些反晋主力汉军，他们甚至比少数民族更加凶残。

后世的汉族政权纷纷吸取教训，他们再也不想做费力不讨好的事情了，尤其是士族门阀经济崩溃以后，半奴隶制半封建国家体制结束，要那么多奴隶也没用，他们又想走老路，继续萝卜加大棒吧。但是，他们发现少数民族已经成气候了。

当年汉武帝时期之所以能势如破竹，面对匈奴骑兵所向无敌，有一个非常大的原因就是汉军的武器装备是领先匈奴的，汉军骑兵用的都是铁剑，弓箭箭头也是铁制，少数精锐部队甚至使用了钢刀。但是匈奴骑兵大部分是使用青铜剑，有的连青铜剑都没有，弓箭也是骨箭头，这样的武器根本穿不透汉军的铁甲，而匈奴的兽皮护具在汉军看来和穿布衣差不多。而且，汉朝的武器已经实现了批量化生产，可谓源源不断。

从东汉以后，草原民族开始掌握冶铁技术，他们的武器装备有了大幅度的提升。鲜卑军队已经身穿铁甲，手持铁剑，用铁制箭头。尤其是，他们还发明了一种恐怖的武器——马镫。

从晋代发明单镫开始，马镫成了草原民族马具的一部分。蒙古人有一句话："骑没有马镫的马，拿没有弓弦的弓。"没有马镫的马，就和没有弓弦的弓一样，可见马镫对于骑手的帮助是多么的巨大。马镫从力学上来讲是一种三角支撑，可以让人固定在马的上方，那么做出各种战术动作也就成了可能，这一发明使蒙古高原上那些马背上的民族如虎添翼。

装备增强之后，马的优势就充分地发挥出来了。马最大冲刺速度能达到十几米每秒，一把不长的马刀，由于马的强大冲击力，有效伤害距离都能达到五六米。而且就算没被马刀砍杀，被马撞上，也是致命伤害。骑兵的冲击几乎是不可阻挡的，只要玩命往前猛冲，马的铁蹄和军阵形成的强大气势势不可挡。

◈　承平危机

在灭吴之后，司马炎虽然贪图享乐，但是他还做了一些维护统治的事情，除了尽罢州郡兵马之外，司马炎还开始了进一步的措施。

历朝历代，一般天下大定就是"飞鸟尽，良弓藏；狡兔死，走狗烹"的季节了，但是司马炎是一个很宽厚的人，他并不想杀害功臣。司马炎对这些人的优待在历朝历代都实属罕见。但是司马炎也害怕士族力量壮大会威胁统治，因此，在他仅剩的生命之中，又开始了封王之路。

司马炎进一步大封同姓宗室，而且扩大了他们的权力，比如汝南王司马亮，武帝时为大都督，督豫州诸军事，镇许昌；楚王司马玮，太康末，都督荆州诸军事，镇南将军；赵王司马伦，元康初迁征西将军，开府仪同三司，镇关中；齐王司马冏，为镇东大将军，开府仪同三司，镇许昌；成都王司马颖，惠帝时为镇北大将军，镇邺；河间王司马颙，为平西将军，镇关中；还有长沙王司马乂和东海王司马越任职朝廷。这帮人的行政权力有了质的飞跃。

司马孚、司马伷、司马望、司马骏分别于太康四年、泰始八年、泰始七年、太康七年去世，这些都是司马家族的老王爷，德高望重，能力超群。最关键的是，这些人对司马家族都是尽心竭力、别无二心的。然而，上面列出来的是司马氏的年轻王爷们，大部分都是无能之辈，而且，还有不少人是恐怖的野心家，他们眼中只有权力和地位、名望和财富。

在上述司马氏的王爷之中，我并没有提司马攸。

司马攸是司马昭的次子，司马师的养子，司马炎的二弟。我们提到过，司马昭曾经想立司马攸为世子，但是后来由于山涛等人的劝阻，放弃了。司马昭死的时候特地吩咐司马炎要善待弟弟，司马炎答应了，也算做到了。

司马炎继位之后，司马攸被封为齐王，封邑在诸王之中虽然不是最大的，但却是最好的，齐国之地向来是富庶之乡，足以体现司马炎对司马攸的重视。同时，司马攸总理军事，权力巨大，看上去简直就是当年司马师和司马昭治理天下的翻版。所以，很多人就觉得，也许，司马攸会接替司马炎，继承这大晋天下。

这些人在朝廷之中形成了齐王党，目的非常明确——推齐王司马攸上位，继承天下。

在这背后，有两个原因：其一，司马攸的权力非常大，在朝中经营多年，已经有了自己的势力，成了气候；其二，司马攸是难得的贤王，他礼贤下士，谦逊清廉，在诸王之中显得非常突出。

司马攸的童年是幸运的，也是不幸的，小时候，他是父亲最宠爱的儿子，父亲为了弥补他的叔父无子的缺憾，把他过继给了叔父司马师。他一生之中两次失去父亲，两次失去母亲，对于他来说，这是四次非常巨大的打击。他确实是个孝子，在司马昭死后，十八岁的司马攸一连数天滴水未进，他的生母文明皇后王元姬亲自去看他，并逼迫他吃东西。

泰始四年，司马攸最慈爱的母亲王元姬也去世了。死前，他的母亲为他做了最后一件事，王元姬召来了自己的儿子——司马炎，嘱咐他："你弟弟桃符（司马攸字桃符）性情急躁，而你又不慈爱，我怕将来我死后，你容不下他，你千万要答应我，不要伤害他。"

司马炎含泪，点了点头。

《晋书》："及太后临崩，亦流涕谓帝曰：'桃符性急，而汝为兄不慈，我若遂不起，恐必不能相容。以是属汝，勿忘我言。'"

看上去，王元姬似乎是过虑了，司马炎如此宽仁，怎么可能对司马攸不利，甚至于杀害他呢？不过，天下间最了解自己子女的，还是他们的父母啊！

世界上的君王们，最害怕的就是有人威胁他们的权力。只要不威胁自己的皇权，你可以花天酒地，任性妄为，这他都不管。但是，只要你妄图威胁他的权力，他是绝对不会容忍的。司马攸就是一个能威胁到司马炎权力的人。

司马攸在诸王之中显得非常突出。首先，他不要人事任命权。

司马炎分封诸王之时规定，各个王爷可以在自己的封国之中设官置署、自选官吏。其他王爷们都兴高采烈地任用自己人，培植自己的势力。然而，司马攸没有这么做，他坚持要朝廷任命。

司马攸这么做只为了表明一句话——皇权至上。这实际上就是一个政治表态，臣弟的一切都是皇上封的，您可以派人来我的封国。一言以蔽之，臣弟谨遵皇命。

其次，当时的宗室开支都是由国库提供的，司马攸坚决推辞，表示自己封国的赋税就足以支撑自己的开支，不用劳烦国家。这是对下的举动，表明自己的"贤王"身份，时人纷纷赞许司马攸忠心为国。

另外，司马攸对下属也非常好，他担任骠骑将军之时，按照惯例应该罢去他原来的部下，但是他对部下实在是太好了，因此部下一听要换主子统统表示不满，最终他们还是继续给齐王干活。

更难能可贵的是，司马攸对待封国人民也十分宽容。比如遇到灾年，齐王一听收成不好，就减赋税，还会救济灾民。所以，封地的人民非常爱戴司马攸。

对皇帝，司马攸恭敬谦卑；对下属，司马攸仁爱忠信；对百姓，司马攸体贴关怀。看上去，司马攸确实是一位难得的贤王。

那么，我们很容易就会知道，司马攸背后的支持者们会是什么人了。答案当然是名士派了。

立司马攸为皇太弟，取代太子司马衷，是名士派很多人内心的想法，这不仅仅是因为齐王司马攸贤明仁爱、才华横溢，更是因为太子司马衷烂泥扶不上墙，大家对他颇为不满。

下面，我们就说说中国历史上著名的愚鲁皇帝——司马衷。

关于愚鲁的判定，我还是给大家引述专业人士的分析吧。

第一，阅读和书写能力：在前面所引的史料中可看到，在回答武帝送来的"密封疑事"时，是由给使张泓作草，而由惠帝自己抄写呈给武帝的。这并不是孤立的记载，类似的情况还有很多。在武帝死后，"或告（汝南王）亮欲举兵讨（杨）骏者，骏大惧，白太后，令（惠）帝为手诏与石鉴、张邵，使帅陵兵讨亮"。惠帝继位后，"凡有诏命，（惠）帝省讫，入呈太后，然后行之"。当汝南王亮、卫瓘等成为贾后掌权的障碍时，贾后就利用楚王玮与他们之间的矛盾，"乃使（惠）帝作密诏令玮诛瓘、亮"。将这几条史料联系起来，可以看到惠帝既能书写，也能阅读较为复杂的文字材料。当然，这里还存在着一个问题，即贾后在被废时曾说过："诏当从我出，何诏也？"这句话应该怎样理解呢？我认为这里指惠帝为她所把持，诏书一向是由她传出去的，再则她挟帝已久，诏书多出于她意，故有是语，并不能据此而否定上引史料中的诏书是出于惠帝之手。而且，史书中对他人矫诏是有明确记载的，以别于出自帝手之诏。如"贾后矫诏，使后将军荀悝送（杨）太后于永宁宫"，"（楚王玮）遂勒本军，复矫诏召三十六军，……又矫诏使（汝南王）亮、（卫）瓘上太宰、太保印绶、侍中貂蝉，之国，官属皆罢遣之"，"（贾）后使黄门侍郎潘岳作书草，令小婢承福以纸笔及草，因太子醉，称诏使书之"。由这几个例子可以反证前面数条史料中的诏书，确是出自惠帝之手的。

第二，对外界环境的感受及表达方式：西晋的创业元老陈骞于"元康二年薨……及葬，（惠）帝于大司马门临丧，望柩流涕"。在宗室争权夺利的混战中，作为傀儡的惠帝被拥着东征西伐，完全丧失了自主权。建武元年，"至温，将谒陵，（惠）帝丧履，纳从者之履，下拜流涕，左右皆歔、欷"。光熙元年"六月丙辰朔，（惠）帝至自长安，升旧殿，哀感流涕"。惠帝能"望柩流涕"和"哀感流涕"，说明他对外界事物有一定的感受能力和相应的表达方式。而当外界环境改变时，惠帝也会随之改变自己的举动。"及济河，张方帅骑三千、以阳燧青盖车奉迎。方拜谒，（惠）帝躬止之。"惠帝被张方劫至长安，"河间王（司马）颙帅官属步骑三万，迎于霸上。颙前拜谒，（惠）帝下车止之"。这两件事都发生于建武元年，时惠帝已在位十多年，受人之拜是礼所当然的，印象应已深印在脑中，能做出止人之拜的举动，不能说不是出于对形势变化的认识。

第三，对权力的行使及其限度：作为最高统治者的惠帝，名义上执掌着至高无上的权力。但实际上他能行使多大的权力则要作具体的分析。在贾后的唆使下，惠帝作诏废杨骏。"（骏甥散骑常侍）段广跪言于帝曰：'杨骏孤公无子，岂有反理，愿陛下审之！'帝不答。"惠帝不答段广之言，不能理解为他毫无反应，而恰说明了他对此事的态度。"（杨）骏为政，严碎专愎，中外多恶之。"杨骏还利用太后来控制惠帝，成为贾后干预政事的主要障碍。贾后肯定在皇帝旁边多所煽动，使得惠帝对免杨骏的这一举动是持同意态度的。有关惠帝行使自己权力最生动的记载要算是诛司马威了。"元康末，（司马）威为散骑常侍。（赵王司马）伦将篡，使威与黄门郎骆休逼帝夺玺绶，伦以威为中书令。伦败，惠帝反正，曰：'阿皮捩吾指，夺吾玺绶，不可不杀。'阿皮，威小字也。于是诛威。"但在更多的问题上惠帝并不能完全按自己的意愿行使最高统治者的权力，如在杨太后的问题上就是一例。杨骏诛后，"贾后讽群公有司奏曰：'皇太后阴渐奸谋，图危社稷，飞箭系书，要募将士，同恶相济，自绝于天……'诏曰：'此大事，更详之。'……于是有司奏：'请从（下邳王司马）晃等议。废太后为庶人……至于诸所供奉，可顺圣旨，务从丰厚。'诏不许，有司又固请，乃可之。又奏：'杨骏造乱，家属应诛，诏原其妻庞命，以慰太后之心。今太后废为庶人，请以庞付廷尉行刑。'诏曰：'听庞与庶人相随。'

有司希贾后旨，固请，乃从之"。惠帝在贾后指使的群臣压力下步步退让，反映出惠帝虽对许多事情有自己的见解，但又受制于人，不能坚持自己的意见。类似的情况还有很多，如在张方强迫惠帝迁都长安的问题上，惠帝的反应也是虽不情愿，但终究为别人所左右。

第四，生育能力：据史书记载，惠帝有子女数人，愍怀太子系谢夫人所生，贾后亦生河东、临海、始平公主和哀献皇女。且贾后为太子妃时，"或以戟掷孕妾，子随刃堕地"，晋武帝欲废黜贾妃，赵粲以"贾妃年少，妒是妇人之情耳"来加以劝解，则妾所怀显系惠帝之子女无疑。由此可知，惠帝不仅有生育能力，而且还绝不能算低下。

第五，在外界环境变化时通过语言所表现的心理活动：在惠帝统治后期，变故迭起，战乱不停，惠帝本人也屡遭凶险。记载在这种特殊情况下惠帝谈话内容的史料，于我们对他的分析是大有裨益的。"及王浚攻邺，（卢）志劝（成都王）颖奉天子还洛阳。时甲士尚万五千人……俄而众溃，唯志与子谧，兄子綝，殿中武贲千人而已……而人马复散，志于阵中寻索，得数乘鹿车，司马督韩玄收集黄门，得百余人。志入，（惠）帝问志曰：'何故散败至此？'志曰：'贼去邺尚八十里，而人士一朝骇散，太弟今欲奉陛下还洛阳。'帝曰：'甚佳。'于是御犊车便发。"从惠帝与卢志的问答中可知，惠帝对局势的变化是颇为关心的，此外还可看到惠帝对数字是有一定概念的，他看到护卫、侍从数目的急剧减少而发问，卢志则告以"贼去邺尚八十里"，使惠帝能明了当时的形势从而决心赴洛。惠帝最危险的一次经历是在荡阴之战中，而史料中恰有他当时言行的记载。"惠帝征成都王颖，战败时，举辇司马八人辇犹在肩，军人竞就杀举辇者，乘舆委地，帝伤三矢，百僚奔散，唯侍中嵇绍扶帝。士将兵之，帝曰：'吾吏也，勿害之。'众曰：'受太弟命，惟不犯陛下一人耳。'遂斩之，血污帝袂。将洗之，帝曰：'嵇侍中血，勿洗也。'"从这段记载中可以看到，在飞矢交前的情况下，惠帝仍能表达他自己的心愿，不过由于他的权力已为太弟的命令所剥夺，故未能救下嵇绍。但他对此事仍耿耿于怀，事后坚持不许洗灭有嵇绍血迹的帝衣，显见是包含着很深的感情。而带有如此之深感情的话，又不是别人所能代言的。而且，把惠帝由荡阴迎到邺城的，正是撰写《四王起事》的卢綝的叔父卢志，卢綝本人当时也在邺城，因此这段记载的来源是相当直接的。看到这些，能试想这句话是出自一个白痴之口吗？对此，胡三省首先提出疑问，在《通鉴》记载这件事后注曰："孰谓帝为戆愚哉！"近代吕思勉亦认为此句话"绝不类痴呆人语"。

以上所引的都不是医生的临床检查记录，而只是史学家的记载，并且有些是第二手甚至三手、四手的记载，故此其中难免有些夸大或与事实有偏离之处，但将这些记载综合起来，还是可以对惠帝其人得出一个大致的印象：有阅读和书写较为复杂的文字资料的能力；有语言能力，而且词汇尚不能算很贫乏；对外界环境和事物的感受不很迟钝，还能在一定程度上认识这些事物变化对自己的影响，并可通过语言或其他方式表达自己的感情；对自己的权力有一定的认识，并可在某种程度上行使权力，当然在很多情况下惠帝不能坚持己见，往往屈从于别人的意志；具有生育能力；对数字有一定的概念等。在目前所见的史料中没有关于惠帝身体畸形的记载，因此，可以姑且认为他没有明显的身体畸形，从医学的角度来看，惠帝显然不是白痴，也不是痴愚，而只能归入愚鲁一类，在某些方面，如阅读与书写的能力、词汇量及对外界事物变化的反应速度上，表明其在愚鲁中尚属于较好的一部分。

这是刘驰原载于《中国历史大辞典通讯》第4期（1984），后收入《六朝士族探析》（中国广播电视大学出版社，2000年）的文章，我觉得这是目前关于司马衷最具真知灼见的一篇文章。司马衷绝对不能被视为"白痴"，而应称为"愚鲁"，其实也就是比较憨厚，这是比较客观的看法。

《晋书·惠帝纪》记载："帝之为太子也，朝廷咸知不堪政事，武帝亦疑焉。"也就是说，司马衷不能处理政务已经到了人尽皆知的地步。这里其实就有一个问题，虽说是"好事不出门，恶事传千里"，但是司马衷为人确实低调，这事是怎么被别人知道的呢？

这还得从他的老师——卫瓘说起。

卫瓘担任了司马衷的老师。司马衷可是太子，那太子少傅就是将来的帝师，这可是相当重要的工作，卫瓘自然不敢怠慢。然而，他很快就发现，这绝对是个让人无语的差事。

儒家讲究有教无类，卫瓘也算半个儒家，但是司马衷可绝对不是什么聪明学生。卫瓘对于这个笨学生并没有多大耐心，但是无奈有司马炎的皇命在身，他也没办法，只能教下去。

但是，卫瓘还是变相地表达了自己的不满。

有一次，司马炎开宴会，卫瓘就忍不住了，他假装自己喝醉了，指着司马炎的龙椅说："臣有事启奏。"

司马炎就说："爱卿啊，你想说什么？"

卫瓘一脸无奈："可惜啊可惜，可惜了这个好位子。"

司马炎当然知道他的意思，干脆就回答他："卫公啊，你真喝醉了吗？"

卫瓘一看穿帮了，就默默走了。但是在有心人的大力宣传之下，司马衷自然是恶名传千里了。

虽然司马炎也知道司马衷不堪大用，但仍未废黜。司马衷是司马炎的嫡次子（嫡长子早夭），母亲是杨艳，杨艳担心自己死后太子失宠，死前哭着要司马炎立自己的堂妹杨芷为后。有这位小姨在内保护，外加嫡子的身份，司马衷的太子之位如果说还不算稳固的话，他还有一道堪称铜墙铁壁的防线。

历代以来，太子之位的争夺一向是刀光剑影、你死我活、扑朔迷离，但是往往有一件秘密武器，一用出来，立刻就会柳暗花明。那件武器的名字叫作：好圣孙。

太子的儿子如果给力，往往能在太子之争中起到决定性的效果，因为太子的儿子那就是第三代国君，如果这个孙子也是个明君，那么就可保天下三代昌盛，立下万世不拔之基业。

而且，从人的情感上来说，虽然会觉得自己的儿子不成器，但是却会对孙子异常宠爱。司马衷虽然智力有点问题，但是他的儿子司马遹却是个天才儿童。

司马遹的母亲谢玖本来是司马炎的才人，后来司马炎看司马衷要纳妃，怕他不懂床笫之事，就把谢玖赏给了他，结果谢玖就怀孕了。因太子妃贾南风严妒，谢玖怀孕后只得请求回到西宫，之后生下司马遹。司马遹幼年聪慧，常在司马炎身边，长到三四岁了，司马衷还不知道有个儿子。

太康三年，深夜，宫中起火。

司马炎紧忙起身，走上宫楼远望，看着下面这一片熊熊烈焰，忽然，他感觉有人在拉他的衣襟。

"爷爷，爷爷。"

"沙门啊（司马遹小字沙门），爷爷在这儿。"

不料，司马遹一来便拉他，说："爷爷，跟我走。"

司马炎迷惑了，这孩子是要带他去哪儿啊？但是，他觉得好奇，就放纵孙子牵着自己走。没一会儿，两人便到了暗处，司马遹非常坚定地看着司马炎，说："爷爷，夜里仓促之中，恐怕有歹人作乱，怎么能让火光照见您呢？"

这话确实精辟到位，如果此时有人作乱，趁机刺杀，司马炎确实就危险了。司马炎因此认为孙子是奇才，不愧是司马家族的男人，天生就是权谋家。这一年，司马遹才五岁。

还有一次，司马遹和司马炎一起参观猪圈，司马遹看了一会儿对司马炎说："爷爷，你干吗不把这些猪杀掉呢？"

"杀掉？干吗杀掉？"司马炎不解。

"爷爷，杀掉这些猪，就能犒劳将士们啊！"

司马炎便转头对臣下说："他必然能兴旺我们司马家！"

司马炎曾经对群臣表示，司马遹像自己的爷爷司马懿。这在当时可谓是最高的评价，要知道晋时人们对司马懿的评价是很高的，所以，司马遹才是司马衷最可靠的防线，也正是因为如此，在司马炎看来，虽然司马衷不行，但是只要自己给他留下了一个优秀的班底，能熬到自己的孙子接班就行。

然而，司马炎忘了，这么多年以来，他正是凭借着高超的政治手腕，才维持了朝堂上名士派、豪族派、宗室王爷们之间的政治平衡。他在，大家都听他的话，但如果他一死，而继承人又不能平衡朝堂上的政治势力，那必然导致帝国快速崩溃。

不能立司马攸的一个原因就是：如果立了司马攸，那么恐怕晋朝会灭得更快。

司马攸是齐王，但是司马炎封王达到数十，其中很多人位高权重，野心勃勃，司马攸兄终弟及会令众人不服，尤其会令豪族派不服。而且，按照历朝历代的惯例和司马攸的性格，他继位之后必然做出一件事——削藩。削藩会导致什么，恐怕不用多说了吧。

太康三年，就在胜利灭吴之后不久，朝廷上发生了一件改变了名士派与豪族派力量对比的事情——贾充死了。

贾充的一生，有贡献，做了不少好事，但是也做了不少坏事。总而言之，他是个能臣，但是也堪称一代权奸。不过，他死了直接导致的后果就是——齐王势力崛起。

咸宁四年之时，羊徽瑜不幸去世。其实要说这事并不能掀起多大的波澜，但是这里面涉及一个问题——齐王司马攸的守制。

齐王是一个有两个父母的人，现在他养母羊徽瑜死了，按照惯例他得守制三年，这是古人定下的规矩。但有一种特殊情况是不用守制的，这种情况叫作夺情，也就是皇帝强制你继续为官。但是在晋朝，皇帝陛下以孝治天下，要想夺情，除了舆论压力之外，还有一个人不答应，那便是贾充。

贾充的女儿贾南风是太子妃，将来司马衷继位，他就是国丈爷，那他本人当然就站在齐王的对立面了。

齐王虽然贤明，受人爱戴，但是无奈朝中反对力量太大，最后还是被迫守制三年。

齐王在朝中势力很大，虽然他的支持者表面上看都是名士，但是实际上包括宗室王爷司马骏在内的很多实权派也是支持齐王上位的，司马炎对此心知肚明。同时，司马炎也明白，齐王善于收买人心，如果公开打击他，必定招致非议。虽然支持齐王的实权派不多，但是名士特别多，他们掌握着西晋的舆论，人言可畏啊！现在有这样的天赐良机，司马炎肯定得抓住机会，守制三年，这样齐王的实力必定会大受打击。

果不其然，齐王守制期间，朝廷基本上没人提过立齐王的事儿，正经消停了很久。

现在贾充死了，齐王势力必定回归，贾充的党羽感受到了莫大的压力，代表着名士派的齐王回归必然威胁他们的既得利益。荀勖、冯纨这些代表着世族利益的豪族派成员纷纷出动，阻止齐王上位，他们以正太子名位为由，要将齐王调回封国。

太康三年，司马炎下令让司马攸担任大司马，总领青州军事。这已经是很明显的外放行为了。朝野哗然，大家对司马炎的举动猝不及防。征东大将军王浑上书劝谏，结果司马炎非但不听，反而表示这是自己的家事，外人不得插手，结果王浑被贬。不过相比之下，王浑还算是比较好的。中护军羊琇是羊徽瑜的堂弟，掌握禁军，是著名的齐王党，他一看倒齐派如此凶猛，打算发动兵变杀死杨珧（齐王离京的幕后推手之一）示威，结果吓得杨珧不敢出门。司马炎得知后，干脆废除了他的兵权，贬为闲职，羊琇抑郁而终。与此相似的还有著名的扶风王司马骏，作为司马氏的支柱之一，他也上书司马炎表示这样做是犯了弥天大错。司马炎根本不听，这位为大晋戎马一生的王爷居然被活活气死了。

其实，这一连串动作背后的实情，齐王司马攸是心知肚明，但是他也无可奈何。不过就在这个时候，又发生了一件事。

实际上，自从灭吴之后，司马炎对待名士派的态度就发生了明显的反转，张华被外放，任恺等人也早就受到打压，虽然在贾充死后，豪族派的势力被削弱，但是仍旧占据压倒性的优势，尤其是在齐王事件上的表现，双方更是不可同日而语。

齐王其实已经彻底陷入了孤立无援的境地，现在根本没人敢帮助他。

荀勖等人深知齐王对自己深恶痛绝，要是齐王死灰复燃，那自己一方可就岌岌可危了，因此必须彻底消灭齐王势力才能高枕无忧。

尽管如此，齐王还是做了最后的努力，想留在京城，于是上书要为王元姬守墓。

而此时司马攸在一连串的打击之下居然病了。司马炎对司马攸的病将信将疑，于是派出了大批御医前去看望，目的有二：其一是照顾齐王以示兄弟和睦，尊崇齐王；其二是试探齐王，看看他的病是真是假。

但是这样一来荀勖等人可坐不住了，万一司马炎一心软没有赶走齐王，把他留在了京城，那么肯定后患无穷。因此，解决办法只有一个——齐王决不能病。

所以御医去了以后，得出了一个统一的结论——齐王没病。

于是在司马炎的默许之下，豪族派授意有关部门加速催促司马攸启程离京。

就在离京不久之后，被病痛折磨得奄奄一息的齐王司马攸吐血身亡，年仅三十六岁。

司马炎得知消息之后悲痛异常，痛哭不止。这时，一个人来了，他便是司马攸之子司马冏。

他对司马炎说："陛下，我父王重病之时，御医偏要谎称父王没病，致使我父王急火攻心，最后才会早早仙逝啊！"

怒不可遏的司马炎居然直接下令诛杀御医。在司马炎的一生中，他罕见地杀人了，而且如此决绝。司马炎当然知道是荀勖他们搞的鬼，但是齐王死了也算是称心如意，御医当替死鬼，这不是单纯的泄愤，这其实是包庇。

司马炎始终放不下的就是自己的权力，他的父辈因为淮南三叛和党附曹魏的士族打得是你死我活，他自己对士族自然是不放心的，他其实也容不下自己的弟弟，容不下任何威胁自己位子的人。

对于封建时代迷恋权位的统治者们来说，皇位不仅仅代表着尊崇和荣华，更代表着生存。因为改朝换代往往伴随着清洗和屠杀，自己的宗室和家族将被彻底消灭，自己的名位声誉都将被毁灭，因此权力问题其实从更根本上说是一个生存问题。在这个问题上，只有生死成败，没有兄弟手足。

◆　杨柳依依

这是一个人的故事，也是一群人的故事。

这个人叫左思，他写了一篇文章叫作《三都赋》。

西晋这个短暂的时代为我们留下了丰厚的文化财富，其中，《三都赋》是杰出的代表之一。之所以称为杰出，并不在于它华丽的辞藻和精妙的结构，而在于它描绘的绚烂盛景和繁华盛世。

左思在文章中借助西蜀公子、东吴王孙、魏国之口，写出了三国三都的恢宏壮丽，可以说，这是历史上仅见的三国时期文化的交汇融合的产物。洛阳交汇通达，富丽堂皇；建业凭依形胜，帝王之都；益州人烟稠密，商业繁华。三都各有相同之处，也各有不同，刨除那些华丽的词汇和句式，三国末期的繁盛景象已经跃然纸上。

《三都赋》在当时引起了巨大的反响，左思成文之后，洛阳人民纷纷购买，以至于出现了"洛阳纸贵"的盛况。

左思的《三都赋》成了当时最流行的文章，其实在他的背后，代表着一股被称为"太康文学"的力量。

在建安文学之后，中国历史上再度出现了一股文化的浪潮，其中最杰出的就是以陆机、左思、"三张"为代表的太康文学。作为具有承上启下作用的文学流派，太康文学的辞藻较之建安时期华丽很多，朴实之气下降，但是文学艺术的价值还是很高的。

诗尚雕琢，文崇骈俪。于是，有两个人就不得不提了，那就是潘岳和陆机。王勃的《滕王阁序》中，有一句"请洒潘江，各倾陆海云尔"，这其中的"潘"指的是潘岳，"陆"指的便是陆机。

说起潘岳这个名字，估计大家会有点耳熟，但是提到他另外一个名字，估计就无人不知了，那就是潘安。

中国古代帅哥排行榜上，潘安永远是稳坐第一，宗师级别的人物，评价一个男性长相最高的标准就是貌比潘安。总而言之，潘安堪称是男性颜值代言人。

其实，魏晋时期由于儒家思想衰落，人们的恋爱观是很开放的，干宝在《晋纪》总论中写道："其妇女庄栉织，皆取成于婢仆，未尝知女工丝之业，中馈酒食之事也，先时而婚，任情而动，故皆不耻淫逸之过，不拘妒忌之恶，有逆于舅姑，有反易刚柔，有杀戮妾媵、有黩乱上下，父兄弗之罪也。"也就是说基本上这时候的女性公民和贵族都是从奴隶手里获得一切，很多人都属于自由恋爱，看上谁就和谁结婚，什么父母之命、媒妁之言都在后面，这在中国历史上实属罕见，所以魏晋时期的帅哥才如此著名，毕竟长得帅有用啊！

潘安经常在洛阳城驾车出游，车驾所到之处简直就像收水果的，不管车到哪儿都能收到水果。倒是左思不自量力学了一把潘安，结果被各位女士嘲讽。

如果您因此认为潘安是个风流公子，那您就大错特错了，潘安其实是个不折不扣的痴情公子。

潘安十二岁的时候就和十岁的杨氏（就是那位在西陵城打了败仗的杨肇的女儿）在一起了，两小无猜的两个人感情非常好，夫妻相濡以沫二十多年。杨氏死后，潘安悲痛欲绝，写下了三首著名的悼亡诗。

荏苒冬春谢，寒暑忽流易。之子归穷泉，重壤永幽隔。私怀谁克从，淹留亦何益。僶俛恭朝命，回心反初役。望庐思其人，入室想所历。帏屏无髣髴，翰墨有余迹。流芳未及歇，遗挂犹在壁。怅恍如或存，回遑忡惊惕。如彼翰林鸟，双栖一朝只。如彼游川鱼，比目中路析。春风缘隟来，晨溜承檐滴。寝息何时忘，沉忧日盈积。庶几有时衰，庄缶犹可击。

以上是其中一首。华丽的辞藻，夸张的修饰，背后却是真切的情谊。

潘安没有再娶。

手写香台金字经，惟愿结来生。（纳兰性德语）也许，这些痴情的才子才最明白彼此吧。

潘安的才华和他的美貌一样惊艳世人。

二十余岁入仕之后，潘安最大的资本不是帅，而是才。所谓潘江陆海，潘岳是那个时代的文坛领袖之一，他的华丽词风引领了之后百年的文坛风格。

但这个世界上真的没有完美的人生，作为一个完美的男人，潘岳的仕途之路却异常坎坷。

我们之前提过，当年武帝司马炎在籍田耕作，潘安就写了一篇赋。由于潘安文采实在是华丽，赋词写得太好而遭人嫉恨，居然被排挤出了京城，当了河阳县令。其实这也只是一个表象罢了。年轻的潘公子是一个愤世嫉俗的人，他正是少年意气、挥斥方遒的年纪，自然会得罪当执，因此难免有悲惨的仕途经历。在那个世家门第决定升迁之路的时代，潘安瘦弱的身躯被官场的惊涛骇浪吹打得遍体鳞伤。

"当年阁道东，有大牛。王济鞅，裴楷鞴，和峤刺促不得休。"年少轻狂的潘郎，讥讽过贪财的和峤、昏碌的王济，甚至山涛和裴楷这样的名士他都不放在眼里，因此，他再次被贬了，这次是去更加偏远的怀县做县令。

潘安是一个诗情画意的公子，走到他的城邦，仿佛进入了桃源仙境，河阳的道路两旁种满了粉红的桃花，恬淡而浓烈，浪漫而华丽。潘安的桃花透露出一种高雅的韵味，这平凡的花卉，剥离了俗气的胎骨，是情趣，是雅致，是文艺。清风徐来，阵阵花香飘散在每一寸空气中，尝一口甜蜜的香味，就像是在品尝最精致的糕点，优雅得醉人。

在经历了官场的艰辛，沉沉浮浮之后，那个曾经桀骜不驯的潘安开始依附权贵，甚至望尘而拜，成了不折不扣的追名逐利的小人，直到他最后的结局。

门第不高的潘安就像《红与黑》中的于连那样，拥有惊人的才华，但是却被时代所限制，身为理想主义者，同时也是非常功利的现实主义者。他鄙视一切特权阶级，但是又梦想着能够成为他们，在残酷的现实面前，他不得不低下高贵的头颅。他的优秀成了最尖锐的武器，这是一把双刃剑，那些特权阶级总是害怕有更优秀的人才进入他们的阶层，所以他们必须尽力排挤，就像于连所说的那样："但是，即便我的罪不这么严重，我看到有些人也不会因为我年轻值得怜悯而就此止步，他们仍想通过我来惩罚一个阶级的年轻人，永远让一个阶级的年轻人灰心丧气，因为他们虽然出身于卑贱的阶级，可以说受到贫穷的压迫，却有幸受到良好的教育，敢于侧身在骄傲的有钱人所谓的上流社会之中。"

"这就是我的全部罪行。"

作为文坛领袖，潘岳引领了那个时代的词风，其实那样的文学风格正好反映了世家门阀贵族时代的文化特点，华而不实的文风就像贵族们的清谈之风一样，是贵族社会的写照。他们崇尚华丽的辞藻，以此掩盖内心的空虚和寂寞。

当人们开始逃避现实的时候，现实就用最高调的方式显示自己的存在感。

说到太康诗风的代表人物潘岳，那么就不得不提陆机了。

潘陆二人引领了直到南朝、唐初的文风，如果论文学上的成就，二人也可以说是不分伯仲。

陆机是陆抗的第四子，和潘岳不同，陆机虽然是正经的南方人士，但是却身高七尺，声如洪钟。陆抗去世之后，孙皓削弱陆家势力，所以陆机的日子并不好过。吴国灭亡之后，陆机开始隐居，在隐居的过程中，有感于吴国灭亡之痛，写下了著名的《辩亡论》。

在这篇模仿汉代贾谊《过秦论》的文章之中，陆机站在自己的角度和历史的立场歌颂了吴国三代君臣的创业艰辛与丰功伟绩，同时也反思了孙皓的问题。但这篇文章和《过秦论》相比还是差了很多，因为陆机毕竟是吴国旧臣，所以有很多顾虑，不能直抒胸臆，更不能过于激烈地批判孙皓的倒行逆施。但是，陆机的文采确实令人叹为观止。

魏氏尝藉战胜之威，率百万之师，浮邓塞之舟，下汉阴之众，羽楫万计，龙跃顺流，锐骑千旅，虎步原隰，谋臣盈室，武将连衡，喟然有吞江浒之志，一宇宙之气。而周瑜驱我偏师，黜之赤壁，丧旗乱辙，仅而获免，收迹远遁。汉王亦冯帝王之号，率巴、汉之民，乘危骋变，结垒千里，志报关羽之败，图收湘西之地。而我陆公亦挫之西陵，覆师败绩，困而后济，绝命永安。续以濡须之寇，临川摧锐，蓬笼之战，孑轮不反。由是二邦之将，丧气摧锋，势衄财匮，而吴藐然坐乘其弊，故魏人请好，汉氏乞盟，遂跻天号，鼎峙而立。

虽然这里面对吴国的吹捧痕迹明显，但毕竟是"太康之英"，一代大才，用词精到，虽然堆砌但是不乏警句，气势雄浑，有登临之感，可以说是上乘之作。

本来可以就这样度过一生，漫游于山水田园之间。也许是不甘寂寞吧，陆机决定来到京城，那繁华而遥远的洛阳，这改变了他后半生的命运。

由于自诩是江南书香门第人士，陆机和他的弟弟陆云看不起中原人士，他们来到洛阳之后只拜访了一个人——太常张华。武帝后期张华在政治斗争中失败，已经改任了太常的闲职，基本上退出了权力中心。

张华与二陆一见如故。作为一代名相，张华是个出名的爱才之人，陆机也将他引为知己。要说张华确实爱才，陆机也确实是一代名士，看到这兄弟二人，张华不禁感叹："伐吴之役，利获二俊！"大意是感叹说，灭吴之战获得了两个人才啊！

张华也算是好友遍天下，在他的大力推崇之下，二陆的名声立刻就轰动洛阳，各路达官显贵纷至沓来，时人有"二陆入洛，三张减价"的说法。

那个时代的名士是社会资源，同时也是文化符号。腐化的时代、浮华的文章、俊美的才子，就像是一曲最后的挽歌，其文化实际上显示了那个时代上层建筑的形态，华而不实的文章即便是大才之人也不能免俗，这就是世家贵族的特点，脱离实际，空洞，浪费，奢侈，这是一种文化的奢侈。

太康十年，就在二陆入洛之时，开国之君司马炎终于要离开这个人世了。安世皇帝，就像他的名字一样，给了西晋一个太平盛世，但是，也只有十年。

这十年的维持，终究还是成了梦幻。沙滩上的大厦即将彻底崩塌。

◆ 最初的皇帝

太熙元年，司马炎，这位大晋名义上的开国之君大限将至。这时的朝廷上下其实已经乱作一团。

司马炎病重时，各大门阀士族就已经蠢蠢欲动，那么司马炎的去世必将导致一场朝廷内部的政治洗牌，谁能抢占先机成为首辅，谁就将在下一场政治斗争中占据上风。此时的司马衷已经三十二岁了，由于他不能亲自处理政务。他的分析能力和智力水平也不足以领导一个庞大的帝国，所以要选首辅。这一点朝野皆知，其实司马炎也知道。

为了测试司马衷的智商，司马炎还特地准备过一次考试。《晋书》记载，有一天，司马炎找一帮大臣出了一套题来考司马衷，表示要他独立回答，然后呈上来。

司马衷虽然是识字的，但是回答不了这些问题，要是交白卷，太子之位就算是做到头了。在这个关键时刻，司马衷唯一能依靠的人发挥了作用，她就是贾南风。在这个时候，只有贾南风愿意帮助司马衷渡过这个难关。还好东宫僚属很多，很快便拟了一份答卷。

但是就在这个时候，给使张泓拦住了贾南风。

《晋书·贾南风传》："给使张泓曰：'太子不学，而答诏引义，必责作草主，更益谴负。不如直以意对。'妃大喜，语泓：'便为我好答，富贵与汝共之。'"

贾南风明白，如果司马衷上位，那么自己就是皇后，因为司马衷智商不高，到时候她就能大权独揽，享受荣华富贵，这才是关键。

司马炎看了答卷之后大喜，感觉司马衷还是能处理政务的。史书在这里加了不起眼又非常关键的一笔：司马炎拿了这份答卷给卫瓘看了一眼。

卫瓘是司马衷的老师，知道这其中肯定有蹊跷，但是，史书记载，卫瓘皱起了眉头，没有说话。

有理由相信，卫瓘保持了沉默，是因为他选择了司马衷，虽然他不满意这个学生，虽然自己的女儿没能成为太子妃，司马衷继位他也能成为帝师。

这份答卷至少能堵住群臣的悠悠之口，更何况孙子司马遹是个天才，所以司马炎觉得把帝位传给太子的基本方针不能动摇。但是他也知道司马衷的水平确实不行，那么必须找个可靠的人辅佐他，他的方针是：以杨骏和司马亮为辅政，辅佐司马衷。

这确实也是司马炎的一贯风格，以宗室和世家大族共同执政，来维持权力的平衡。

司马亮是司马懿的第四子，司马孚死后，他就是司马氏一族辈分最高的王爷，而杨骏是皇后杨芷的父亲，同时也是弘农杨氏的代表人物，从情感上来说都是皇亲国戚、宗室重臣，自然是放心的。但是，人心难测。权力这种东西，向来是卧榻之侧岂容他人酣睡。

杨骏，字文长，西晋弘农杨氏的代表人物。虽然他年少时期就在朝廷供职，但是并没有什么大功和建树，他之所以能成为辅政的人选之一，最重要的原因就是他有个好女儿——皇后杨芷。凭借着女儿的关系，杨骏从镇军将军升为了车骑将军，还被封为临晋侯。何为临晋侯？临于晋室之上也。比当年那个安汉公也差不了多少。

所谓一人得道鸡犬升天，凭借着皇后杨芷的权势，杨骏及其弟杨珧、杨济揽尽天下大权，当时人们称之为"三杨"。三杨的权势此时已经是如日中天，这帮人是典型的外戚势力，论才华和功劳确实排不上号。

杨骏很清楚，如果他和司马亮一同辅政，自己的权力必然受到限制，那么怎么解决呢？方法其实很简单，阻止司马亮辅政就行了。

其实早在司马炎病重之初，杨骏就开始了政治洗牌。

杨骏是国丈外加朝廷重臣，虽然贾充死后，荀勖成了豪族派代言人，但是太康十年，荀勖也去世了，杨骏凭借权势自然成了豪族派新的代言人。当时的西晋朝堂也确实无人能与之抗衡。杨骏这时开始了一系列的动作，先是排斥异己，大肆安插自己的党羽，之后居然做出了一个惊人的决定——排挤诸王。司马炎病情稍稍好转之后发现了杨骏的这一系列作为，他深深地意识到，杨骏这样做分明是妄图大权独揽，所以他批评了杨骏，并且下诏司马亮和杨骏共同辅政。

但是他想不到的是，这份诏书根本就没传到司马亮的手中。因为杨骏把它扣下了。

杨骏得知司马炎立下诏书之后，立刻找到了中书监华廙，说借诏书看看。华廙自然是不想借的，但是杨骏可是权势熏天，得罪不得，只好借了。

结果华廙怎么也想不到，杨国丈居然不还了。华廙意识到要是杨骏不还，自己可是要担负欺君之罪啊！他立刻向杨骏索要，但杨骏始终不给。眼见着皇帝陛下命不久矣，华廙也没有办法。

说实话，杨骏扣下诏书不外乎两个方面的原因。一方面，杨骏有极强的权利欲；另一方面，这位杨国丈和司马亮是两个不同利益集团的代表。之前我们提到司马炎病危之时，杨骏便开始排挤司马亮，要知道，司马亮当年可是能左右司马炎决定的人。当时胡烈兵败，司马亮派将军刘旂、骑督敬琰前往救援，没有进兵，因此被连坐贬为平西将军，刘旂被判罪斩首。司马亮立刻上书司马炎："命令是我下的，不关刘旂的事。"司马炎于是表示："刘旂本来可以救援但是他没去，但是若罪不在刘旂，那就让那个人承担责任吧。"

据《晋书》记载："会秦州刺史胡烈为羌虏所害，亮遣将军刘旂、骑督敬琰赴救，不进，坐是贬为平西将军。旂当斩，亮与军司曹冏上言，节度之咎由亮而出，乞丐旂死。诏曰：'高平困急，计城中及旂足以相拔，就不能径至，尚当深进。今奔突有投，而坐视覆败，故加旂大戮。今若罪不在旂，当有所在。'"

不过，最让杨骏忌惮的还是司马亮手握重兵。到司马炎统治后期，各路实封诸侯王开始陆续返回封国，当然也有不少待在京城没返回封地的，其中汝南王司马亮、楚王司马玮、赵王司马伦的封地距离京城最近。杨骏最忌惮的是楚王司马玮和汝南王司马亮。

司马炎深知司马衷愚笨，而且根本不懂权谋之术，所以他之前采用了王佑的计策，派遣儿子秦王司马柬都督关中，楚王司马玮、淮南王司马允镇守要害，以加强皇室势力。这样一来，杨骏在京城的唯一对手就变成了司马亮，那他自然要有所动作了。

果不其然，司马炎病危，杨骏立刻借司马炎之手下令，封司马亮为侍中、大司马、假黄钺、大都督、都督豫州诸军事，出京镇守许昌，外加三面悬挂的钟磬之乐，六佾之舞。听上去这是极尽尊崇，实际上是把司马亮排挤出京城。司马亮心知肚明，但是对方可是以天子诏令行事，自己也只能听话回封地了。

杨骏把什么都算计好了，却没想到司马炎要留下司马亮共同辅政。话说杨骏扣下了诏书，假签手令，要说这个愚蠢的举动本来会导致严重的后果，但是，冥冥中自有天意。

就在杨骏要无赖几天之后，司马炎病重，弥留之际，皇后杨芷奏请让杨骏辅政，晋武帝点了点头。于是令中书监华讷、中书令何劭作遗诏，诏文为：

昔伊望作佐，勋垂不朽；周霍拜命，名冠往代。侍中、车骑将军、行太子太保，领前将军杨骏，经德履吉，鉴识明远，毗翼二宫，忠肃茂著，宜正位上台，拟迹阿衡。其以骏为太尉、太子太傅、假节、都督中外诸军事，侍中、录尚书、领前将军如故。置参军六人、步兵三千人、骑千人，移止前卫将军珧故府。若止宿殿中宜有翼卫，其差左右卫三部司马各二十人、殿中都尉司马十人给骏，令得持兵仗出入。

他口述了这份遗诏，皇后递给他看，他沉默了。

在这份口述的遗诏中，司马炎给予了杨骏巨大的权力，除了录尚书事的高位，杨骏还领禁军、都督中外诸军事，基本上也就是控制了西晋朝廷的军政大权。

就在司马炎写下这道诏书两天之后，这位安世皇帝，大晋的开国君主，三国的终结者，仁厚宽明的贤君，荒淫奢侈的庸主，离开了这个世界。

他的一生，仿佛昭示着一种命运。

他出生在帝王之家，在波澜不惊中登上帝位，在刀光剑影中学会了权术和谋略。

司马氏完成了中国历史上最和平的统一步伐，灭吴灭蜀都是快速完成，牺牲了最少的将士，没有屠戮一个平民百姓，没有虐待亡国君臣，没有压迫前朝遗民，单凭这一点来讲，司马氏的统一就堪称中国历史上最文明的统一。他们用最小的破坏带来了最大的和平，吊民伐罪，是正义的。虽然看上去不费吹灰之力，但是实际上也不容易。

他创下了一个繁荣的盛世，但是也造成了无数奢侈和浪费。

他宽容到了极致，在漫长的中国历史上，他是极少数的在位期间从未残杀过一位大臣的君王。他能忍，会忍，知道什么叫作忍。但是，他也放纵，他过分宽容，极度荒淫，晚年昏聩，不能善始善终。但是，一个人圣明一辈子实在是太难了。

他是一个好人，一个好皇帝，但不是一个能坚持的好皇帝。他也犯下了巨大的过错，在他即将辞世之时，诸王势力已经不可逆转，我说过的四道屏障——州郡兵马、老王爷、朝堂制衡、限制回到封地已经全部粉碎。现在，这些人已经无所顾忌，他们掌握内外大权，野心勃勃地要逐鹿天下，问鼎最高权力，已无人可以阻止。

那些内迁的奴隶们，那些外部的蛮族们，那些受压迫的人们即将揭竿而起，爆发出最大的能量，这个天下即将为之震颤。然而，他的继承人司马衷不是一个能力挽狂澜的人，更何况，司马衷很快就要连皇帝都算不上了。

山雨欲来风满楼，这个看似固若金汤的大晋已经到了分崩离析、四分五裂的边缘。最大的隐患不是上述的所有，而是人心，那些士族们，那些王爷们，都只知道家，却不知道国，无人愿意为它效忠，但是当国消失的时候，人们就会认识到，没有一个强大的中央，他们的命运将要风雨飘摇。没有国，哪有家啊？！但是，当他们懂得的时候，已经太晚了。

司马炎死了。他是西晋的第一位皇帝，同时，也算是最后一位实权皇帝。

太熙元年，司马炎崩于含章殿，时年五十五，葬于峻阳陵，谥号武皇帝，庙号世祖。

司马炎卷，终。

帝少而好学，敏慧聪颖，素怀壮志，宽仁笃厚，泽披四方，吊民伐罪，收服江南，六合一统，天下咸宁，号曰太康，颂曰承平。奋三世之余烈，承二帝之宏基，创盛世，平北疆，选贤任能，堪称一时之明主也。

然八王之祸，永嘉之乱，以至于后，诚始于斯也。

至于荒乱淫秽，收纳远夷之过；轻纵廷臣，奢靡冗费之失，以至于神州板荡，中原陆沉，岂非武帝之过也？

悲夫！成也武帝，败也武帝矣。

卷五
贾南风卷

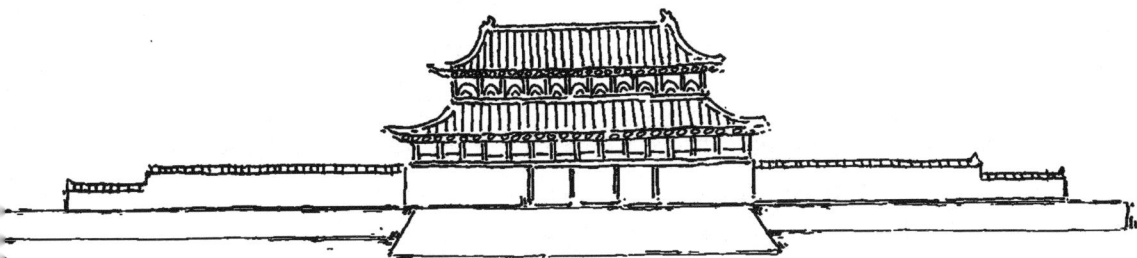

◆ 听说你是皇帝

太熙元年，晋武帝司马炎去世，太子司马衷即位，是为晋惠帝。

晋惠帝是中国历史上罕见的傀儡皇帝，原因很简单，他虽然不是医学意义上的智障，但却处理不了复杂的政务。那么，我们不禁产生这样一个疑问，出自司马衷之手的那么多道诏书究竟都是谁的手笔呢？

答案很简单：大臣和皇后。

皇帝不管事，帝国权力必然转移，其中最大的转移对象就是大臣和皇后，因为相权和王权是此消彼长的关系，后权和王权也是如此，一旦王权衰落，相权和后权必然得到增强。所以，有一个人即将登上权力的舞台，她便是贾南风。

现在，有必要重新认识一下这位以前的太子妃，现在的皇后了。

在中国漫长的历史上，如果评选权力最大的太后，那么芈八子、慈禧等人都能入选，但是如果评选权力最大的皇后，那么恐怕贾南风是当之无愧的第一名。

武则天当皇后的时候，虽然已经参与朝政，但是李治还是有执政能力和自己的想法的，还有孝庄、萧燕燕等人都是成了太后才掌握重权。而在皇帝活着的时候就能叱咤风云的，中国历史上也就杨坚的独孤皇后和贾南风了。独孤皇后可不只是管管后宫问题，坚决推行一下一夫一妻制度，我们很快就会知道，什么叫作贾南风式的帝后共治天下了。

贾南风，出身名门的她有着一个疯狂的童年。之所以称之为疯狂，是因为她有一个疯狂的父亲和一个更加疯狂的母亲。

嘉平六年，李丰、夏侯玄事败身死，他们的亲族也受到了牵连，其中就包括一个人——

李婉。李婉是一个温柔美丽的淑女，但是由于父亲她也被流放，而她的丈夫就是贾充。贾充为了保住自己的权位，残忍地割裂了和她的关系，然后娶了一个新的妻子——郭槐。

郭槐是著名的曹魏将领郭淮的侄女，是一个出名的妒妇，她对付情敌的方法也是相当简单粗暴——杀。

出身将门的郭槐很明显有着一股将门虎女的气质，郭槐把这位在朝廷里叱咤风云的贾太尉治得服服帖帖。当年郭槐生下长子贾黎民后，贾充便去乳母那里逗弄自己可爱的小儿子，结果一看，郭槐怀疑贾充与乳母有染。出于嫉妒，她直接把乳母鞭杀了。于是，史书上出现了一个非常有趣的记载：郭槐的儿子贾黎民居然因为思念乳母不肯进食，被活活饿死了。

对于郭槐来说，乳母等人都是小人物，最大的威胁还是来自贾充的前妻李婉，贾充对她可是念念不忘。当年李婉因为父亲李丰被流放，后来司马炎上台大赦天下，李婉得以回到贾家，司马炎特地准许贾充设置左右夫人，这样既不会亏待郭槐也能稍稍补偿李婉。

但郭槐的意见很明确：强烈反对。她认为自己才是辅佐贾充成就事业的人，李婉不应与她平起平坐。

贾充确实惹不起郭槐，一看她激烈反对，就决定先把李婉安置在别馆，郭槐想去拜访李婉，被贾充阻止，因为贾充知道郭槐不如李婉。但贾南风被立为太子妃之后，郭槐就盛装前往李婉住处。她是打算耀武扬威的，结果一见到李婉，被她的气势所摄，居然屈身向她行礼。

对于贾南风而言，她的母亲教会了她解决敌人最有效的办法——杀。对自己的所有敌人，最简单、最直接、最有效、最省事的解决办法就是杀，因为只有死人才不会有威胁，这就是贾南风的人生信条——顺我者昌，逆我者亡。

贾南风这个人的性格特点大致有以下四个方面：第一，残暴贪婪；第二，善妒偏信；第三，她狡诈诡谲；第四，其实在某些方面她还是一个很有点自知之明的人。

十五岁的贾南风嫁给了十三岁的司马衷，成了太子妃，这是她人生中的第一个转折点。从此之后，她开始有了另一重身份——未来的皇后。

这段婚姻是纯粹的政治联姻，对于贾南风来说，她要嫁给一个智商有问题的丈夫，她对这段婚姻是非常不满意的。对自己婚姻不满的贾南风却同时又是一个对司马衷有着极强控制欲的女人。司马衷是太子，总要有一些嫔妾以便开枝散叶，绵延子嗣，但是贾南风是非常忌讳这些女人的，于是接下来我们看到了这样的记载。

《晋书·贾南风传》：“妃性酷虐，尝手杀数人。或以戟掷孕妾，子随刃堕地。”

司马衷在她的压制之下大气都不敢喘。但是有趣的是，在史书记载中贾南风却从来没有欺负过司马衷，反而屡屡在他处于危难之中时出手相助。

后宫前朝向来就是一体，后宫争斗为的是世家利益、个人荣辱、生死存亡，后宫之中彼此之间就是仇敌，是竞争关系，因此她们早就已经无所不用其极了。

但是，贾南风的所作所为有一个人是忍不了的，那就是司马炎。

先不说司马炎是一个以宽厚著称的人，司马炎知道这样一个女人是不能母仪天下的，往小了说是国无宁日，往大了说就要天下大乱了。司马炎直接表示：“这样的太子妃，还是废了比较好。”

但是贾南风的太子妃可是豪族派保出来的，要是废了她，那么豪族派在司马衷身上的投资可就打了水漂了。于是，荀勖、皇后杨芷、杨骏的弟弟杨珧都出面保贾南风。看在这帮人的面子上，司马炎姑且放过了贾南风，但是，死罪可免，活罪难逃，司马炎一怒之下将贾南风囚禁在了金墉城。

金墉城位于洛阳边上，这座城就是一座金碧辉煌的囚笼，这里面居住的都是三国时期的亡国君臣、被废帝后，这是一座冰冷的城，散发着衰败和腐烂的味道。所有的亡国之人都要先居住在这里，先打碎他们所有的尊严，然后再将他们重新打造成新朝的顺民。

贾南风，一个从小养尊处优的女人，来到了这样一个冰冷的地狱，她领会到了人情冷暖、世事无常，她变得更加疯狂。正是在金墉城，她见识到了那些冷宫妃嫔的悲惨，她认识到了那些丧失权力的人会被如何对待，所以她才明白这个世界只属于有权势的人。在金墉城的日子没人知道她是如何度过的，那孤独而冰冷的宫墙，那死寂的城池，那逼人发疯的恐怖，是最无声的折磨，也是最残酷的惩罚。

考虑到贾充的功劳和势力，贾南风的太子妃之位勉强保住了，司马炎把她从金墉城放了回来。

那么，让我们来看看朝堂的局势吧——

司马炎死后，杨骏凭借着首辅的权势进一步升级，完整头衔已经变成了太傅、大都督、假黄钺，统摄朝政，总领百官，帝国第一大臣。而且，为了进一步控制皇帝，杨骏还在司马衷身边安插了内应段广、张劭。同时，杨骏大开封赏，收买人心，为了保证自己的权势，他居然让自己的兄弟染指了禁军。所谓“多树亲党，皆领禁兵”。

他已经是太傅了，已经手握重权了，他还要收买人心，掌握禁军，究竟想做什么？

这个时候的朝堂已经是山雨欲来风满楼，虽然杨骏大肆封赏收买人心，但是对杨骏心怀不满的却大有人在，那就是宗室王爷。

所谓"公室怨望，天下愤然矣"。杨骏非常忌惮司马氏的宗室王爷们，为了排挤他们，根本不给他们半点权力。

当时的冯翊太守孙楚对杨骏说："您现在就和伊尹、霍光差不多，掌握重权，皇权旁落，但是呢，现在我朝藩王都有实权，你却排挤他们，不和他们商量，迟早要完啊。"

《晋书·杨骏传》："冯翊太守孙楚素与骏厚，说之曰：'公以外戚，居伊霍之重，握大权，辅弱主。当仰思古人至公至诚谦顺之道。于周则周召为宰，在汉则朱虚、东牟，未有庶姓专朝，而克终庆祚者也。今宗室亲重，藩王方壮，而公不与共参万机，内怀猜忌，外树私昵，祸至无日矣。'"

其实，很多人已经看出杨骏这么玩被灭族是早晚的事，毕竟胳膊拧不过大腿。就当时的情况来讲，西晋一朝的中央禁军势力是历朝历代中最弱的，诸王统领各州兵马，随便拿出一支短时间内能号召的力量都能和朝廷一较高下，更何况他们还大搞合纵连横。

实际上，杨骏已经触碰了司马氏宗室的底线，这帮人可不是单纯的王爷，都有兵马。最关键的是，杨骏做得太过了。司马炎都要努力维持士族和皇族的平衡，而他居然想打破它，大权独揽。

然而诸王也是各怀鬼胎的，没有一个合理的理由，不可能随便就联合起来清君侧，尤其是，他们特别需要一个名分，一个只有司马衷才能给的名分。

贾南风从金墉城回来之后，对皇后杨芷极为怨恨，因为她觉得是杨芷在司马炎面前中伤她，她并不知道杨芷曾尽力营救她，司马衷继位后，贾南风打算参与政事，却被外戚杨骏阻挠，所以她对杨氏一族怨念更深。

贾南风想诛杀杨骏，废掉太后杨芷。她知道，自己正在和时间赛跑，如果杨骏提前发难，那么死的一定是自己，她需要盟友。首先最容易找到的就是汝南王司马亮，因为他就在许昌，距离洛阳只有咫尺之遥而且手握重兵，最关键的是，此人和杨骏不和，调他进京诛杨骏可谓一举两得。

但是，仅仅一个司马亮是不行的，毕竟杨骏势力很大，掌握禁军，而且多一个人也多份力量，贾南风要想用这个借刀杀人的计策，还需要一个人——楚王司马玮。

太康十年，司马炎大肆将各位封王遣返封地，楚王司马玮是诸王中势力最大的封王之一，头衔是都督荆州诸军事、平南将军、楚王。司马炎末期以楚王、秦王、淮南王在外保卫皇室，其中楚王坐镇荆南，实力雄厚，而且荆州地区自曹魏以来就是军事重镇，且靠近京畿。

楚王司马玮和汝南王司马亮要是联起手来杀杨骏，那简直就如同探囊取物一般。当然，杀贾南风也是一样的。

贾南风之所以会想到楚王司马玮，更重要的原因是，楚王比较死脑筋，对皇室很忠诚，还和杨骏不和。而且，杨骏相当害怕楚王，一方面是因为楚王权势显赫，另一方面则是因为楚王狠毒残酷。此人少年时期就订立了大量酷刑，搞得司马亮和卫瓘两人心惊肉跳，认为他过于暴虐，把他排挤回了封地，于是，司马玮就和司马亮、卫瓘结下了梁子。

贾南风这招的深意就在于，用司马亮和司马玮互相牵制。但是，贾南风永远不会明白的是，这个世界上的权术，永远只是障眼法，以术制人，终将作法自毙。因为，狡诈只能带来仇恨，暴力只能带来报复，最终，都只能给自己带来毁灭。这就是人类世界颠扑不破的真理。

元康元年，在杨骏势力日益扩大之时，贾南风开始了一系列动作。

首先，贾南风明显表现出了对太后杨芷的不满。其次，贾南风和黄门董猛勾结，密谋先废太后，再杀杨骏。董猛则开始联络早就对杨骏心怀不满的孟观、李肇。孟观和李肇二人一方面罗织材料和罪名，另一方面在贾南风的授意之下将计划通报给了汝南王司马亮和楚王司马玮，司马亮、司马玮和贾南风一拍即合。

此时此刻，杨骏仍旧浑然不觉。不过，很快他就收到了司马玮的报告书，司马玮的报告只有一个核心思想——请求入朝。

实际上，这已经是一个非常危险的信号。藩王无故请求入京，无论是出于什么理由都是非常可疑的，尤其是司马玮这种和杨骏有过节的人，更不应该引狼入室放他进来。但是，杨骏居然同意了，原因很简单，在杨骏眼中，司马玮在外的威胁比在京城大得多，而且到了京城就是瓮中之鳖，我为刀俎，人为鱼肉，想怎么处理他都行，所以杨骏就放他进来了。

可惜他想不到，司马玮不是鳖，居然是鲨鱼。京城也不是瓮，是即将掀起惊天巨浪的深海汪洋。杨骏，很快就会被撕得什么都不剩。

司马亮虽然支持消灭杨骏，但是他并没有直接出手，原因很简单——他想坐收渔翁之利。

司马玮这边已经是磨刀霍霍了。司马玮此时的问题是——到底要杀几个？当时就有人提出：楚王应该直接把贾后一并灭了，然后来匡扶朝纲。司马玮觉得不行。杀贾南风是易如反掌，但是如果贾南风死了，楚王临朝摄政，那么各地诸王必然不服，到时候群起反叛，如之奈何？贾南风发号施令好歹是代表皇帝的意思，如果她死了，那么各地就可以以讨逆为名进京，天下必然大乱，自己也将身败名裂。

在司马玮的思维方式里，忠于朝廷是第一位的，大义他是万万不敢违背的，所以他拒绝了这个建议，决定只诛杀杨氏一族。

一念之间，司马玮给了天下十年虚晃的盛世。

司马亮给了口头支持，但是并没有实际行动，司马玮却已经迫不及待。

元康元年，司马玮入京。不久之后，在贾后的幕僚孟观、李肇的布置之下，对杨骏的最后一击拉开了帷幕。李肇、孟观请求司马衷下诏戒严，并且解除杨骏一切职务，将他赶回府邸。同时，东安王司马繇、琅琊王司马伷之子、诸葛诞的玄孙已经率领四百人出发，讨伐杨骏。一场血腥的屠杀在所难免。

皇宫之中，早已是风声鹤唳。太后杨芷已经得知了这个消息，她明白自己现在什么也做不了。她惊慌了，她不明白，自己如此善待、如此保护贾南风，但是怎么就换来了这样一个结局。她命人写下书信绑在箭上射出了宫城，那薄薄的一层围墙内外，已经是两个世界。然而她想不到是，这封信永远不可能到达杨骏亲信的手中，它没有成为杨骏的救命药，却成了杨芷的催命符。

树上的乌鸦发出刺耳的鸣叫，死神的镰刀已经靠近。杨骏已经召集了幕僚，他已经听到了风声。傅祗劝杨骏烧毁云龙门示警，召集禁军进宫讨贼，但杨骏犹豫了很久，说："云龙门是魏明帝所建，我们毁了怎么行？"

傅祗苦劝无果，就托词宫中不能无人照料，自己要去宫中。大家一看傅祗跑了，也纷纷走了，杨骏彻底成了孤家寡人。最后的镇魂曲已经响起，刀光剑鸣中响起死神低沉的怒吼，杨骏的最后时刻到了。

黑色的甲兵开始冲击大门，就像是在冲击命运，杨骏府邸燃起了冲天大火，火光照亮了漆黑的夜晚，如同是血色的烟涛，恐怖笼罩了辉煌的帝都。每一寸利刃都劈砍在曾经宏伟的府门上，劈砍在所有人的心里。这是改变历史的夜晚，之后将会有无数这样的夜晚在这个注定血雨腥风的城市中一次又一次地上演。

他们冲进来了！杨骏远远地看见冲天的烈焰，所有人都陷入了无尽的恐惧之中，弓弩手登上了四周的城楼，那里射界开阔。瞬间，飞蝗如雨。杨骏彻底崩溃了。卫士们根本不敢出来，弩箭瞬间就可以穿透他们的身体，这里已经成了一座死牢。

此时，杨骏不再是权倾一时的太傅，他只是一个老人，躲在马棚里面，阵阵恶臭袭来，让他难以忍受。他曾经是权倾天下的男人，现在却是一个卑贱的逃亡者。

杨骏死后，其亲戚杨珧、杨济，党羽张劭、李斌、段广、武茂、散骑常侍杨邈、中书令蒋俊均被诛杀。这个晚上，洛阳就如一座炼狱，折磨着所有人，放纵了疯狂的杀戮。然而，这只是个开始。

在那份长长的诛杀名单中居然还有一个人，他叫文鸯。司马繇把文鸯归入杨骏一党，在这个混乱的夜晚，他趁机杀死了这个不是仇人的仇人，并诛灭其三族。这位天下的战神，少年时如三尺青锋，中年时是西北仲裁，他也是大晋的栋梁，他死在了一场血腥的内斗之中，而不是惊心动魄的战场之上。

这个夜晚，拉开了中国历史上广为人知的变乱——八王之乱的序幕，这是场非常的动荡，同时也是鲜为人知的动乱，因为它太复杂、太无聊、太血腥了。但是在很多人看来，这个夜晚和它之后的九年光阴却有着另一个名字——元康之治。不过，这只不过是暴风雨前的宁静罢了。

杨骏一案株连达到数千人，天下震怖。贾南风成了这场政变的胜利者，但是她没有笑。因为最大的胜利者并不是她，而是另外一个人——汝南王司马亮。而且贾南风暂时还有更棘手的一件事，她要处理一个人，她就是太后杨芷。

当杨芷听到杨骏被杀的消息时，她明白自己也即将面对人生最后的时刻，此时已经没有人能保护她了。

这就是贾南风的政治手段，谁违抗她，谁就得死。在她看来，杨芷必须死，不仅因为旧恨，还有新仇——她给杨骏传递消息。

已经被重新起用的中书监张华等人知道必须尽力保全太后，但是贾南风已经行动起来，召集党羽上书，很快判决结果就摆在了司马衷的面前：废太后。

司马衷不愿意。他知道，太后毕竟是自己的亲人，母亲死后，她就如同自己的母亲，他不愿意。

张华建议仿效赵飞燕的例子，仍称杨芷为武帝皇后，安置在离宫，使亲眷之恩保持始终，被司马衷拒绝。有关部门表示将太后贬为庶人后会善待她，司马衷仍旧不同意。但是他只是贾南风的一颗棋子，在外界强大的压力之下，他最终被迫同意了。司马衷的背后，始终站着那个贾南风。

不久，有司再度上书，更加狠毒的方案又一次摆在了司马衷面前：陛下原下诏保全杨芷母亲庞氏，但今杨芷被废成为平民，其母亲庞氏应一并诛杀。

司马衷放弃了抵抗。庞氏临刑前，他眼睁睁地看着杨芷声嘶力竭地叫喊，痛苦地扯掉自己的头发,悲痛欲绝,他看着她跪在贾南风面前,磕得头破血流,希望能保全母亲的性命,但是贾南风丝毫不予理睬。

司马衷也没有办法,他无力阻止。

元康二年,杨芷被废于金墉城。八天之后,她被活活饿死,死时只有三十四岁。

◆ 一错再错

虽然消灭杨骏的过程非常凶残，但对某些人来讲却是一件皆大欢喜的事。洛阳城很快就恢复了平静，但是朝政总要有人统领，很快，那个人就来了，他便是司马亮。

诛灭杨骏，司马亮完全是抱着坐山观虎斗的态度。杨骏赢了，他就置身事外撇个一干二净，还可以召集力量直接进京；如果贾南风赢了，那么他也可以进京辅政，匡扶朝纲，名正言顺，反正怎么也差不了。

很快，朝廷就下令召司马亮进京，同时还有一个人也复出了，他便是卫瓘。

卫瓘此时已经七十岁了。当年杨骏忌惮他，于是就陷害他的儿子卫宣，导致卫宣被迫和公主离婚，卫瓘也因此辞职，但是现在司马亮起复，卫瓘自然也就重新登场了。

司马亮如意算盘打得啪啪作响。首先贾南风替他消灭了宿敌杨骏，然后他冠冕堂皇地坐收渔翁之利，大权独揽，卫瓘也被起用，此时正是弹冠相庆的好时机。

一个人骄狂的开始，就是他灭亡丧钟敲响的时刻。

司马亮做的第一件事就是评议杨骏被灭一案中的功过。有趣的是，司马亮本来想拉拢众人，博取大家的欢心，不料却让朝野上下大失所望。

这里面的记录很值得玩味，司马亮为何会让朝野上下大失所望呢？原因其实很简单，他根本没有完全肯定诛灭杨骏的行为。司马亮此举的意思非常明确，就是不以诛灭杨骏为功，意在打压贾后一党的势力。

杨骏死了之后，贾南风立刻明白，自己虽然不懂国家大事，但是也不能放任不管，要不然司马亮立刻就会变成第二个杨骏。除了用司马玮牵制他之外，贾南风也让自己的亲族贾模、贾谧、郭彰（贾充一党）参与朝政。

消灭杨骏，司马繇算是立下大功，所以他也想专权，打算废了贾南风，自己大权独揽，但他还在计划的时候就被司马亮抢先下手了。

司马繇在杨骏被灭之后算是纵横一时，据说一天之内赏罚了三百多人，骄纵无比。司马亮正要拿贾后一党开刀呢，自然不会放过这个机会。而司马繇的哥哥司马澹也从中挑拨，中伤他。于是，司马亮将司马繇贬到了带方郡。

司马繇只是流放，而司马亮即将失去一切。贾南风的利剑已经再度准备出鞘了。

在贾南风的四个性格特点里面，不得不说的一点就是——她多疑善变。封建时代的很多女性政治家都有这个特点，她们往往比男性政治家更柔情，更敏感，也更冷酷。而且，她们可以瞬息之间翻脸不认人。其实，最大的原因就是——她们恐惧。

出于对司马亮的恐惧，外加自己顺我者昌逆我者亡的政治风格，贾南风实际上已经变成了一个巨大的火药桶。所以接下来，我们看到了非常复杂的一幕。这堪称是魏晋时代最复杂的一次政变，同时也是最扑朔迷离的一次。

元康元年，就在杨骏被杀、司马亮掌权之后不久，洛阳迎来了又一轮血腥的杀戮。

卫瓘上台之后对司马玮等非常不待见，为了削弱司马玮的势力，卫瓘打算拿他的党羽开刀。他打算先收拾公孙宏和岐盛，但是公孙宏和岐盛串通李肇反咬了卫瓘和司马亮一口，说他俩要造反。

《晋书》："长史公孙宏、舍人岐盛并薄于行，为玮所昵。瓘等恶其为人，虑致祸乱，将收盛。盛知之，遂与宏谋，因积弩将军李肇矫称玮命，谮亮、瓘于贾后。"

贾南风内心的恐惧被点燃了。对于贾南风来说，司马亮的封地距离洛阳太近，兵力太多，势力太大，如果他要谋反，根本无人可挡，现在有人告他谋反，不管真假，自己必须果断出手将他消灭，否则死的一定是自己。

贾南风唯一能动用的力量，也是最信得过的力量，就只剩下司马玮了。

司马玮收到贾南风的密信之后立刻组织了三王——淮南王司马允、长沙王司马乂、成都王司马颖屯兵在各宫门。

司马玮的基本思路非常清晰，由于自己拿的是密诏，不能随意调动军队，所以他选择了一条非常的道路——伪造诏书。

伪造诏书，假传圣旨，这是死罪。但是司马玮还是这样做了，因为他觉得现在是非常时期，非常时期就要用非常手段，所以他选择了这个最省事、最简单的方法，同时也把自己送进了坟墓。

司马玮凭借假诏书自然迅速地调集了全部禁军，并且下令收缴司马亮和卫瓘的权力，同时下令只问首恶，其余不问。

成群的禁卫军包围了司马亮的府邸。这一幕再次上演，只不过主角换了个人而已。

司马亮明白，变天了，这个世界要抛弃他了。他高声叱问府门外的公孙宏："为什么要这么做？！我对朝廷没有二心，我要看皇帝的诏书！"但是，没有人回答他。他又说："我是大晋王爷，忠心可昭日月，你们如此残暴，必遭天谴！"

他是一个白发苍苍的老者，他的哥哥们成就了惊人的功业，没有人敢对他不敬，更没有人敢杀他。司马玮惊慌了，他看到士兵们低下了头，他看到司马亮软绵绵地坐在树下，满头大汗，路人缓缓地为他打着扇子。已经到了中午，仍旧没人敢杀死他。司马玮深知，只剩下一个办法，于是他大吼一声："敢杀司马亮的人，赏一千匹布！"

元康元年，司马亮被杀，尸体毁坏不堪。曾经的汝南王司马亮，不可一世的权臣，就是这么个下场，他是第一位死去的王，但是绝不是最后一位，也不是最惨的一位。

就在对司马亮的展开行动的同时，九品中正制的反对者之一，曾经的阴谋家和权谋天才卫瓘也走到了自己最后的时刻。

清河王司马遐杀卫瓘，诛灭卫家，只有卫恒的两个儿子卫璪、卫玠因在医者家里才躲过一劫。

当司马玮调集禁军的时候，司马衷慌了，他虽然有点愚笨，但是并不是不懂得什么叫危险，现在司马玮——自己的弟弟即将发动一场血雨腥风的政变，但是自己根本就不知情，那该如何是好？

司马衷立刻找来了张华，他清楚现在只有张华能收拾局面。张华给出了当时唯一正确的解决办法——解除司马玮的权力，立刻调集军马收拾司马玮。司马衷立刻采取了这个建议。

有趣的是，这个时候并没有提到贾南风，其实这个时候贾南风已经采取了行动，她没有行动正是因为她采取了最正确的行动——弃车保帅。

这是一个一箭三雕的方案。首先，可以把杀司马亮的责任推给司马玮，这就相当于找了个替罪羊；其次，可以剪除司马玮，毕竟他留着不安全；最后，自己不动可以逼着朝廷动，司马玮死后，自己就可以安全无虞了。

司马玮杀了司马亮之后，舍人岐盛，就是那个始作俑者提出了当时唯一可能救司马玮一命的建议——立刻除掉贾模、郭彰。但是，司马玮没有同意，他觉得自己的行动就是为国家办事，不会有事的。

第二天，殿中将军王宫来到司马玮住处，说："众人听令，司马玮矫诏杀害国家忠臣，尔等皆可散去，否则以附逆论处。"

司马玮唯一的力量就是皇帝的命令，现在他已经失去了这个力量，所以他瞬间就成了孤家寡人。刚刚还是威风赫赫的王爷，现在已经成了阶下囚。

鸟尽弓藏，这是亘古不变的真理，可惜他并不明白。

很快，终于重新收拾局面的朝廷开始了清算工作。司马玮矫诏杀害司马亮及卫瓘父子，又想诛杀朝廷大臣，证据确凿，图谋不轨，按律当斩。

司马玮临死前还念念不忘地拿出那份密诏，表示自己是冤枉的，但是他再也见不到为他平反的那一天了。

司马玮死后，众人叹惋不已，毕竟他曾经是一个深得民心的王爷，是一个乐善好施、赏罚分明的人，他也是个忠臣。

八王之乱的第一次高潮就这样落下了帷幕。

这就是残酷和冷血的斗争，所有权力都是原罪，道义上的对错和实际上的对错、事理上的对错和政治上的对错从来就没有什么关联，因为政治家是政治动物，政治动物的对错只能用政治上的对错来评判，仅此而已。

◆ 帝后天下

杨骏死了，司马亮死了，司马玮也死了，贾南风成了最后的胜利者，但是她根本不懂什么叫治国，于是她采用了西晋一朝最经典的政治组合，成功地完成了统治。

接下来登场的就是西晋最经典、最完美的政治组合——张华加陈准。

在灭吴之后，张华实际上一直处于被贬状态，先是外放，然后又被排挤出任太常这样的闲职，作为朝廷中少见的贤才和少数具有崇高威望的干才，张华实际上是当时能领导朝臣的唯一人选，但是，他没有权力。他需要一个支持他的后台，那个人就是贾南风。

对自己的亲族，贾南风给了他们权势，给了他们荣华富贵，唯独没有给他们治理国家的权力。因为贾南风很清楚，他们不行，治理国家，必须用有才干的人。于是张华自然就成了最靠谱的选择。

张华在灭吴之后去了幽州。等他再回到京城的时候，曾经的度支尚书，帝国财政宰相，已经变成了太常，完全成了一个摆设，司马炎保留了他的爵位，却保不住他的权力。所以，贾后的选择，等于给了他第二次政治生命。

经过和自己的亲信贾谧（贾午和韩寿的儿子）的讨论后，贾南风决定起用张华，同时还给他找了个搭档——陈准。

陈准是魏晋名门"颍川陈氏"的子孙，父亲陈佐虽然只是个刺史，但是门第很高，所以我们很容易就明白——陈准是豪族派的代表。而陈准最有趣的一点是，他虽然是个豪族派，和张华的关系却非常好，两个人一唱一和，西晋朝廷两大派系正式联合。西晋一朝唯一一次豪族派和名士派携手合作，竟然是出自贾南风之乎。

其实张华能被重用，除了他很正直、很有才干外，还跟他的出身有很大关系。张华是个庶族，没什么背景，就算让他掌权也没什么威胁。他不拉帮结派，也不委屈逢迎，就是个莲花宰相。什么叫作莲花宰相？出淤泥而不染，濯清涟而不妖也。

在军事上，尤其是皇城禁军统帅的安排上，贾南风选择了一个无比正确的人——司马泰。

司马泰是司马懿的四弟东武城侯司马馗之子，他之所以能被贾南风重用，其实有三个原因。

元康元年，杨骏被杀，贾南风收编了杨骏的人马，然后原封不动地把他们交给了司马泰。司马泰展现了他的第一个优点——谦卑。面对皇帝的信任，司马泰选择只接收一半的人。

不久，楚王司马玮被捕，司马泰展现出了他的第二个优点——谨慎。当时司马泰已经准备整顿兵马去营救司马玮，但是就在这个时候，祭酒（参谋）丁绥劝谏说："您身为宰相，不能轻率行动。再说夜晚仓促，应该派人参加审问。"这个建议非常关键，所以他没有动。

除了谦卑和谨慎之外，司马泰还有司马家的王爷所不具备的另一种品质——节俭。司马泰平素是出了名的节俭，穿着和饮食非常简朴，你要不仔细看根本看不出来他是个王爷，这在西晋司马氏的王爷里面不是稀有，是绝无仅有。

元康二年，贾南风主政，在贾谧和裴頠的推荐之下，张华再一次进入了权力中心，并且和陈准以及裴頠组成了执政铁三角，张华作为实际主政总理大局，贾南风则作为后台，基本上是不管事儿的。这就是所谓的"贾后乱政"。

其实，晋朝的问题，不在贾南风，不在司马衷，而在士族、在人民、在气候、在文化、在风气、在天道、在人心。天之道，损有余而补不足，人之道则不然，损不足而奉有余。

◆ 最后的盛世

就在贾南风主政后不久，西晋迎来了极盛时期。

元康初年，西晋王朝的文化军事版图都达到了极盛，但是这是极端病态的盛世，是最后的狂欢，是最疯狂的盛宴。

一花一世界，一叶一菩提，这个偌大的天下，其实有一个缩影——金谷园。

金谷园是一个梦幻的迷局。作为石崇的私人园林，金谷园代表着奢华和欲望，同时也象征着享乐和纵欲。从元康年间贾后一族登台开始，这里就成了贾谧一党的主要活动地点。金谷园内的景致高低错落，顺势而行，鸟鸣幽村，鱼跃荷塘，更有石崇从各地收集来的奇珍异宝名器古玩，还有万千美女遍布其中，千姿百态，风情绰约。总而言之，极尽奢华。

但是，金谷园中最贵重的珍宝不是美女，也不是名器，而是里面的才子。才子们是这里最艳丽、最奢侈的装饰品，而这些人中最璀璨的明珠，还属潘安。

潘安的仕途不得志是出了名的，和他惊人的才华以及美貌不同，由于得罪了名士派，潘安被贬怀县当了县令。还好他名声在外又治绩超群，所以朝中还是有人愿意出面提拔他的。很快，潘安又被调回京城进入了财务部门。

在经历了坎坷的仕途之后，潘岳明白了什么叫作现实。现实就是，如果你不依附权贵，在那个门阀横行的时代，你根本就寸步难行。

在京城波诡云谲的政治斗争之中，潘安懂得了一个道理——人，为了权力，必须放低身段。为了能在官场中生存，他必须丢掉自己的人格，违背自己的意志，做出让步。于是，他变得圆滑，变得狡诈，变得越来越像一个官僚。他不再是当年的潘岳，他变成了一个彻头彻尾的封建官僚，一个政治投机者。

但是，潘岳想不到的是，京城的日子竟然如此难过，在这个名为权力的大漩涡之中，小心翼翼的潘岳却还是难免受到政治浪潮的拍打。他又一次被免官了。很快，太傅杨骏的府上来了一位俊秀美艳的新主簿——潘岳。

杨骏当时炙手可热，但不久就被杀了。就这样，潘岳的第一次依附权贵变成了一场灭顶之灾，由于是杨骏的心腹，他也在楚王司马玮的诛灭名单之中。

潘岳当时正在外地办事没在京城，躲过一劫；他有一个好友叫作公孙弘，而这个人又是司马玮的心腹，凭借着这层关系，潘岳勉强逃过死罪，再度被贬为县令。这也是他最后一次有这种运气了。

死里逃生的潘岳立下了这样一个人生信条：只有依附更强的人，只有投靠更大的势力，自己才能一飞冲天。他已过不惑之年，他的人生观和价值观变得复杂而深邃，同时，他的欲望和物质需求也开始膨胀，所以，他认识了石崇，并与之成了好友。凭借着石崇，潘安攀上了贾谧。

贾充没有儿子，贾南风只能从她们姐妹几个的夫家找人了。贾午和韩寿双宿双栖之后生了个男孩，为了继承贾家的衣钵，就让他跟了母姓，他就是贾谧。

贾谧成了贾南风最器重的外戚，但是贾南风虽然器重贾谧，却并不打算给他权力，只是让他参与朝政，平衡各方势力，和当年贾充的地位是不可同日而语的。这与贾谧这个人有很大关系，因为他是个文人。

贾谧号称晋朝的贾谊，文采出众，而且他除了奢侈享乐之外，还注重追求精神世界。贾谧开阁延宾，召集天下文士潘安、石崇、陆机、左思、刘琨等二十四人，被称为"鲁公二十四友"，由于他们的聚会地点是石崇的金谷园，故又被称为"金谷二十四友"。

金谷文学流派的主要特点就两个字——奢侈。他们奢侈放纵，行为浪荡，享用奢华，每天吟诗作对，谈笑风月。此外，他们还喜欢做一件很有趣的事情——吸食五石散。

古代文人中盛行食五石散是公开的秘密，五石散的成分有点复杂，不过基本可以判断和大麻差不多。吃完之后，浑身发热，精神亢奋，典型后遗症是会上瘾。魏晋士族嗑药成风，对于五石散的迷恋可以说达到了癫狂的境界，比如之前我们提到的何晏，就是个五石散的忠实用户。

金谷园里面这帮嗑药的文人们就是元康时期西晋政府的缩影。一方面，张华、裴颜等人在苦苦支撑这个虚晃的盛世；另一方面，贾后一党醉生梦死，只顾着享乐。

◆　旋涡逆流

元康六年，就在天下经历了五年的平静之后，发生了一件大事，这件大事就是齐万年叛乱。

元康六年八月，雍州刺史解系被郝度元打败，秦州和雍州地区的氐人、羌人纷纷起兵响应，拥立齐万年为帝，包围泾阳（今甘肃平凉西北），并威慑关中。其实关中地区一向就不太安宁，早在司马炎时期鲜卑人就时常入侵，但是在元康时期爆发的这次叛乱却和之前有明显的不同，因为叛乱的主体变了。之前是鲜卑族，也就是外来少数民族，这次是氐族和羌族，也就是早就内附的少数民族奴隶，可以说，西晋确实没有农民起义，西晋有的是奴隶起义。

关中地区的氐族之所以反叛，直接原因就是赵王司马伦刑赏失中，搞得当地百姓民不聊生。

《晋书》："咸宁中，改封于赵，迁平北将军、督邺城守事，进安北将军。元康初，迁征西将军、开府仪同三司，镇关中。伦刑赏失中，氐、羌反叛，征还京师。"

司马伦不仅是宗室王爷，还有后台——贾南风。因为司马伦很会来事儿，"深交贾、郭，谄事中宫，大为贾后所亲信"，贾南风对他非常信任，一看司马伦在关中待不下去了，立刻召唤他进京，坐镇中央。但是张华和裴頠两位对他非常不待见，司马伦回来本来打算当录尚书事，位高权重，张华和裴頠坚决反对；他又被任尚书令，张华、裴頠再次反对。结果没办法，司马伦只能在中央闲着。

　　齐万年起义后，关中震动，西晋朝廷立刻做出了反应。十一月，西晋朝廷下诏任命周处为建威将军，与振威将军卢播都隶属于安西将军夏侯骏，前去讨伐齐万年。

　　周处没什么名气，但是他老父亲名气很大，就是那位把曹休骗得团团转的周鲂。作为东吴的官宦子弟，周处年少时期确实有点纨绔子弟的味道，纵情声色，横行乡里，反正是很不受人待见。

　　一天，周处看见一个老大爷愁眉苦脸的，就问他："现在这个政令很好啊，收成也不错，你怎么就不开心呢？"

　　老大爷回答："因为有三个祸害没解决，哪有什么快乐呢？"

　　周处一听，急忙说："老人家，都有哪三个祸害呢？我都能给你解决了。"

　　"山里的老虎，水里的蛟龙，还有一个是你。"

　　周处收起了笑容，他明白，这位老者还真的没有开玩笑。于是，少年周处杀死了猛虎，消灭了蛟龙，洗白了自己，从此成了一个真英雄。

　　后来，晋朝灭了东吴，周处自然就被司马炎收入了麾下。

　　周处周府君的大名齐万年是听过的，这次听说周处来了，立刻惊出了一身冷汗。他深知周处的能力和水平，但是当他听到那件事之后，他露出了微笑。

　　"周府君（周处）要是自己来的，那我们就玩儿完了，但是，他并不是一个人来的，那么这次就是他的死期。"

　　当周处听到朝廷的命令的时候，他很郁闷。倒不是因为齐万年太强，而是派去指挥自己的人与自己有过节，那个人是梁王司马肜。司马肜虽然也算是比较节俭的王爷，但是此人心胸狭隘，当年周处曾经弹劾过他，导致他被削了一个县的封地，他一直怀恨在心，现在周处到了他手底下，公报私仇的机会总算是到了。

　　关于这一点，周处其实也心知肚明，同是东吴旧臣的孙秀就劝他千万别去，最好是借口说自己有老母亲要供养，不然恐怕会有去无回啊！但是周处拒绝了，说："忠孝之道，怎能两全？既然已经告别亲人侍奉国君，父母又怎么能把我当儿子呢？现在是我献身国家的时刻。"

　　当时，朝廷内部的分歧非常大。中书令陈准就表示："梁王少勇无谋，很明显要公报私仇，周处此去非常危险，应该让孟观和他一起去，否则必然因孤立无援而死。"但是，作为堂堂宰相，陈准的话却没被采纳，原因很简单——司马肜势力太大了。

　　早在楚王死后，西晋的宗室王爷和朝廷重臣之间的权力斗争已经取代了名士派和豪族派的斗争，成为新的主要矛盾，而且愈演愈烈。这也是必然现象，因为诸王不仅在朝中任职，而且外有封地亲兵，外加有司马亮和司马玮的前车之鉴，所以都加紧了争权夺利的进程。另外，贾南风也有所动作，她在用宗室制衡朝臣，同时也用远亲宗室制衡近亲宗室。

所以，不管怎么讲，周处很危险。

当时，齐万年手下军队人数多达七万，而周处一方兵力很少，只有五千。五千对七万，这是一比十四啊，于是周处打算先按兵不动，养精蓄锐，伺机寻找对方的弱点再发动进攻。这个策略是非常正确的，但是他根本没有机会这样做，因为周处的上司除了有梁王司马彤之外，还有一个人——夏侯骏。他是夏侯渊的孙子，曹魏宗室姻亲，同时也是司马氏的姻亲，和梁王司马彤是一伙的。他和梁王刚到营地就一唱一和。周处很无奈，他最无奈的一点是，打仗前他的士兵还没吃饭。

在心怀不轨的上司的催促之下，周处踏上了一条死亡之路。

元康七年，周处率五千人出战齐万年七万贼军。战斗由晨至暮，周处军五千人血战力竭，弓矢用尽，斩杀俘获万余人。由于兵力悬殊，周处兵败，但叛乱却呈愈演愈烈之势，关中震动。其实这是个缩影，是西晋朝廷权力斗争的缩影。

由于齐万年势力越来越大，已经聚众十万，进逼长安，赵王司马伦和梁王司马彤根本无力抵挡。这个时候的西晋朝廷根本指望不上那些王爷了，但是朝廷已尽罢州郡兵马，无力调动地方力量平叛，张华、陈准便提出了一个全新的建议——调动宿卫兵解决齐万年。宿卫兵就是禁军，是贾南风唯一能依靠的精锐力量，他们的首领就是那位在诛灭杨骏事件中立下大功的孟观。事实证明，孟观领军打仗确实不含糊。

元康八年，在张华、陈准的保举之下，孟观率领数万宿卫兵精锐出战齐万年，大小十余战，连战连胜。由于孟观的直接领导是张华和贾南风，所以他没有像周处一样被诸侯王爷掣肘，并且最终在元康九年于陕西中亭打败了齐万年，抓获并杀死了他。

但是张华想不到也不应该忽略的是，孟观是贾南风在京师最为信任的力量，也是唯一能调动的力量，现在孟观率领京城精锐出战齐万年军，虽然消灭了他，但是西晋朝廷却是风雨飘摇。真正的祸患，永远在萧墙之内而不在萧墙之外。

元康八年，距离那场惊天巨变，只剩下一年。

这件事情还有后续。在齐万年起义之后，关中地区的物资供给变得非常紧张，"米斛万钱"，非常之贵，这种情况必然产生所有大灾之年的必然产物——流民。家里已经没有吃的了，但地主家也没余粮啊，于是各个门阀大户手下的奴隶被大规模遣散，还有破产的农民和无业吃不上饭的人……这帮人组成了逃难大军。

南方没有战乱，我们去南方吧！自此，北方人民大规模南迁拉开了帷幕。最关键的是，这里面有一个人，他叫作李特，后来，他选择了一个比逃难更有前途的职业——他成了皇帝。

◆　乾坤一掷

对于贾南风来说，外面的事情她是不想管的，主要原因在于贾皇后一直以来都在忙着一件事——养男宠。

自从贾南风登上皇后宝座并基本消灭了政敌之后，她就再也没心思管宫廷内外的政务了，这些事情统统交给了张华、裴颜、陈准这些人。在军事上，又有司马泰和自己的心腹司马伦坐镇中央掌握禁军，她更是放心得很。

所谓"饱暖思淫欲"，贾南风对自己的私生活当然也有了更多的想法。关于这一点，历朝历代的史官和各大道学家们自然是口诛笔伐。不过，贾南风养男宠和西晋的社会风气不无关系，作为堪比唐代的著名女权时代，西晋的女性拥有非常高的婚姻自由度，这也是西晋美男受到追捧的原因之一，所以在当时，虽然大家都知道贾南风喜欢养男宠，可是大家都没什么可说的。

《晋书·贾南风传》："后遂荒淫放恣，与太医令程据等乱彰内外。洛南有盗尉部小吏，端丽美容止，既给厮役，忽有非常衣服，众咸疑其窃盗，尉嫌而辩之。贾后疏亲欲求盗物，往听对辞。小吏云：'先行逢一老姬，说家有疾病，师卜云宜得城南少年厌之，欲暂相烦，必有重报。于是随去，上车下帷，内簏箱中，行可十余里，过六七门限，开簏箱，忽见楼阙好屋。问此是何处，云是天上，即以香汤见浴，好衣美食将入。见一妇人，年可三十五六，短形青黑色，眉后有疵。见留数夕，共寝欢宴。临出赠此众物。'听者闻其形状，知是贾后，惭笑而去，尉亦解意。时他人入者多死，惟此小吏，以后爱之，得全而出。及河东公主有疾，师亚以为宜施宽令，乃称诏大赦天下。"

不过贾南风的私德并不能影响她的政治作为。作为一个阴谋家，她敏锐地察觉到了楚王司马玮对汝南王司马亮贬斥司马繇的不满，并借刀杀人除掉司马玮，一口气消灭了杨骏、司马亮、司马玮这些掌握重权的政敌，单从这一点来讲，她也称得上是西晋有名的阴谋家。

元康九年，贾南风四十三岁，司马衷四十一岁，在古代这已经属于高龄。她必须考虑一件事情了——如果皇帝殡天，怎么办？

从历朝历代来看，帝王死后，皇后当太后那是理所当然的事情，但是，太后也分两种，一种是先皇的皇后，一种则是皇帝的亲生母亲。

而贾南风的问题就在于，她自己没有儿子，太子司马遹不仅不待见她，而且对她充满了敌意。

对于司马遹和贾南风的矛盾，我们大致可以总结出两点：首先，司马遹不是贾南风生的；其次，司马遹十分聪慧，有自己的主张。

这两个人之间矛盾的爆发，还是因为那个永恒的话题——选妃。

司马遹年长之后总得娶妻，那么选谁就成了大问题。其实郭槐还是很有先见之明的，认为司马遹毕竟是储君，要是能把韩寿的女儿嫁给他，那么贾南风和司马遹的关系、贾家和司马家的关系都能更进一步。但是，贾南风不同意，她把王衍的小女儿嫁给了他。听上去这也不差，可是，司马遹不乐意了。因为王衍的大女儿嫁给了贾谧，二女儿嫁给了司马遹，但是大女儿更漂亮。另外还有一个原因，贾谧和太子有矛盾。

有一次，贾谧和太子下棋，但是没想到，二人竟然产生了争执。

据《晋书》记载，二人下棋到了胜负手，贾谧居然和司马遹争起了棋路。结果旁边的成都王司马颖看不下去了，直接厉声呵斥贾谧。贾谧一看对面都是皇室宗亲，于是直接离场，随后向贾南风告了状。

要说这也不是什么大事，但司马颖的插手为贾南风敲响了警钟。

其实贾南风从掌权开始便对司马遹进行了"全面培养"，教导他声色犬马、奢侈腐化。司马遹想节俭，周围的宦官会告诉他你得奢侈点；司马遹想惩罚别人，周围的宦官就告诉他你得狠点。在这种培养方式之下，本来是一代圣主胚子的司马遹渐渐成了一个不折不扣的纨绔子弟。

贾南风对司马遹的"培养"是非常有效的。在她的一手操控下，司马遹由原来的天才少年变成了另外一个人，他不再睿智，变得爱好杀戮和享乐，他开始变得荒唐。

根据《晋书》的记载，司马遹进入青春期后相当叛逆，每天只知道嬉闹，不知道尊敬师傅。

司马遹的宠妾生了个儿子，在宦官的"建议"下，他对妾室大加赏赐，还给自己的儿子弄这弄那，反正是非常宠溺。司马遹酷爱恶作剧，给人骑马弄断缰绳让别人直接来个底朝天，若有人违背就施以刑罚。最荒唐的是，他居然在皇宫里办起了市场。据说司马遹堪称人肉秤砣，掂量斤两是一点不差。

从这几件事看，司马遹虽然看起来顽劣，但是将来未必不能成为一个好皇帝。他是变得残暴了，变得荒唐了，可是他还小，还是个孩子。他知道用小马小车，能够掂量斤两且分毫不差，至少说明他仍旧是聪明绝顶的天才少年，只不过他还没有承担起责任，还不能掌管这个偌大的王朝，只能说他目前的表现还是个无知的少年，但是不能说他一定不行。

无子的伤痛和对太子的忌惮，以及对于权力的渴望，使她向太子下手了。

十年之后，贾南风的利刃将再度出鞘，那将是一场无人可以预料的惊天风暴。

司马遹实际上是司马衷的执政基础，他当了十年太子，朝内朝外人心所向，一旦被废，太子党必然反扑，不只是文官集团，还有禁军将领，他们必定不会善罢干休，极有可能导致玉石俱焚。

即使成功废掉司马遹，贾南风也很难捞得更多好处，还会送给西晋这千疮百孔的大厦一阵龙卷风。司马氏的王爷们可在外面看着呢，比如成都王司马颖，还有齐王、东海王等。虽然汝南王和楚王死了，但是诸王的实力仍旧凌驾于朝廷之上，更何况由于孟观平叛带走了贾南风亲信的宿卫军，老王爷司马泰又已经过世，现在京城里贾南风只能依靠赵王司马伦的军队，万一到时候司马伦不管事，贾南风可就危险了。

历史正朝这个方向发展，一张名为绞杀的罗网即将展开。不过，在这之前，贾南风还要做好的准备，是废了太子之后怎么办，改立谁的问题。

《晋书·贾南风传》："初，后诈有身，内稿物为产具，遂取妹夫韩寿子慰祖养之，托谅暗所生，故弗显。遂谋废太子，以所养代立。"

意思是贾南风假怀孕，准备先把个木头疙瘩放肚子外面，然后到时候把自己妹夫韩寿的儿子抱过来说是自己生的，废了司马遹就立这个孩子为太子。

还有一件事，贾南风也要提前处理好，那就是她必须得想办法接管司马遹的权力，所以，她需要一个人。

元康九年，她将一个人调入了京城，他便是司马炎的第十子，淮南王司马允。他才是贾南风真正的王牌。

然后废司马遹就只剩下最后、也是最大的问题了——怎么操作。

◈　暗夜沧澜

元康九年十二月，冬，很冷，刺骨的冷。

司马遹接到了他人生中最重要的一道诏令——皇帝病了，请太子入宫相见。他犹豫了一下，还是去了。可是他怎么也想不到，这是来自贾南风的催命符。

司马遹入朝后，贾后却不见他，而是将他安排至偏殿，然后派婢女陈舞赐太子酒枣，逼太子喝醉。

很快，司马遹的视线开始变得模糊，他的神经开始麻痹，他开始丧失判断能力，现在他已经是任人摆布的一个木偶了。

这个时候，贾南风拿出了她早就准备好的重头戏。

潘岳来了。他早就准备好了，作为贾谧的幕僚，在这场惊天巨变中，他也将占据一席之地，而这封简单的文书，也将成为这位绝世大才人生中难忘的一笔。

按照之前的谋划，贾南风先让潘岳模仿太子的语气打好了草稿，然后让神情错乱的司马遹抄写。但是司马遹实在是醉得不省人事，后面的部分已经写不下去了。于是笔画不全的部分，贾南风便命潘岳补上。

潘岳补全了最后的部分，为所有人写完了最后的绝笔。

第一个看到这封信的人，就是这个夜晚的主角——司马衷。司马衷虽然心智不太健全，但是这封信的内容他还是看得懂的，更何况这是贾南风精心设计给他看的。

这封信很简单，核心内容其实只有一句话："陛下宜自了，不自了，吾当入了之；中宫又宜速自了；不自了，吾当手了之。"就是说皇上皇后应该退位，不行我就逼宫。

然后，司马衷写了封诏书，要赐死太子。

朝堂上的那些大臣都知道这封信不可信，虽然太子平时行事张狂，但绝不愚蠢。但是几乎所有人都选择了沉默，原因很简单，他们都不敢得罪贾南风。除了两个人。张华、裴頠坚信这不是太子写的。朝会议至太阳偏西仍无结果，于是贾后上表贬太子为庶人，司马衷同意了。

元康九年十二月，正在游园的太子殿下接到了自己的父皇发下的诏书。他没有任何辩解，默默地跪下，给自己的妻子留下了最后的书信，然后阔步走向了牛车，被押解到了金墉城。

其实在京城，太子的势力远远比贾南风看到的要强大，除了宗室的支持、大臣的信赖，太子还有一张贾南风最忌惮的王牌——东宫军队。

太子是储君，根据魏晋时期的规制，太子是有东宫军队的，"带甲万人"。这批军队不听命于贾南风，不听命于朝廷，甚至不听命于皇帝，他们只听命于太子。而且，在京城的禁军也有着不同的利益分布。

根据西晋的军制，京城的禁军用四个字概括就是"三部司马"，分为前驱、强弩、由基，也就是三部禁军。三部司马的最高长官被称为司马督，而其中左卫司马督就是太子的心腹——司马雅。而且不仅如此，常从督许超、右卫佽飞督闾和、中护军赵俊等人都和太子有着千丝万缕的联系。而贾南风此时能依靠的只有赵王司马伦。

这是司马遹这辈子最后一次看见这座东宫，最后一次看见洛阳的殿堂，最后一次作为天下曾经的希望而存在。现在，这个希望已经不复存在了，剩下的，只有无尽的绝望。这份绝望将绵延数百年。

太子被废，贾南风最后的敌人已经被毁灭了，似乎再也没有什么可以阻止她的步伐，但如果太子被从牢中放出，必然会召集力量对付自己，所以贾南风在太子被废之后要做的第一件事就是削弱兵权。

我们之前提到过，太子在军中的实力雄厚，人脉广泛，现在贾南风突然袭击把他废了，假以时日让他与外面的党羽取得了联系，必然会有机可乘逃出生天，到时候反攻倒算对付自己，所以夺取太子党羽的兵权势在必行。那么，问题只有一个，兵权要给谁？

在废太子事件中，贾南风已经看到了张华、裴頠的态度，他们是反对的，说到底这两个人效忠的都不是贾南风，而是那个傀儡司马衷，贾南风深刻地意识到，她唯一能信任的除了自己的亲族就只有赵王了，这个人对她毕恭毕敬，一向非常听话，现在这个非常时期就只能依赖他，兵权当然要给他。

贾南风当然不会知道，就在她忙着一步一步收紧对太子的死亡套索之时，司马伦其实比她更忙。因为有人想找他帮忙——太子党羽要他救出太子。

太子被囚于金墉城，最着急的莫过于太子的党羽了，要知道太子可不仅仅是他们的主子，更是他们的金饭碗，他们和太子早就是一荣俱荣、一损俱损的利益共同体，现在太子有难，他们自然要设法营救。最关键的是，太子是冤枉的。这时他们唯一能指望的只有司马伦了，太子的兵权被贾南风交给了司马伦，没有太子，他们无法集中力量，但是如果司马伦能站出来，那么立刻就能扭转局面，到时候只要救出太子，贾南风就是死路一条。

赵王司马伦能有今天的地位全靠贾南风，没有贾南风他还在大西北站岗呢。所以我们有理由相信，司马雅等人去见司马伦的时候，拿出的理由不仅仅是大义名分，君君臣臣，更关键的是利益，干掉贾南风，太子会给你更大的利益。

虽然贾南风于司马伦有恩，但司马伦还是答应了司马雅带兵去救太子，为的还是那两个字——利益。

就在司马伦已经决定出手解救太子对付贾南风的时候，一个人出现了。那个人叫孙秀，在接下来的故事中，他将起到关键性作用。

孙秀出身卑微，在讲究门阀权势的西晋王朝，他完全排不上号，也有人说孙秀出身五斗米道。

"王爷，您现在去救太子，也就是个救驾之功，要是等太子死了您再去杀了贾南风，然后把朝廷都换上自己的人，到那时候……"

司马氏一族从来都是野心家，司马伦也不例外。所以在接下来的日子里，司马伦的主要工作就是拖延，任凭司马雅各种暗示，司马伦就是不为所动。他在等待一个大义名分，等待一件事——贾南风杀太子。

对于贾南风来说，虽然她很想杀死太子，但杀死太子是一件有巨大风险的事情。太子没死，太子党还不至于失控，由于投鼠忌器，他们现在不敢轻举妄动。太子已经被废，留着他还有用，立刻赶尽杀绝，她还没有下定决心。

这个世界上最恐怖的武器就是人心，猜疑、嫉妒的能量超过一切，孙秀这样的小人最清楚这个道理，所以他给太子送上了最后的催命符。

很快，贾南风就听到了一个消息——有人要救出太子，废了贾南风。贾南风震惊了，如果东宫军队已经有了这个打算，那么自己肯定已经处于莫大的危机之中，就算司马伦能控制京城局势，恐怕也会是个两败俱伤的局面，其他诸王岂会安份？

就是这么一个小小的流言，彻底毁灭了太子最后的希望。

　　贾南风得知消息之后立刻开始布置。虽然太子已经成了庶人，但金墉城的人不是轻易就能动的，所以贾南风打算毒死司马遹。然而，这个打算却成了一个意想不到的难题，因为司马遹实在是太小心了。

　　自从被贬到金墉城之后，司马遹的人生改变了，他经历了从天堂到地狱的恐怖转变。贾南风诬告他谋反，在所谓的证据面前他连辩驳的余地都没有，这么低级的陷害，这么明目张胆的诬陷，这么愚昧的父皇，这么懦弱的群臣……现在，他已经什么都没有了。贾南风在把他抓到金墉城的同时，杀死了他的三个儿子，同时赐死了他的母亲，而他的妻子，一直和他相依为命的太子妃王慧风也被其父亲王衍勒令与他离婚，现在，司马遹已经一无所有。

　　《晋书》："秀因使反间，言殿中人欲废贾后，迎太子。贾后闻之忧怖，乃使太医令程据合巴豆杏子丸。三月，矫诏使黄门孙虑斋至许昌以害太子。"

　　虽然已经被贬到了金墉城，但是司马遹知道贾南风绝对不会善罢甘休，她一定会斩草除根，自己恐怕是朝不保夕。司马遹惶恐，他害怕，所以他在金墉城谨言慎行，为了防止被毒杀，他吃饭都是自己做。

　　《晋书》记载："初，太子恐见鸩，恒自煮食于前。"一看司马遹如此小心，负责刺杀行动的孙虑找到了一个人——刘振。他是持书御史，负责司马遹的看守工作。于是，刘振就把司马遹从金墉城的宫墙大院里面弄了出来，弄到了小坊之中，并且不给他吃的。但金墉城宫中还是有很多同情他的人，他们偷偷地从宫里拿吃的给他。孙虑一看此计不成，只能亲自动手。他逼迫司马遹服药，司马遹不肯，匆忙地逃向厕所，于是，孙虑用药杵打死了他。曾经的太子就这样成了金墉城的祭品，而他只有二十三岁。

　　司马遹死了，贾南风上书请求皇帝以王礼下葬司马遹。其实，贾南风之所以会这么做，也就是安抚群臣、表明立场，做些面子功夫。

　　司马遹一案，是一个彻头彻尾的冤案，司马遹在这场政治博弈之中遭遇了天大的诬陷，被人用最卑劣、最低级的手法诬告。但是，这是政治斗争，本来就没什么道理可讲，只不过有的人被人用高明的手段诬陷，有的人被人用卑劣的手段诬陷罢了，归根结底，都是一样的。

　　司马遹死了，死得窝囊，死得憋屈，但作为一个太子，这是他必然面对的结局之一。

　　贾南风赢了，但也输了，因为她做了最错误的一件事，她害死了司马遹，给了所有人一个杀她的理由。她杀死杨骏可以说是维护晋朝天下，杀死楚王、汝南王可以说是守护王室，维护晋朝天下，可是这一次她完全是为了自己的私心杀死了司马遹，而且手法是如此低劣。

太子的死使这出悲剧进入最高潮，悲痛的歌姬将发出这个时代最刺耳的悲鸣，盛世的红莲即将凋谢，取而代之的将是尸山血海、白骨成堆。

太子死后，群情激愤，司马家族已经忍无可忍，就在这个关键的时刻，司马遹的心腹司马雅放弃了，他和常从督许超开始称病不出。于是司马伦联络了右卫伙飞督闾和，再加上之前已经联络的通事史令张林以及省事张衡、殿中侍御史殷浑、右卫司马督路始等人，预谋废掉贾南风。对于司马伦来说，大义名分、群众基础、禁军士兵全都齐备，于是又一个新的时期——八王之乱时期，来临了。

◆ 罪与罚

元康十年四月三日夜二更一刻，距离司马伦发动的那场惊天巨变，还有一个时辰。

司马伦和孙秀知道，这将是他们人生中最大的一次赌博，成则飞黄腾达，问鼎至尊，败则万劫不复，但是这个诱惑实在太大，而且他们没看到败的理由。三部司马、满朝亲贵已经尽在掌握之中，而贾南风已经死到临头。

司马伦登上城楼，下面是铁甲峥嵘的禁军，这个夜晚将决定西晋的最终命运。以政变开始，注定也要以政变结束。

"中宫与贾谧等杀吾太子，今使车骑入废中宫。汝等皆当从命，赐爵关中侯。不从，诛三族。"

三更一刻，全军出发。

三更天，杀人夜，军破鬼神惊，魑魅百鬼行，宫墙凄血厉，西风催花铃。

禁军将士没有选择，司马伦手中拿着皇帝的诏书，他又是右军将军，所有的将领都得听从他的指挥。

司马伦把军队陈列在路南，派齐王司马冏打开宫门。

司马冏拿着司马伦的伪诏打开了宫门，华林县令骆休早就是司马伦的内应了，他做了非常关键的一件事——他把司马衷劫持到了东堂，这样禁军就可以放开手脚抓捕贾南风。

《晋书》："后与冏母有隙，故伦使之。后惊曰：'卿何为来！'冏曰：'有诏收后。'后曰：'诏当从我出，何诏也？'又问冏曰，'起事者谁？'冏曰，'梁、赵。'后曰，'系狗当系颈，今反系其尾，何得不然！'"

贾南风还是被司马冏带走了，当她走到正殿西边的时候，看见了贾谧的尸体。

这个叱咤风云、统治了西晋朝堂长达十年的女人，从阴谋开始，也由阴谋结束，但这不是结局，八王之乱，即将开始。

司马伦的大军控制了宫城内外，他召集了朝中所有人，清扫贾后党羽。

元康十年四月三日，司马伦抓捕张华、裴頠等人，诛杀于殿前。尚书郎师景怀疑诏书有诈，请求查验，司马伦为堵悠悠之口，亦将他诛杀。朝堂之上再无人敢质疑司马伦。大家都知道，反对他除了死亡之外什么也得不到。司马伦成了赢家，但是他并不是最后的赢家，在这之后，洛阳城将成为权力的角斗场，最后能活下来的，才可能是最后的赢家。

很快，司马伦杀死中护军赵俊等军中敌对势力，彻底肃清了禁军，还加封自己为持节、大都督、督中外诸军事、相国，完全依照司马懿辅佐魏国的办法，设置左右长史、司马、从事中郎四人，参军十人，掾属二十人，军队一万人。

司马伦大肆换上自己的党羽把持朝政，俨然成了西晋的太上皇。至此，其狼子野心昭然若揭。

他杀光了西晋最后一批人才，从此之后，西晋朝堂再也没有能为国操劳、尽心竭力效忠皇帝的大臣了。西晋最后的贤臣血溅朝堂之上，鲜血染红了石阶，尸体堆陈。在中国历史上，这种清洗和屠杀还会一再上演。

司马伦与其说是消灭了贾后党羽，不如说是消灭了帝党，因为除了贾后亲族，张华、裴頠这些人与其说是效忠贾南风，不如说是效忠司马衷，现在司马伦杀死了他们，司马衷成了真正意义上的傀儡皇帝。

以前贾南风在时，还能说司马衷和贾南风是帝后共治天下，但是现在司马伦剥夺了他所有的权力，剪除了所有效忠他的人，他开始了他可悲的下半生，就像汉献帝一般被玩弄于股掌之中、成为他人工具的下半生。

司马伦把贾南风发配到了金墉城，贾南风做梦也想不到，自己这辈子会再次来到这个地方。从年少时出身豪门，到莫名其妙顶替妹妹入宫嫁给司马衷，后来被贬入金墉城，再到后来叱咤风云操控天下，再到现在成了一个庶人，仅仅十年，她就经历了一切。而最无奈的是，她刚刚才将司马遹送入这里，现在，自己也将在这里结束自己的一生。

元康十年，在掌握大权不久后，司马伦赐给贾南风她人生的最后一样东西——金屑酒。好像她是中国历史上唯一一个被赐金屑酒的女人。贾南风死了，时年四十五岁。

贾南风已经声名狼藉了上千年，而她臭名昭著不外乎因为以下几点：丑、专擅朝政、秽乱宫禁、残暴凶狠。仔细想想，这些其实都不过是一句话——她是个女人。

贾南风虽然残暴，但没有残害过平民百姓，没有大兴宫室耗费民力。在她当政的那几年，她任用贤臣，维护了国家稳定，虽然专权，但是实际上保护了司马衷的权力。在她的身上，我看见的是一个阴谋家，一个政客，虽然迟钝、凶狠、愚昧，但是也有胆识过人、大胆、自信的一面。

她确实做错过很多事，有过多的杀戮，陷害过太子，落到这一步也算是咎由自取。但对于中原大地来说，战火已经无可避免。

贾南风卷，终。

后出身豪族，少而入宫，性残虐，见放于金墉，及武帝没，遂掌权柄，操持天下。
杨骏专权，汝南骄横，后诛杨戮王，遂定朝纲，选贤任能，海内晏然，盖十年矣。
然跋扈好杀，构陷储君，信用宵小，偏信残虐，其罪匪浅。
可叹十年梦断天下倾，盛世繁华一朝丧！
自古豪族之乱，终究是苦了黔首。

卷六

八王卷

◆ 不肖处上

清晨的第一缕阳光照射在洛阳城的屋顶。空气中充满了血腥的气味，朝中的大臣们一个个疲惫不堪地站在朝堂上，在他们面前的是张华、裴頠和贾氏亲族的尸体。朝堂之外，已经化为炼狱。

司马伦手握屠刀立于朝堂之上，朝廷新的领导者终于粉墨登场了。

司马伦，赵王，司马懿第九子，是司马懿最宠爱的小妾柏夫人的儿子。

司马伦上台之后，首先清扫了贾后党羽，消灭了贾后和张华的亲信，换上了自己的爪牙。其次，他给自己升官晋爵，并大肆封官，总揽朝政大权，可谓是志得意满、春风得意。

《晋书》："伦寻矫诏自为使持节、大都督、督中外诸军事、相国、侍中、王如故，一依宣、文辅魏故事，置左右长史、司马、从事中郎四人、参军十人，掾属二十人、兵万人。以其世子散骑常侍荂领冗从仆射；子馥前将军，封济阳王；虔黄门郎，封汝阴王；羽散骑侍郎，封霸城侯。孙秀等封皆大郡，并据兵权，文武官封侯者数千人，百官总己听于伦。"

如果贾南风的人生信条是暴力可以解决一切问题，暴力只对敌人使用，那么司马伦的人生信条则是暴力可以解决一切问题，一切问题都用暴力解决。所以只要谁反对他，他统统送来一个字——杀。另外，贾南风统治时期贾谧这帮人虽然浮夸腐化，但也没做什么坏事，而且贾后任用贤臣，把豪族派和名士派在朝堂之上统一起来，这份能力，不是一般人能有的。

司马伦也大肆换上了自己的亲信，但这些人溜须拍马可以，治国能力有限。另外，司马伦还干了一件事——分封，他把大州郡县都分封给自己的亲信。可是诸王封地早就定了，现在再次分封，必然触及诸王利益，地方门阀势力也必然非常不满。

而且现在各方势力已经平衡不了了。司马伦既没有驾驭能力，更缺乏一样最关键的东西——大义名分。

当初贾后在位，诸王都听从，虽然他们都心知肚明，朝堂上的司马衷就是个摆设，但是他们也要听从，因为司马衷是皇帝，虽然只是名义上的帝王，贾南风可以号令天下，说到底是因为她是司马衷的妻子，她代表着司马衷。但是司马伦不是，他没有理由。他只是个王爷，他发号施令压根就没有贾南风那么名正言顺，更何况他专权骄横已经严重威胁到了诸王利益。很快，齐王、梁王、淮南王等诸侯王纷纷表示了不满，但也仅仅是不满。

我们之前提到过，封锁着诸王的四道枷锁限制了诸王反叛的能力，其中很重要的一道就是那个无形的枷锁——诸王在京城任职。

武帝末期，诸王回到封国的趋势已成，但是实际上，封地中战略意义最高的几个王爷，齐王（司马攸死后由司马冏继承）、成都王等都没有回到封地，即使汝南王司马亮、楚王司马玮先后身死，他们大部分还是愿意在朝内做官的。毕竟洛阳繁华，在中央总比在地方好得多。但是这也使得他们现在根本就无力对抗司马伦。司马伦政变后已经整合了禁军，也就是中央军，就凭诸王现在王府的那点儿护卫，毫无反击之力。

不回封国，就无力对抗司马伦。但是，这个世界上，不怕死的人多了去了，不试怎么能知道不行？淮南王司马允，就是一个不怕死的人。

◆ 同室操戈

司马允是司马炎第十子，其实地位一般，本来是濮阳王，但是他却有着一个别人都没有的优势——他是皇帝的亲兄弟。没错，司马炎的儿子，现在活着的，除了司马衷之外，就剩司马允了。本来他一直在扬州担任镇东大将军，但是元康九年突然被贾南风召回洛阳。原因可能是贾南风想做两手准备，若把自己妹妹的儿子扶上位的设想不成功，便立司马允为皇太弟。

贾南风废司马遹是因为他不听话，和自己不对付，但是司马遹在宗室内口碑极高，要是自己随便弄个人上台肯定是难以服众的，而自己又没有儿子，所以，司马允就成了她没有选择的选择。

当时司马炎的儿子中，除了司马衷，活着的最年长的就是司马允。有记载长沙王司马乂是第六子，按理来讲应该比司马允年纪大，但是从生卒年看司马允更年长，而且当时司马乂由于受到哥哥楚王司马玮事件的株连，实际上已经丧失了争夺帝位的可能，所以只能选择司马允。

太子被废后，就有人提出让司马允接班。

首先，司马允是司马炎之子，司马衷的弟弟，从司马家族传统来说，兄终弟及也不是不可以，法理和人情上也不是说不过去。

其次，司马允在朝内朝外有一定威望，足以顶替司马遹，可以堵住众人悠悠之口。

再次，司马允是贾南风召回来的，立他贾南风不会反对。然而，一切发展得太快了，太子死了，贾南风也死了，司马伦掌权，而且司马伦为了拉拢司马允，直接提升他为骠骑将军、开府仪同三司、侍中，都督之职依旧，兼任中护军，直接参与禁军掌握，实际上是把他当成了亲信。

但司马允暗中得知司马伦有篡位之心，就决定要铲除司马伦。

在讲述下一段故事之前，我们不妨进入一个专题——如何解除西晋困局？

曾经有一位朋友这样评论贾南风的问题，标题为：贾南风是否被史书黑化？在他看来，贾南风和张华的执政组合如果 100 分为满分，最多也就能打 40 分，根本就是不及格。那么问题来了，如何解决？让我们看看贾南风是怎么办的。

西晋时局的复杂程度在中国历史上恐怕是极为罕见的，当时的西晋朝廷，在贾南风刚刚接手的时候大致是这样的：杨骏把持朝政，大权在握，把控禁军，诸王和杨骏矛盾极大又各怀鬼胎，皇帝基本没有处理政务的能力，朝中的名士派和豪族派都在作壁上观。

在这种局面下，贾南风收回了行政权力，消灭了杨骏和出头的汝南王、楚王，同时缓解了名士派和豪族派的矛盾，重新起用张华等贤臣执政，虽然没有司马炎的手腕，也已经很不容易了。

历史经验告诉我们，改革越深化越容易触及根本利益，从西晋朝廷来讲，奢侈浪费和内迁矛盾不断加剧，西北边患也没有彻底平息，国家连年天灾，财政入不敷出，但是透过这些表象不难发现，问题的根源在于两个阶级——门阀士族、亲贵皇族。要想解决以上问题，这两个阶级是绝对不能跳过去的。比如说，张华拟定了一个增加某一州税收的诏令，那么这个州的长官首先就得和州郡的王爷商量一下。一个小小的郡守，能和身兼要职、掌握重兵的王爷谈笑风生吗？所以，必然是阻力重重。而那些士族在朝堂之上都有各自的势力，削弱他们的利益也必然招致重重反对，唯一的办法，就是洗牌。但是在西晋，削藩是不行的，诸王势力太大。贾南风一度想用远亲皇族压制近亲皇族，而朝中职位都被皇族把持，很多时候还是要靠他们的。削弱士族也不行。士族的支持是司马氏的执政基础，而且，各地士族势力极大，如果这些人反叛，恐怕后果不会比诸王叛乱好多少；更何况对当时而言，士族是要联合的对象，依靠士族压制诸王正是贾南风的策略之一。

那么，就只能缓缓治理，维持平衡。

诸王当时至少都是尊重中央的，只要贾南风维持平衡，国家就能运转，事实上，贾南风统治集团在十年时间里就是这样做的。尽管元康年间天灾不断，但是朝局稳定，诸王安稳，百姓富足。虽然贾南风的统治很有问题，甚至可以说是失败的，但是不得不承认，你找不到一种更好的方法解决西晋的根本困局。

这不是"当局者迷，旁观者清"就说得清楚的，而我们看见的也只是冰山一角罢了，西晋的问题是数十年的堆积，不是一朝一夕就能解决的，而后面的问题更不是贾南风一个人就能承受的。

言归正传，司马允要铲除司马伦，采用的办法是暗杀。为了顺利完成对司马伦的暗杀行动，他开始暗中豢养死士并且闭门不出，但是他想不到的是，在他的背后始终有一双眼睛在注视着他。那双眼睛的主人正是司马伦，毕竟皇城内外到处都是他的人。所以他干脆就学起了曹爽，假意升司马允为太尉，却收了他的军权。

即便如此，司马允仍假装生病，不受任命，坚持闭门不出。司马伦就派御史逼迫他，又抓捕司马允的党羽，说他要造反。

御史送来的诏书上写着："司马允谋逆叛国，罪在不赦。"然而司马允看到诏书之后认出是孙秀的笔迹，勃然大怒，准备马上逮捕司马伦派来的御史。御史一看情况不对，脚底抹油——溜了。司马允就把他的两个副手杀了，然后召集自己豢养多时的死士和王府护卫共七百人，倾巢而出，大呼："赵王反，我将攻之，佐淮南王者左袒（露出左臂）！"此去，九死一生。

剑是凶器，司马允看着自己手中的宝剑，这把剑是为了捍卫司马家的荣耀，今天，他要用这把剑，再次捍卫司马家的尊严。他身后的死士们袒露着左臂，他们都是一等一的好手。剑士们踩踏着洛阳的青石板。这里是帝都，从汉末以来，它见证了无数的杀伐争斗、无数的兴衰荣枯。他们来到东掖门，尚书左丞王舆哪敢开门，他假装没听见，就是不开门。司马允不能进入皇宫，便去了相府。

司马伦很快就发现，虽然自己手握禁军，但是这个时候却是十分凶险——因为司马允来得太快了。

司马允带领着他的剑客包围了司马伦的相府。与此同时，司马伦也召集了自己的鹰犬。司马允的剑客个个身怀绝技，司马伦的军队不敌，又有太子左率（太子卫队的长官）陈徽带领东宫士兵在宫内呼喊以作内应，形势危急。在承华门，两军接阵，司马允早就远远地望见了司马伦，他手持长剑，奋力一挥："众军听令，目标司马伦！射！"司马允一声令下，弓弩齐发。

司马伦看见漫天的箭雨直奔自己而来，主书司马畦秘用身体挡住了他，而司马畦秘的背后已经被射满了箭矢。司马伦起身，后军立刻护卫着他退到了安全的地方。

双方的拉锯战已经从清晨打到了中午。陈徽的兄长陈准派军前来解围。

之前我们提过，张华、陈准这个组合中，张华被司马伦杀死在殿前，但是陈准他是不敢动的，毕竟颍川陈氏后台很大。现在司马伦名义上还是辅政，陈准自然还是要来帮他的，不过司马允现在是锐不可当，尽管司马伦人多势众，却始终被压制。

接着，司马督护伏胤带领四百名骑兵从宫中冲出来，谎称有诏书帮助司马允。司马允未察觉有诈，开阵接纳他们，并下车接受诏令，结果被伏胤杀死，时年二十九岁。

原来，司马伦的儿子司马虔早已买通了伏胤，用自己豢养的死士替换掉了皇城的禁军，司马允没有防备，被伏胤杀害。司马伦赢了。

洛阳城的百姓本来以为淮南王胜券在握，擒获了司马伦，十分高兴，但是没想到，到了傍晚，他们却看到了司马允的尸体，无不叹息。

司马伦将司马允的手下屠杀殆尽，前后杀死了数千人，洛阳城迎来了一位远比贾南风更加残暴和贪婪的统治者。

事实上，司马伦才是八王之乱真正的罪魁祸首，他杀了贾南风，消灭了皇帝的代言人；他杀了司马允，篡权野心已昭然若揭。司马伦打开了一扇无形的欲望之门，欲望一旦泛滥，就再也不能收敛。司马氏诸王都蠢蠢欲动，而且，对于他们来说，司马伦还帮了他们一个大忙——剪除忠于皇帝的势力。因为贾南风已经死了，司马衷的力量已经荡然无存。现在诸王反叛不用背上反叛朝廷和皇帝的罪名，还能打起一面大旗——清君侧。

同室操戈，兄弟阋墙，司马氏一族疯狂的内部厮杀终于拉开了大幕，这个曾经以孝道立国的王朝，终于显露出了它的苍白和无力。

当初贾南风逼司马衷赐死太后杨芷的时候，当初司马炎处心积虑对付司马攸的时候，当初曹髦流下第一滴血的时候，当初司马懿玩弄权谋消灭曹爽的时候……这个时代，似乎早就被诅咒，这个时代，注定要以阴谋开始，并死于无数人的阴谋之中。

这个王朝最大的问题，就是丧失了信仰，一个没有信仰的时代，注定产生一群只相信利益的统治者。

壮丽宏伟的皇城，注定会成为各方势力最热衷的角斗场。在鲜血之中拉开的帷幕，注定要以鲜血终结。因为，这个天下的王座将成为胜利者梦寐以求的奖赏。

◆ 欲望的陷阱

司马伦加了九锡礼，进而琢磨着怎么能当上皇帝。就在司马允败亡后不久，大家又开始了一如既往的早朝。司马伦就坐在司马衷旁边。

牙门赵奉一鸣惊人："相国大人，臣昨夜得到太祖高皇帝陛下（司马懿）的神语，当奉相国为帝。"

司马伦得到了司马懿的口头承诺（虽然是伪造的）后，立刻就开始了准备工作。

首先，司马伦给司马懿修建了北芒山太庙。工程很快就竣工了。同时孙秀也没闲着，他安置诸军，安插心腹，然后直接让散骑常侍、义阳王司马威兼侍中，写了一份诏书，内容是让司马衷退位，把皇位传给司马伦。

司马伦假装不接受，于是家室诸王、大臣公卿都说天降祥瑞应当接受，尚书令满奋、仆射崔随更是捧着皇帝的玉玺、印绶直接给了司马伦。满朝文武如此表态，司马伦表示自己是当仁不让，顺应天命。左卫王舆与司马雅整容领甲士入殿，以威赏明示三部司马，谁敢反叛立刻武力镇压，大家立刻都不出声了，毕竟命比较重要。

当天夜里，义阳王司马威以及骆休等人更是逼着天子拿走玉玺、印绶。然后，司马伦立刻下令把司马衷送到金墉城，自己则堂而皇之地登上大殿当起了所谓的大晋天子。

永宁元年，司马伦篡位称帝，改元建始。

由于根基未稳，司马伦上台之初，先是大赦天下，接着就恩科取士，以收买人心，然后在朝廷上大肆封赏了一番。下面来看看司马伦开出的一份前无古人的封赏名单——

任世子司马荂为太子，司马馥为侍中、大司农、领护军、京兆王，司马虔为侍中、大将军领军、广平王，司马诩为侍中、抚军将军、霸城王，孙秀为侍中、中书监、骠骑将军、仪同三司。张林等都登上卿将之位，大加封赏，其余同谋之人都破格提拔晋升。

这些是政变的核心人物，应该说这份名单还不算过分，但是接下来可就让我们叹为观止了。

第一，这一年司马伦取消了所有的中正考试，贤良方正、直言、秀才、孝廉、良将都不考试，可以直接当官。

第二，很多人都被封侯、封孝廉，甚至奴仆杂役都加封了爵位。一时间到处都是穿着貂裘的达官显贵，由于貂裘实在不够，就把狗尾巴接上，这也就是时人"貂不足，狗尾续"的来源。

只以苟且的恩惠取得人们的欢悦，库府的储备不够封赏，金银冶炼铸造还不能供给冶印。朝堂里面都是牛鬼蛇神的后果是显而易见的，且不说各地早就不听司马伦的号令了，就连朝中的有识之士也纷纷闭门不出，正所谓："君子耻服其章，百姓亦知其不终矣（知识分子不合作，老百姓看热闹）。"

司马伦只会用这种低端手段收买人心，却不知世界上最能赢取人心的方式是这四个字——以德服人。

司马伦的这些举动已经彻底断送了自己在政治上的优势地位，他篡位称帝，已经成了司马氏宗室的敌人，这些本就野心勃勃的司马氏王爷们终于找到了一个绝佳的借口，而且司马伦也得罪了一批绝对不能得罪的人——士族。

那些名门大族最不能容忍的就是寒门的市井之徒在庙堂之上和他们平起平坐，这在他们看来简直是不可理喻、不能容忍的行为。当年的任恺、张华他们都不放在眼里，现在这些逢迎谄媚的苍头之流居然也与他们平起平坐？

西晋统治的基础就是士族，没有士族的支持，这个朝廷谁也玩不转。

◆ 阴谋家的盛宴

一场争夺最高权力的大戏已经拉开了帷幕。现在说说诸位参与者的实力。

在司马伦称帝之后，他就只能控制洛阳城，没有别的根据地，手中能调动的也就是中央禁军和自己的手下，人数在三万左右，将领方面，司马伦发动政变以后，孟观就投靠了司马伦，但是并不是司马伦的心腹。军事上基本是一塌糊涂，政治上就更不用提了。

由于是篡夺了司马衷的皇位，司马伦政治上的道义已经丧失，外加大肆封赏，已经把士族得罪光了，人心尽失，堪称政治和军事双重失败。

齐王司马冏是司马攸的次子，按照嫡长子继承制，次子是不能继承王位的。但司马攸不忍看自己的弟弟司马定国无后，就把长子过继给司马定国了，于是司马冏顺理成章地就成了第一顺位继承人。在司马伦对付贾南风时，也正是他带兵进宫抓捕了贾南风，在那一刻，满朝公卿都认为，司马冏是司马伦的亲信。结果司马伦上台之后，司马冏却被排挤出京了。其实原因很简单，司马伦上台之后，和淮南王司马允一样，齐王司马冏由于忧心国家，表现出了和司马伦明显的政治分歧，然后被孙秀排挤到了许昌。

司马伦万万想不到的是，天下已经发生了变化，从前诸王不愿意离开京城，一方面是因为离开京城政治地位就会下降，自己在朝中的影响力就会降低，政治前途堪忧；另一方面还是因为回到封地虽然是天高皇帝远，但是在皇权中分得的利益就少了。但是现在，诸王都开始正视现实了，不回到封地就没有办法组织军队。换言之，只要回到封地，根据诸王领兵的政治制度，诸王就可以轻易召集军事力量，数州之内一呼百应。

为了监控诸王，司马伦和孙秀把各个州郡刺史都换上了自己的亲信，司马冏回到封地之后，司马伦更是派去了专业间谍——张乌。所以司马冏虽然回到了封地，但还是不能大张旗鼓地招兵买马。

司马冏暗地里和离狐的王盛、颍川的王处穆谋划起兵杀死司马伦，虽被张乌发现，但张乌叛变了，他告诉司马伦齐王毫无反意。

不久后，司马伦就收到了一份来自司马冏的礼物——王处穆的人头。原因是司马冏担心密谋事败，便与管袭一起杀了王处穆，司马伦因此也就彻底放松了对司马冏的戒备。

经过一年的蛰伏，齐王准备就绪了。

成都王司马颖是司马炎的第十六子，之前当过太子陪读，与司马遹关系很好，也正是由于这个原因，司马颖在太康九年被贾南风排挤到了邺城。

邺城是个好地方，在很长一段时间内（董卓之乱后到曹魏末期前），邺城都是中国的第一大城市，而就算在当时，邺城也力压长安，仅次于洛阳，是当时的第二大城市。

邺城就在今河北省临漳县附近，这地方一开始是袁本初的根据地，后来曹操把邺城收入了囊中。我们都知道，河北地区是魏晋时期的兵家必争之地，而邺城，就是这块宝地上最璀璨的明珠。由于邺城实际上没有经历过特别大的战乱和破坏，河北地区也相对安定，外加粮食充足，人民安居乐业，所以邺城是乱世中少见的乐土。

为什么今天我们没怎么听说过这个城市呢？中国古代的各个大城，尽管古城大部分都毁于战火，有的衰落了，但是地位都保存了下来，唯独邺城没有这么好运。因为隋文帝杨坚为了彻底断绝北齐势力的根基，毁灭了这座北方第一名城。这是中国历史上唯一一座被彻底毁灭的超级大都市，它再也没有出现在华夏大地上，尽管它曾经无比辉煌。

总而言之，成都王司马颖在邺城过得其实还不错，但他也是个有野心的人。在司马颖看来，皇帝司马衷没有子嗣，那么自己作为安世皇帝的子嗣，按照兄终弟及的传统，当皇帝也算正统。更何况此时他占据邺城这个超强根据地，是征北大将军，手中握有重兵。现在天时、地利、人和全占，焉有不上位之理？

所以，在司马冏传檄讨逆、起义兵反司马伦时，他积极响应，准备联合出兵扫平司马伦，澄清环宇，再造乾坤。

争夺天下的野心家们，已经是箭在弦上，不得不发了。

河间王司马颙可是大有来头，他是司马孚的孙子，太原烈王司马瓌之子。他本来是远亲王爷，封地在太原，但是司马颙确实是个人才。

早在咸宁二年，司马颙就已经前往封国。这位王爷少年时期是一位优秀的王者，他礼贤下士，深得民心，受到臣民爱戴，还被司马炎表扬过。

作为著名的贤王，他也得到了贾南风的特别优待。元康九年，在贾南风即将废司马通的关键时期，为了增强自己在朝中的势力，贾南风将原来镇守关中的梁王司马肜调入了京城，接替司马肜的就是司马颙。

如果你认为这就是这场争夺战的全部参与者，那么你就错了。就目前来看，其实这场游戏只来了一半的人，至少还有四个人没能加入到这场权力的角逐中来，而他们之中的胜者将获得那最高的奖赏——成为中原大地新的统治者。

中原逐鹿，神州板荡，在这个风云际会的时代，八位天下的角逐者，究竟谁能成为最后的赢家？

◆ 风中残烛

张林与孙秀有隔阂，虽然表面上互相尊重，内心其实互相忌恨。他跟孙秀有矛盾的根本原因是因为他被封为卫将军不能开府，而孙秀却能开府，他不服。这种忌恨说起来也不算什么，但司马伦却因此杀了张林。

司马伦集团的内部情况大致如此，刚刚取得点成果就沾沾自喜不说，还互相内耗，外面诸王已经枕戈待旦了，司马伦还浑然不觉。

永康二年，司马冏做好了最后的准备，杀死了司马伦安插的眼线管袭，帮王处穆报仇之后，齐王立刻发布了檄文讨伐司马伦。然后，天下皆反。

成都王司马颖、长沙王司马乂、新野王司马歆等纷纷响应。但是当檄文传到河间王司马颙手里的时候，他不仅没响应，还送了司马伦一件礼物——司马冏的使者。他一向是不见兔子不撒鹰，他还没看清局势呢。

司马伦已经被两面夹击了，但司马颙在关中，也就是司马伦的后方，根本就不知道双方的实力对比，他怕司马伦出手先对付自己，就表示效忠司马伦。

司马伦立刻让司马颙支援，司马颙就派出了自己的心腹张方率领一支部队前往支援。但走之前，司马颙和张方说了一句：见机行事。

当然，后方这点儿事全得看正面战场的输赢来决定，司马伦封孙辅为上军将军，积弩李严为折冲将军，率七千士兵从延寿关出战，征虏张泓、左军蔡璜、前军闾和等率九千人从堮坂关出兵，镇军司马雅、杨威莫原等率八千人从成皋关出兵。洛阳距离许昌那是相当近，距离邺城其实也不远，所以双方的主要战场就集中在阳翟和黄桥两地。

大战已经一触即发。现在，我来说说双方的兵力对比。首先是司马伦方面，他们在南线的总兵力大致是一万五千人，北线也在万人左右；而齐王方面的南线兵力大致在十万人上下，成都王的北线兵力也有十万左右。整体兵力对比，一比八。看上去司马伦完全处于劣势。

事实上司马伦也有个优势。有一句话说得好，兵不在多而在精，司马伦率领的那可是中央禁军，也就是嫡系王牌部队，而司马冏和司马颖手下的是地方部队，从装备和战斗力上来看，中央禁军和地方部队就不在一个档次上。

战斗马上打响。

先来说说北线，成都王司马颖从邺城出发，直奔洛阳而去，而司马伦的部队也早已出动，双方在黄桥发生了遭遇战。司马颖第一次见识到了中央军的战力。结果司马颖大败，损兵八千余人。经过这次失败之后，司马颖在黄桥布阵，形成了对峙之势。

南线的司马冏的对手是司马伦的部下张泓。在司马冏主力还未到阳翟之时，张泓就乘虚而入，直接发动攻城战，打了司马冏一个措手不及。张泓攻破阳翟，杀死司马冏部众数千人，并且缴获大量物资。后方正在赶来的司马冏得知了消息，率领部队驻扎在距离阳翟四十里的颍阴，随后渡过颍水猛攻阳翟，不克。再攻，复不克，反而被张泓来了一拨反冲锋，大败。张泓参加过对吴作战，虽说算不上一流名将，但战斗经验丰富。不能力敌，司马冏只得先稳住阵脚，形成了对峙之势。

就在张泓渡过颍水当晚，司马冏发动敢死队劫营。当时司马冏情势危急，如果张泓再前进，自己就得放弃颍水，退守许昌，若许昌被破他就得人头落地了。所以他趁张泓立足未稳直接偷袭，但是他也清楚，张泓经验丰富，所以他只发动了小股部队骚扰，并没有出动主力。但是就是这一骚扰，居然有奇效。

齐王来劫营，诸军都未动，只有孙辅和徐建慌了手脚，只顾着逃命，所属军队瞬间大乱。孙辅和徐建逃回洛阳城，见到了司马伦，表示齐王人多势众，自己根本不是对手。而且他们居然说张泓已经战败，司马冏即将直扑京城。

司马伦瞬间慌乱了，张泓已经兵败，那么京城危急啊，为今之计他只有用上预备队了，同时他立刻调回了正在对司马颖作战的许超。而许超一听皇帝有令，马上就回了洛阳。但是就在这个时候，张泓在前线的捷报居然传来了。司马伦算是长舒了一口气，他已经顾不上惩罚徐建和孙辅了，立刻命令他俩和许超一起去对付司马冏，同时向北线增兵，弥补许超的空缺，以对付司马颖。

徐建、孙辅弃兵而逃已经严重打乱了张泓的部署，他经过分析和思考之后觉得现在如果不能击溃齐王，一旦让他再集结力量自己就必败无疑。所以，他在许超到达之后立刻集结兵力发动了对司马冏的决战。司马冏让军队主力对张泓部队保持守势，其余军队全力进攻张泓部将孙辅、孙髦等人。果然不出司马冏所料，他们除了是孙秀和司马伦的亲信之外一无是处，所属部队一触即溃。被己方的溃兵冲击，张泓只能收起残余兵力回营自保。

但是司马伦万万想不到的是，北线也是一败涂地。

古代作战，士兵的精神状态是非常重要的，军队作战时，粮草、军备一来是为了增强士兵的战斗力，二来是为了让士兵相信作战的可靠性，也就是能赢。但是当士卒们看见许超都督先是从黄河急匆匆回京，现在又要渡过黄河再去对付司马冏，他们心里其实已经产生怀疑了——南边是不是输了？军队的怀疑必然导致战斗力的下降，所有人开始恐惧，开始猜忌，更何况本来司马伦就不得人心。

话说自从许超到了南线帮助张泓之后，北线的统帅就变成了驸马爷——孙秀的儿子孙会。

为了帮驸马儿子对付北线的司马颖，孙秀不断给他增兵，从战事开始以来，孙会手下的总兵力已经增加到了三万人，但是面对成都王多达十万人的总兵力还是显得捉襟见肘，更何况他根本不会打仗。以前有许超指挥，他可以混些军功，现在自己单干，他立刻就慌了阵脚。司马颖抓住时机连续发动进攻，孙会方持续大败，损失无算，不仅把前期积累的优势全部丢光，还让司马颖逼近黄河，向洛阳杀来。

在这中间其实还有一个小插曲，由于孙会持续战败，司马伦就让一个人去督军，这个人的名字叫作刘琨。在"金谷二十四友"之中，除了大名鼎鼎的潘岳、陆机、左思之外，他也在其中。后来清算司马伦的势力时，他因出身，不仅没被杀，还受到重用。

战事日益严峻，司马伦已经愈发窘迫。但孙秀自从司马伦掌权起就玩起架空的把戏，还暂时瞒住了部分事实，说已经打败司马冏，还抓住了他，所以司马伦并不知道战况已非常危急了，还打算御驾亲征。

皇帝要御驾亲征，孙秀果断做出了一件加速败亡的事——征兵。这看上去不算什么大错，毕竟现在是非常时期，临时征兵也是无奈之举，但是他的征兵对象是士族子弟。孙秀直接征召了四品以下官员的子弟从军，洛阳城瞬间一片鬼哭狼嚎，所有人都知道前方司马伦的人马已经是损失惨重，现在征召兵士，那不是送死吗？而且士族在洛阳城中势力盘根错节，本来就已经对孙秀极其不满，现在一看自己的亲人即将送死，达官显贵们瞬间联合在了一起，纷纷勾连禁军图谋反叛。

孙秀先是得罪了普通百姓，然后又得罪了上层士族，倒行逆施，已经成了洛阳人民的公敌。

这时候义阳王司马威劝孙秀到尚书省与众人坐下来商议征战防备之事，大概定下两种方案：一是把洛阳焚了，逃往关中地区投奔孟观等人；二是一路往东杀到山东坐船逃生。

然而，孙秀想了半天也没做出决定。因为这两个方案都不靠谱。且不说东边全是齐王和成都王的人，就连关中地区的河间王司马颙也已经反了。我们之前提到过，司马颙派出了张方，但他看到齐王和成都王人多，就调回了张方，然后加入了齐王阵营，打算分一杯羹。

那么，司马伦和孙秀到底有没有生路呢？

司马伦有可能活下来，活下来的方式也不难——投降。他只有投降齐王才有可能能获得一条生路。但是对于孙秀来说，投降是最不可能接受的事情，因为投降了，自己必死。因为他得罪的人实在太多，做的坏事罄竹难书。强抢民女，残杀淮南王部众，鱼肉百姓，不管哪一条都会要他的命，现在内外诸军全想杀他，一旦司马伦投降，他是必死无疑。

就在孙秀还在纠结自己前途问题的时候，最后的丧钟已经敲响了。

永安元年四月初七，孙秀突然得到了一个消息：淮陵王司马漼和左卫将军王舆反了。

这位淮陵王和司马伦也没有深仇大恨，左卫将军王舆还是司马伦手底下的干部，他们这个时候反叛其实只是因为四个字——众怒难犯。

司马伦和孙秀早就人心尽失，现在齐王即将兵临城下，谁能抢先抓获司马伦、孙秀，那自然可以在后面的政治斗争中拔得头筹，占得先机。

但是他们敢于发动政变还有一个重要的原因。当年司马伦能废了贾南风控制洛阳，很关键的一点就是得到了三部司马的支持，而现在三部司马已经彻底放弃了他，在三部司马的默许之下，淮陵王司马漼与左卫将军王舆率领七百人直奔南掖门而去，他们的目标只有一个——孙秀。

孙秀在得知消息之后立刻关闭了距离自己最近的中书南门。一看孙秀闭门不出，王舆就放火烧屋，孙秀往外面一跑，正好撞到了另一位前来围堵他的将军赵泉手中。赵泉手起刀落，连带着和他一起的许超、士猗也杀了。这位纵横天下、玩死太子爷、斗垮贾南风、弄死了无数公卿大臣、消灭了无数政敌异己、搜刮了无数民脂民膏、放下了压垮晋朝太平的最后一根稻草的神棍就这样死了。

解决了孙秀之后，司马灈等人立刻控制了宫城和司马伦，并且逼迫司马伦发诏书："吾为孙秀等所误，以怒三王。今已诛秀，其迎太上皇复位，吾归老于农亩。"

司马伦倒台了，外面的所有抵抗都丧失了意义，齐王、成都王以及河间王立刻收到了消息。外面的部队纷纷投降，他们得意扬扬地来到了京城。三王合兵，人数高达几十万，京师震动。

就在司马伦被废后不久，梁王司马肜发动朝议要赐死司马伦。朝议也一致通过，认为司马伦罪大恶极，万死难赎。对于梁王来说，司马伦已经丧失了利用价值，现在自己必须和他划清界限，虽然司马伦篡位之后对自己相当器重，但是作为一个野心家，他很清楚这个时候只有放弃司马伦才能保住自己。

历史总像在讲述一个又一个黑色幽默故事，司马伦很快就见到了一件熟悉的东西——那日他赐死贾南风的那杯金屑酒，他不由仰天长叹："孙秀误我，孙秀误我啊！"

但他的结局早就注定了。

《晋书·司马伦传》："凡与伦为逆豫谋大事者：张林为秀所杀；许超、士猗、孙弼、谢惔、殷浑与秀为王舆所诛；张衡、闾和、孙髦、高越自阳翟还，伏胤战败还洛阳，皆斩于东市；蔡璜自阳翟降齐王冏，还洛自杀；王舆以功免诛，后与东莱王蕤谋杀冏，又伏法。"

这场闹剧，以政变开始，又以政变结束。冥冥之中，自有天意。但是在这场疯狂的闹剧背后是惨烈的损失和巨大的破坏，在三王起兵的这六十多天之中，十万人被杀，战火从河北烧到河南，双方血腥厮杀，亡魂遍地，已经数十年未见大干戈的中原大地瞬间满是烽火狼烟，仿佛一夜之间回到了三国乱世，然而，这还仅仅是个开始。

最可怕的是，西晋朝廷惨遭血洗，张华、裴頠等人被杀，西晋数十年来积累的人才毁于一旦，剩下的都是一些清谈无为之辈、明哲保身之徒。号令不出京师，朝廷尸位素餐，西晋朝廷的行政能力名存实亡。

诸王已经无法控制，三王虽然获得了胜利，但是却陷入了另外一个怪圈儿。再也没有人能约束他们，以前他们被朝廷压制，现在朝廷已经没了；以前是皇帝封王的时代，现在是胜者为王的时代。诸王的枷锁已经粉碎，中原大地将成为他们围猎的竞技场，这些贪婪的野心家们将上演一幕又一幕的疯狂闹剧，至死方休。

百姓的生计再无人理会，地方豪强更是肆意掠夺压榨，土地兼并加剧。由于诸王都在扩军备战，阶级压迫也日益严峻，外加不断肆虐的天灾，天下风雨飘摇。很难想象，仅仅在两年之前，大家还都以为这个王朝固若金汤，可安享太平。

◈ 无解棋局

　　司马伦被赐死，他的党羽孙秀被杀，追随他的人也基本上被诛杀完了，帝都即将迎来新的统治者。

　　但是，有一个人的死绝对是值得一提的，他便是义阳王司马威。司马衷被群臣解救之后只是淡淡地说了一句："诸臣无罪。"他并没有怪罪众人，唯独对司马威念念不忘。司马衷直接提出："阿皮（司马威的小名）捩吾指，夺吾玺绶，不可不杀。"

　　司马伦的问题基本处理完了，权力分配开始被提上日程，经过朝廷决议，基本如下：

　　司马冏为大司马、加赠九锡之命，准备器物、典章策命，礼同司马懿、司马师、司马昭、司马炎辅佐魏国一样。也就是说，司马冏已经彻底取代司马伦成了新的霸主。

　　河间王司马颙被封侍中、太尉，加三锡之礼。

　　长沙王司马乂因为响应齐王授任抚军大将军，领左军将军。

　　最后就是成都王司马颖了。要说这位王爷可是劳苦功高，北线大胜后，还与司马冏两面夹击张泓。但是他到了京城之后却对皇帝表示司马冏功劳当为第一，而他自己则托辞出宫，返回邺城。回到邺城后，朝廷又一次下诏，赐司马颖加九锡殊礼，进位大将军、都督中外诸军事、假节、加黄钺、录尚书事，入朝不趋，剑履上殿。但司马颖只接受了大将军封衔，却辞让了殊礼九锡。

　　这倒不是司马颖高风亮节，而是他很聪明，他知道，现在京城是是非之地、旋涡中心，诸王势力早就不可控制了，留在京城必然成为众矢之的，步司马伦的后尘。回到封地发展自己的力量，去其名、取其实才是关键。

　　所以，司马颖先是上表请求将参与讨伐的功臣卢志、和演、董洪、王彦、赵骧五人全部封为开国公侯，以表彰他们的战功，之后又请求开仓放粮，赈济备受战乱影响的阳翟百姓，再然后更给黄桥战死的八千士兵安葬建墓立碑，并命令埋葬司马伦的一万四千名战死士卒。这些举动使得这位"贤王"获得了朝野内外的一致称赞。

司马颖的一系列举动都是在为自己日后逐鹿中原做准备。上到公卿大臣、自己旧部宿将，下到黎民百姓，乃至曾经的敌人，他都拉拢了一番，顺便还帮了一把齐王阵营的兄弟们。

司马颖返回邺城，司马冏自然非常开心，现在他取代司马伦成了新的霸主，群臣来贺，其中有一位特殊的客人——平原王。平原王司马干是司马昭和司马师的三弟，也就是司马冏的三爷爷。别人都是送重礼，唯独这位三爷爷拿了一百钱（铜钱）过来，说了几句话，但那几句话却是最重的礼物。司马干说："赵王逆乱，汝能义举，是汝之功，今以百钱贺汝。"

这次司马冏住进了父亲司马攸的旧宅，司马干又来了，也说了几句话。他说："你要好好干，千万不要效仿白女儿（司马伦的小名）。"

事实证明，老人家是有先见之明的。司马冏自从登上辅政高位之后就得了一种病，这种病叫作膨胀。

司马冏上台之后被巨大的胜利冲昏了头脑。他先是开府，设置了四十个掾属，然后又扩建了王府，还在南边开设各种官署，把北边弄成大市场。并且在房内设悬钟乐器，令舞姬跳八佾舞蹈（天子专用舞蹈），沉湎于酒色，甚至不去上朝。

他任人唯亲，令车骑将军何勖领中领军，封葛旟为牟平公，路秀为小黄公，卫毅为平阴公，刘真为安乡公，韩泰为封丘公，号称"五公"，这五公没有太大能力，却占据重要职位。御史桓豹向天子奏事，未先经司马冏的府第，便被拷问。南阳处士郑方极力劝谏，司马冏不听；他的亲信主簿王豹竭力死谏，结果被杀。至此，司马冏人心尽失，天下大失所望。

永宁二年五月，司马冏立清河康王司马遐之子，年仅八岁的清河王司马覃为太子，以自己为太子太师。目的非常明确，他已经准备好长期专擅朝政甚至图谋篡位了。一时间舆论大哗。翊军校尉李含从京城逃到长安，找到了河间王司马颙，拿出了一份诏书，他说诏书出自司马衷，让河间王司马颙讨划司马冏，并诱之以利。

司马颙早就对齐王的辅政位置虎视眈眈，一看有诏书，名正言顺，于是立刻上表列齐王司马冏罪状，并扬言要率领十万人马，联合成都王司马颖、新野王司马歆、范阳王司马虓一起进攻洛阳。

司马冏在洛阳很快就得知了这个消息，于是召集百官说："以前孙秀反叛，逼迫帝王，致社稷倾覆。是我召集诸王，扫除元恶，这样忠心的臣子，神明可鉴。现在有人听信谗言，欲发兵攻我，这怎么行呢？"东海王司马越和尚书王戎劝司马冏交出权柄，但是司马冏的手下从事中郎葛旟大怒说："当初司马伦专权，却没有人首先主张讨伐，是齐王先起兵攻打司马伦，抛头颅洒热血，才有今日，只是论功行赏不及时，但责任也不在齐王。谗言叛乱，假造诏书，应被诛讨、被免职。汉魏以来，王侯免职回家哪有能保全妻子儿女的呢？持这种议论的人可以斩首！"于是百官震惧，无不变色。

王舆和辽东王司马蕤两位谋划废掉司马冏，却不料由于谋划实在不太周密，事情败露，结果两个人直接被司马冏给灭了。

司马乂是司马炎第六子，司马炎死的时候他才十五岁。他身高七尺五寸，声如洪钟，勇力过人，对部下非常好，礼贤下士，名望很高。他和楚王司马玮是同母兄弟，忠心、勇猛但少谋略。

当初司马玮被贾南风所杀的时候，司马乂受到株连丢了长沙王位，被贬为常山王，直接被逐出京城。赵王司马伦叛乱时，司马乂起兵响应，要保护惠帝司马衷，一路过关斩将，房子县令守城抵挡，司马乂杀了他；常山内史程恢打算背叛司马乂，司马乂到邺都后就斩了程恢和他的五个儿子。到洛阳后，司马乂升任骠骑将军，开府，复封长沙王。

齐王得势之后执掌朝政，但所作所为令司马乂不满。在安世皇帝的墓前，司马乂曾经对司马颖说："这天下，是父皇的基业，应该由你来守护它。"这里也可以看出两人的关系。

《晋书》："乂见齐王冏渐专权，尝与成都王颖俱拜陵，因谓颖曰：'天下者，先帝之业也，王宜维之。'时闻其言者皆惮之。"

河间王司马颙传布檄文，让司马乂为内应，但齐王提前得知这个消息。就在司马乂集结力量之时，齐王突然发难。

永宁二年十二月，齐王司马冏派部将直奔司马乂的府邸。司马乂率领身边的一百多人，砍断车上的帷幔，乘着敞露的车奔往皇宫。他关闭了所有的城门，奉皇帝之令与司马冏拼杀，又发兵攻打司马冏府。

司马冏让手下大喊："长沙王假托诏命！"但是司马乂毫不示弱："大司马谋反，敢有帮助他的诛灭五族！"

宫墙内外，火光冲天，厮杀声响彻云霄。凄厉的火光照亮了惨淡的星空，天边残月孤悬。

司马衷坐不住了，他不顾群臣的劝阻缓缓地登上了东门，然而，眼前的一切让他惊呆了。宫城之内已经是一片火海，残垣断壁在火光掩映之下随处可见，到处都是震耳欲聋的喊杀声，冲天的箭雨纷纷射向城楼，落在自己的座位前，侍从们挡在他的身前保护着他，群臣也忙着救火。这个偌大帝国名义上的君主，亲眼见证所有人为了那份本来属于他的最高权力斗得你死我活。

天亮了，司马冏战败，坐在王座上的司马衷看着台阶下那个已经遍体鳞伤、狼狈不堪的司马冏，很不忍心，想留他一命。司马乂呵斥左右将司马冏赶快拉出去。

司马冏默默地回头望着司马衷，然后被拖出殿外。就在几个月之前，这位齐王还是不可一世春风得意，以为天下尽在掌握之中，现在却沦为阶下之囚，失去了一切。

太安二年，齐王冏败，长沙王尽灭齐王党羽两千余人，诛灭齐王党羽三族，齐王的三个儿子都被囚禁于金墉城。在这场权力的斗争中，这已经是自贾南风、司马伦之后第三个牺牲品了。在他们的背后，还有千千万万的将士和追随者与他们一同殉葬。

齐王死后被暴尸三天，无人敢收殓，他的下场还不如司马伦。

齐王死，长沙王遂掌权柄。老王爷司马干知道齐王死后，哭得非常悲伤："司马家的优秀男儿只剩下司马冏了，却被杀了，宗室从今以后完了。"

◆　六道轮回

在计划司马冏的事件中，司马颙是为他人做了嫁衣。他本以为司马乂会被司马冏杀死，然后自己就能以为司马乂报仇的名义讨伐司马冏的。现在司马乂干掉司马冏成了新的辅政，而且他掌权之后做了一件事——请成都王入洛辅政。在他看来，只有司马颖能安定天下。

之前司马颖以退为进，远离是非之地发展实力，以备以后争夺天下。现在面对司马乂送上门的权力，司马颖心动了。但是司马颖只同意了一半——辅政是可以的，来京城是不行的。

成都王司马颖之所以一直处于上风，无论是口碑还是实力都处于不败之地，是因为他的背后一直站着一个人——卢志。

卢志是司马颖的参军，是司马颖集团最重要的谋士，此人出身名门，祖上是东汉末年的卢植。正是在卢志的谋划之下，司马颖成了目前政治斗争中最大的受益者。本来司马颖只是镇守邺城的外藩王，根本不可能染指中央，但是在讨伐司马伦之役中，司马颖响应齐王起兵，一跃成为诸王之中名望第二、实力第一的实权霸主。

齐王专权时，卢志力劝司马颖回邺城，坐观成败，结果齐王身死。之后长沙王掌权，反而请司马颖遥控朝廷，司马颖实际上已经成了帝国新的统治者。但自从司马乂事无巨细都向邺城汇报请求定夺，使得司马颖在邺城遥控朝廷之后，他就膨胀了。膨胀了以后，司马颖就开始远离贤才，看卢志越来越不顺眼，也开始疏远他，一方面，卢志总是劝他要礼贤下士，勤俭节约，这让司马颖非常不开心；另一方面，卢志力劝司马颖不要加入司马颙的反司马乂集团。

其实，对于司马颖来说，反司马乂没有任何好处。大致有三个理由：

其一，司马乂当初是首倡义举，反对赵王司马伦，现在司马乂的辅政地位是成都王司马颖也承认的，结果没过多久司马颖就要反他，如此反复无常，必然对司马颖一贯打造的贤王形象有所损害。

其二，就算司马颖赢了，就和当初灭了司马伦一样，他一样不能对抗其余诸王的联合。和当初要趁机夺取名望不同，这次没有任何实际意义上的收益，反而是河间王司马颙寄希望于拉司马颖下水，减缓自己的压力。从这一点上来说，反司马乂只会导致司马颖实力无端受损而不会增加自己的筹码。

其三，万一司马乂赢了，司马颖必然身败名裂，前功尽弃。

总而言之，赢了不会比目前更好，但输了却会万劫不复。

太安二年，义阳张昌作乱，司马颖拜表南征，但还未到便被陶侃平定。此时的司马颖恃功而骄，比司马乂更差，但忌惮朝中的长沙王司马乂。而司马颙也因计划未成想杀死司马乂，于是二人密谋除掉司马乂，事成之后以司马颖为皇太弟。

太安二年，司马颙暗中派侍中冯荪、河南尹李含、中书令卞粹等人袭击司马乂。司马乂早就得到了皇后羊献容（司马衷的新皇后）的父亲羊玄之和左将军皇甫商的密报有了防备，结果这几个人被司马乂反杀了。

司马颖又亲自挑选了一个武林高手前去暗杀。结果杀手刚到长沙王府，就被当时长沙国左常侍王矩杀了。

暗杀不成，司马颖和司马颙上表要求处死羊玄之、皇甫商等人，未获同意，于是便以李含被杀为名讨伐司马乂，派张方率兵进军洛阳。司马颖也带着本来要攻打张昌的军队进攻洛阳。

双方交战不止，朝廷商议后认为司马乂与司马颖是兄弟，可以劝和，想让他们二人划分陕地，割据一方，但司马颖不听。于是司马乂写信给他，大致内容如下："大晋建立诸多不易，先帝把基业交到我们手上，我们难道要让天下大乱吗？现在收手还来得及，我们两边的将士都不愿作战，我也不想和你兵戎相见，两军交战，死伤的都是无辜将士啊。我因念着骨肉分裂的痛苦，才会写信给你。"而且，司马乂还以朝廷的名义对司马颖伸出了橄榄枝，表示只要他撤兵，朝廷愿意扩大他的势力到陕西中部，给他更多的利益。

司马颖回了一封信，大致内容如下："自从杨骏之后，把持朝政的乱臣贼子比比皆是，但是他们都被诛杀。而当前战事，各有胜败，若能杀了皇甫商和羊玄之这些人，京城撤防，我就回邺城。"

面对司马颖和司马颙的两面夹击，司马乂冷静地分析了局势，认为东边是重点，西边暂时不足为虑，因为西边的张方只带来七万人。而东边的司马颖发动了二十多万人，来势汹汹，目标就是攻克洛阳，将领则是陆机。所以司马乂最大的威胁来自于东边的司马颖。

自从金谷园一别之后，当年的"金谷二十四友"也都各奔前程。陆机投奔了成都王司马颖，被奉为上宾。他之所以会选择成都王司马颖，是因为成都王名声在外，有贤王之称，陆机觉得天下局势非成都王不能收拾，所以就跑到邺城去了。

由于盛名在外，陆机也很受重用。司马颖一方面看重的是陆机的才华；另一方面看重的是陆机显赫的背景。这次出兵讨伐司马乂，司马颖特地让陆机打头阵，但是陆机居然拒绝了。虽然陆逊、陆抗是两代名将，但陆机只是文化方面的人才，写诗作赋他很厉害。而陆机相当有自知之明，他明确表示自己不行：一方面水平不行，另一方面在军中根基太浅。

陆机客居为官，在司马颖集团中属于明显的外来户，但位列群士之上，所以集团核心人物牵秀、王粹等都有怨恨之心。陆机对此心知肚明，因此坚决请辞，但在司马颖的坚持下，他还是挂帅出征了。

陆机正是在这种情况下率领大军直奔司马乂而去的。史书描绘："鼓声闻数百里，汉、魏以来，出师之盛，未尝有也。"可见兵力极其雄厚。

陆机的战略战术非常简单，他想正面比拼战力，兵对兵、将对将，是完全比拼组织度和阵营能力的打法。而长沙王也喜欢这种打法。于是，长沙王司马乂和陆机军战于鹿苑，从兵力上来讲，陆机是有优势的，但是长沙王司马乂却有一样制胜的利器——他带来了皇帝。

古代作战，御驾亲征往往是最能提振士气的行为，皇帝到场会让将士们有一种同甘共苦的感觉。一看皇帝来了，所有将士都奋勇杀敌。

而且，司马颖的士兵名义上也是皇帝的人，有皇帝在战场上，司马颖的士兵投鼠忌器。

此战陆机惨败，损失极其惨重。

《晋书》："长沙王乂奉天子与机战于鹿苑，机军大败，赴七里涧而死者如积焉，水为之不流，将军贾棱皆死之。"

在这场战役中，有一件事的发生直接影响了陆机的结局。在司马颖身边，有个很得宠的太监叫孟玖，他的弟弟孟超是陆机的前锋，还未交战，就放纵士兵掳掠。陆机制止了他的抢劫行为，结果孟超怀恨在心，就诬告陆机谋反，准备投降长沙王。此后没过几天，孟超由于轻敌冒进死了。孟玖认为是陆机为了报复孟超的诬告杀了他，就向司马颖进谗言，说陆机有异志。将军王阐、郝昌、公师藩被孟玖利用，与牵秀共同证明这份捏造的异志。

孟玖深知尽管陆机败得非常惨，但胜败乃兵家常事，仅仅战败不足以杀死陆机，而司马颖素来爱陆机之才，一旦有人求情恐怕也就是让他戴罪立功而已，而谋反正中司马颖的软肋，像他那样的阴谋家，最害怕的就是有人背叛自己，而且他对陆机期望如此之高，却败得如此之惨，他会不怀疑陆机通敌？现在只要点燃这个火药桶，必将激起司马颖内心最深的恐惧和愤怒。不出所料，司马颖大怒，下令将陆机收押。

陆机脱下了戎装，换上了素服。他觉得，这一切都是命中注定，他不想当这个都督，不想打这场仗，却被逼上了战场，成了罪人。

很快，陆机的朋友们开始集体上书解救他。江统、蔡克、枣嵩等联名上书，希望司马颖可以留下陆机让他戴罪立功，一战败就斩杀大将，以后谁还敢统兵出战啊？但是司马颖已经下定决心要杀陆机。眼看情势无法逆转，他们又转变了目标。就当时而言，如果杀死陆机，陆云等陆机族人恐怕也是在劫难逃，所以他们再一次上书，希望司马颖千万不要牵连无辜。

"统等区区，非为陆云请一身之命，实虑此举有得失之机，敢竭愚戆，以备诽谤。"这种言辞不是一般时期能说的。司马颖也动了恻隐之心，但是这个时候，卢志说了一句话："当初赵王司马伦杀了赵浚，放走了他的儿子赵骧，然后呢？"然后，赵骧投奔了司马颖，再然后，三王讨伐司马伦，司马伦被杀。

在孟玖等人的催促之下，尽管很多人都为陆机求情，但是司马颖仍旧下令斩杀陆机，诛灭其三族，陆云等尽被诛杀。

陆机事件其实只是一件小事，但是却透露了三个重要的事实。

其一，司马颖集团内部存在着名士派（外来户）和实权派（坐地户）的严重对立。

陆机作为名士派的代表被排挤致死，实际上也就代表着司马颖集团的严重排外，一个排斥外来人才的集团必将失败。司马颖前期的贤王之名在陆机事件中被粉碎，所有人都知道，司马颖不能容人，虽然陆机战败，但是因为战败就说主将通敌、就斩杀大将的行为是非常不可取的，极有可能导致无人敢战。

其二，魏晋时期对于名士世家的迷信非常严重。

陆机并不是一个优秀的军事人才，他就是一个文人，你让他拿刀上战场指挥千军万马确实难为了他，但是司马颖先是奉他为上宾，然后又让他担任大都督，其实只是因为陆家出了两代名将，同时他的名气特别大。这种忽略人才实际能力的行为却代表了当时的一大潮流。这就是世家政治的直接产物，有名才有实权，而非有实才有名，而这种情况还将一再上演。

第三，司马乂作战能力很强。

元康十年以来，仅仅三四年之内，从贾南风到司马伦到司马冏，天下的霸主频繁更换，诸王内战打得如火如荼，其实京城的禁军已经麻木了，但是司马乂却是一个不同的人。他的军事力量除了自己的部属之外就是京城的部队，但是和齐王、赵王不同，他有效地利用了京城的军事力量，打败了远远比自己强大的陆机军队，原因是他获得了民众和士兵的支持。

永兴元年，司马颖和司马乂在洛阳城外反复拉锯，司马颖这时已经损失惨重，在这场恐怖的绞肉机一般的拉锯战之中，司马颖损兵折将，据史书记载，他损失了约六七万人，根据之后他的表现，实际上的损失很有可能比这个数字还多，实力消耗极其巨大。司马乂展现了超强的抵抗能力，他调集了洛阳所有的资源，以一城对四州，持续击退司马颖的进攻。尽管已经是弹尽援绝，城中粮草将尽，但是将士们仍旧在奋勇争先，丝毫不想退后。

司马颙也损失了很多兵马，张方的七万大军损失了五千多人，但是从后面的情况来看，可能远远超过这个数字。

永兴元年正月，就在司马颖和张方准备退兵的时候，他们得到了一个令人目瞪口呆的消息，长沙王司马乂被软禁了。干这事的人，正是那四个隐藏的竞争者中的一个——东海王司马越。

东海王司马越，晋宣帝司马懿四弟东武城侯司马馗之孙，就是那位勤俭节约的王爷司马泰的儿子。

自从太康十年以来，京城内风雨飘摇，人人自危，但是有一个好处就是，由于无数人被清洗，身居高位之人纷纷落马，那么下面的人就要补缺，所以司马越官运亨通，一路从散骑常侍、辅国将军、尚书右仆射（副宰相）做到了司空（八公之一），位高权重，非常显赫。

然而他却是个胆小鬼，当初司马颖和司马颙要联合讨伐司马冏，他就劝司马冏投降；等司马颖讨伐司马乂，他又劝司马乂投降。现在司马乂强行抵挡二王兵马，虽然取得了巨大胜利，但是京城粮草殆尽，而二王占据着富庶的关中和河北地区，兵马钱粮都源源不断。司马越认为，与其和司马乂一起等死，不如先下手为强。

于是，司马越决定先联合一下朝内势力，下诏免去司马乂的职务，并把他连夜送到了金墉城。司马乂的部属不忍司马乂功败垂成，打算冲到金墉城救出自己的王。但是司马越又怕自己杀了司马乂，将来司马乂的部众会报复。就在进退两难的时候，他的属下教了他一个办法——借刀杀人。很快，城外的张方就接到了密报：长沙王司马乂被关押在金墉城，金墉城在洛阳外部的角落，属于外城。张方立刻率兵冲进了金墉城，抓获了司马乂，并以最残忍的方式杀死了他。他把司马乂绑到柱子上，在下面架起了柴堆，瞬间烈焰冲天。所有人都听见了司马乂痛苦的惨叫，如此凄厉。他没有死在战场之上，却死在了自己人的阴谋之中，三军痛哭。他们也不知道到底是同情还是惋惜，抑或是最简单的愤怒。

长沙王司马乂死，年仅二十八岁。

司马乂死了，司马越也没赢，从某种意义上来讲，司马颖也输了。

司马颖入洛，成功地除去了自己成为皇太弟的最后一块绊脚石——长沙王司马乂，在他的军事逼迫之下，皇帝被迫扩大了他的封地，增封他二十郡，并拜丞相，司马颖的名义势力直接从河北延伸到了湖南湖北一带。之后，司马颙上表，认为司马颖应该成为皇位继承人，于是司马衷便废了齐王司马冏所立的太子司马覃，立司马颖为皇太弟，丞相位置不变。之后，司马颖心满意足地返回了邺城，继续遥控朝政。

我们可以看到，成都王在这场战争中除了获得了一个皇太弟的虚名和扩大他的封地之外，简直可以说是一无所获。他损兵折将超过十万，人心尽失，杀死长沙王也埋下了巨大隐患。所以说这场战争根本就是一场无意义的内耗。

司马颖进入洛阳之后最该做的事情不是封自己为皇太弟，更不是要什么名义封地增加自己的敌人，他应该要一个人——晋惠帝司马衷。这是洛阳唯一能给他的政治资本，挟天子以令诸侯。当时的西晋王爷们名义上还是要听中央号令的，而且也有相当一部分王爷和司马乂一样还在听从司马衷的指挥，司马颖一旦控制了这股巨大的政治力量，必然可以在接下来的群雄相争中处于不败之地。

然而司马颖错误地选择继续在邺城遥控朝政，所以这场惊天动地的大战唯一可能带来的实际意义也丧失了。

司马颖回邺城了，但是京城总得有个人坐阵，于是司马越也踏入了这场权力斗争。

十万冤魂躺在洛阳城外的荒草之上，白骨成堆，只因为一群人的愚蠢和野心，这就是八王之乱。

◆ **至尊豪赌**

有一种赌博叫作俄罗斯轮盘赌，就是几个人拿着一把上了一颗子弹的左轮手枪轮流对着自己的脑袋开枪，谁都不知道什么时候自己就会死。而现在的西晋已经成了一个巨大的俄罗斯轮盘赌的赌场，终于轮到司马颖开枪了。

在之前的几番较量之中，司马颖一直处于不败之地，一方面他一直占据着邺城，人口众多，兵力强盛；另一方面他一直处于道德制高点，这非常关键，司马颖在内战中一直是吊民伐罪，奉天子以讨不臣之徒，处于相对正义的一方。

但是对长沙王的讨伐使他丧失了一直以来的政治优势。就当时而言，东海王司马越在司马乂死后成了京城的执政势力。司马越虽然胆子小，但是野心很大，而当时司马颖恰恰给了他这样的机会。

司马颖在当上皇太弟之后，"僭侈日甚，有无君之心，委任孟玖等，大失众望。"

就在永兴元年七月，东海王司马越传檄四方，与左卫将军陈眕、殿中中郎逯苞、成辅及长沙王故将上官巳共讨司马颖，惠帝司马衷也在其中，十几万人直奔邺城。在此之前，司马越争取到了一个特殊人物的支持——幽州刺史王浚。他是太原王氏的重要成员。

王浚能坐到这个位置，主要还是靠朝中的王衍。王衍为了保证琅玡王氏的门阀利益，做了两个非常深远的安排，先是安排同宗的王浚当了幽州刺史控制北方，然后安排自己的同族王敦当了扬州刺史，这两个决定直接影响了南北方未来二十年间的政治格局。

　　王浚所在的这个地方不太好，幽州外面就是鲜卑的一支，段氏鲜卑。当时的鲜卑主要有两支，一个是段氏鲜卑，一个是慕容鲜卑，慕容鲜卑当时的领袖是慕容廆，是个汉化的文明部族，而段氏鲜卑却没有汉化。王浚对这帮人实在是没啥办法，根据西晋制度，诸王领兵，幽州尽管靠近北方，但是刺史手中也是没兵的。眼看中原即将大乱，王浚想出了一个对少数民族屡试不爽的神技——和亲。

　　王浚直接和当时段氏鲜卑的头目段务勿尘结了亲家。他和段氏鲜卑结为姻亲之后就产生了一个想法，要是能借助段氏鲜卑的力量就好了。就当时而言，段氏鲜卑有铁骑四五万，而且骁勇善战。

　　虽然远水难解近渴，但毕竟后方有支持者，于是司马越发兵了。司马颖大为震惊，想要逃跑。司马颖的部下苦劝他别走，司马颖问其他人意见，东安王司马繇劝他投降，司马王混及参军崔旷则劝司马颖迎战。于是司马颖出动了自己最后的五万精锐，全部交给奋武将军石超指挥，直接迎战司马越。

　　这个时候陈眕的两位弟弟陈匡与陈规来了，而且带来了一项重要的情报，说司马颖的邺城已经乱作一团，彻底丧失了抵抗，现在只要司马越发动进攻，必定攻无不克。司马越信以为真，就在他准备兵不血刃拿下邺城的时候，却看见了石超全副武装的五万大军。司马越的军队毫无防备，被打得措手不及。这场惊天动地的大战很快就结束了，司马越军被彻底碾压，战败。司马越一口气逃到了下邳（今江苏睢宁），但徐州都督、东平王司马楙拒绝接纳他，因为接纳他就等于和司马颖为敌。司马越无奈只能逃回封国东海国（今山东郯城一带）。后司马颖下令宽恕他，召他回朝，但他拒绝应命。

　　司马越这一战基本上损失了洛阳最后的力量，中央军彻底被消灭，他本人的实力也大为损耗，而且他还送给了司马颖一样重要的礼物。

　　战场之上，刀剑无眼，慌乱的司马越只顾得上自己逃跑，根本就不管别人的死活。司马衷害怕得瑟瑟发抖，漫天的流矢再一次落到他面前，身边的人四散奔逃，只有一个人仍守在那儿。他叫嵇绍，他很特殊，因为他父亲是嵇康。嵇康是怎么死的我们都还记得，是被司马昭杀死的。

　　山涛答应过嵇康要照顾嵇绍，所以对他是尽力培养，从不懈怠。安世皇帝是一个非常宽仁的人，即使是是仇人之子，他仍旧会重用，所以，在山涛推荐嵇绍当秘书丞的时候，司马炎没有拒绝。之后，嵇绍就陪伴着司马衷。他是个君子，他记得山涛的教导，记得司马炎的照顾，所以他没有离开。

　　大战结束，司马颖的士兵找到了司马衷，司马衷脸部受伤，身中三箭，但嵇绍却已经倒在了他身边。

荡阴之战，成都王大胜，全灭司马越军十余万。得胜之后，成都王司马颖率军三万来迎接司马衷。这是一个胜利者，他现在志得意满，在他看来，他又一次取得了胜利，又一次掌握了天下的权柄。

之前齐王司马冏掌权之时为了方便控制帝王，立清河王司马覃为太子，司马冏死后，河间王司马颙废了司马覃，立司马颖为皇太弟。然而司马越坐阵洛阳之后，又强行废了司马颖的皇太弟，重新立司马覃。司马越战败后，陈眕和上官已带司马覃回到洛阳。现在司马颖重新夺权，他立刻要求司马颙进兵洛阳。当时司马越基本把洛阳主力掏空了，司马颙继续派出张方出兵洛阳，再度废了司马覃，遥立司马颖为皇太弟。

司马颖大败司马越之后，膨胀得更加不可收拾，首先他恢复了自己的地位，然后他就琢磨着要扩大地盘了。从当时司马颖的角度来讲，幽州在自己的北方，战略地位非常重要，然而王浚自己一直没法对付，所以他就买通了王浚的副手和演，但和演在准备刺杀王浚的时候败露被杀，于是司马颖出兵讨伐司马腾。

永安元年八月，幽州刺史王浚联合段氏鲜卑段务勿尘和乌桓羯朱以及东瀛公司马腾发兵十余万进攻司马颖。司马颖再次派出石超领兵抵抗，但是由于敌我差距过大，石超大败而回。

司马颖这回彻底慌了，决定逃跑。他放弃了自己的老巢邺城，连夜逃向洛阳。

司马颖曾经实力天下第一，纵观中原，无人可及，但在仅仅六个月之后，就成了丧家之犬，丢失了全部的实力和地盘，彻底丧失了争霸天下的资格。让我们来分析一下原因吧。

其一，司马颖树敌太多。就当时而言，司马颖前期的形象工程已经丧失殆尽，在消灭赵王之后，司马颖是一错再错，结果和司马乂发生大战，实力大为消耗却毫无利益所得。之后，司马颖虽然勉强战胜了东海王司马越，但是已经是强弩之末，其实力已经远不如当初。而且由于他太过跋扈，当时河南地区反对司马颖的势力蜂起，司马颖也已经成为众矢之的。

其二，司马颖的策略很有问题。他的盟友河间王司马颙始终在保存实力，他自己一直处于第一线和敌人正面拼，结果主力耗尽。

◆ 群雄争霸

就在邺城即将被破之际，卢志连夜将司马衷送到洛阳，张方率领三千人出城迎接，不久司马颖也逃到洛阳。

十一月，张方劫持晋惠帝司马衷、成都王司马颖、豫章王司马炽以及在洛阳的所有司马氏宗室迁往长安。洛阳被掠夺一空，只留下无数人的眼泪和痛苦。

就在张方到达长安之后，司马颙终于露出了本来面目。十二月丁亥，皇太弟司马颖被废，被迫返回封地，司马颙改立豫章王司马炽为皇太弟。同时，司马颙下诏封远在山东的东海王司马越为太傅，让他来长安同自己一同执政。

司马越回到封国后实力已经基本恢复，接到诏书后，他立刻让自己的弟弟司马模占据了原来司马颖的地盘，进驻河北。见此情况，本来得罪了司马越（不让他入境）的徐州都督、东平王司马楙吓得投降了。司马越得到徐州之后，控制了江苏和山东的大部分地区。

由于司马颙迁都已经激起了公愤，士族们看见自己的宅邸被抛弃成为废墟，宫室倾塌，纲纪废弛，财货被劫掠一空，他们心中充满了痛苦和愤怒。所以司马越轻而易举地就占据了政治的制高点，建立起如此广泛的统一战线。在司马越的组织之下，反司马颙、司马颖同盟结成，成员包括：范阳王司马虓（占据河北一部）和幽州刺史王浚（控制今河北和北京一带），司马越的三个弟弟东瀛公司马腾（占据山西）、高密王司马略（控制山东）、南阳王司马模（控制许昌和邺城，也就是河南河北一部）。之前齐王死后，许昌一带就成了权力真空地带，结果就被司马模趁虚而入，同时在司马颖逃跑到洛阳之后，王浚放弃河北返回了幽州，司马模又趁机接管了河北之地，这样一来，司马越联盟就控制了潼关以东长江以北的整个中原，堪称乱世中的第一大势力。

朝廷中的名士朝臣大量投奔司马越，诸王纷纷归拢到了他的旗下，司马越在正确的时间、正确的地点，做了他这辈子最正确的一个决定：他打起了一个旗号——迎接惠帝还于洛阳，瞬间天下所有对迁都不满的势力纷纷倒向司马越。司马越从徐州发兵三万直奔关中而去。

司马颙以惠帝名义罢免了司马越等人的职务，下诏让他们各回封地。司马越虽然知道这是司马颙的命令，但是还是得听，因为自己就是打着迎接惠帝、忠于惠帝的名号来的。司马越在接到诏令回封地时遭遇了刘乔的突然袭击，三万大军损失惨重。

刘乔是豫州刺史，就是河南一带的行政长官，洛阳地区在张方挟持晋惠帝西迁之后基本上处于真空状态，刘乔乘势占据了河南西部地区。本来司马越要拉拢他一起对付司马颙，他也是答应了的，但是司马越转而任命刘乔为安北将军，改任冀州刺史，原职豫州刺史则改由司马虓担任。刘乔十分不满，就投靠了河间王司马颙。

司马颙听说后大喜，派张方率军十万前去攻打豫州。司马虓不敌，许昌被攻破。司马虓于是移师渡过黄河，王浚上表请司马虓兼任冀州刺史，司马虓便进入冀州调动军队。

与此同时，司马颖的部将公师藩决定以司马颖的名义起兵，号召河北的司马颖旧部响应自己，反抗前来抢地盘的范阳王司马虓。

司马越遭遇刘乔战败后，司马虓遣督护田徽以八百骑迎接司马越，在谯县遇到刘乔、刘祐父子，大败刘军，司马越得以进屯阳武。

尽管各地战乱不断，但现在还是要看司马越和司马颙的对决。

在这场诸王混战当中，司马越联盟声威大振逼近关中，司马颙十分害怕，他想求和，但一直苦于没有机会，不过，他的机会马上就来了。

不久，司马颙接到了一个报告，报告来自参军毕垣。毕垣在信中赫然称：张方见司马越军势强盛，意图谋反。张方此时驻军在霸上，距离洛阳不远，一直是按兵不动。这封信对司马颙来说简直太及时了。他认为，只要除掉张方，就可以和司马越讲和。原因在于司马越想要惠帝还都洛阳，当初迁都就是张方迁的，现在只要自己杀了张方，再把皇都迁回去，司马越自然就会撤兵。

张方在军中多年，势力非常大，要想杀他谈何容易，但是司马颙保留了对付张方的最后底牌，为了最后确认自己杀张方的正确性，他找来了张方的副手郅辅。司马颙问郅辅："张方谋反你知道吗？"已经被毕垣恐吓过的郅辅只能一个劲儿地回答："是。"司马颙坚定了决心："卿可取而代之。"

司马越收到了来自司马颙的礼物——张方的人头，但西进的大军却未止步。很快，关中将士们就看到了司马越的大军，同时也看到了张方的首级。于是众将纷纷投降，司马越连下霸上、荣阳。

司马颙是借助郅辅之手杀了张方，但是他深知张方在军中实力深厚，所以他归罪于郅辅，说他擅杀张方。这种欲盖弥彰的行为让他众叛亲离。司马越几乎是不费吹灰之力就攻破了著名的天险潼关，守将刁默面对鲜卑骑兵毫无还手之力，司马颙的各地守军已经毫无斗志，望风而降。司马颙知道自己大势已去。

光熙元年，司马越进入长安，改元永嘉，司马颙被迫出逃。值得一提的是，在攻入长安之后，段氏鲜卑再一次重演了邺城的悲剧。长安被大肆掠夺，在这场恐怖的浩劫之中，两万余人被杀，无数平民再次流离失所。

司马越进入长安控制了西晋朝廷，但是他接手的朝廷已经名存实亡，四川的成汉李雄国势正盛，山西的汉国刘渊也在东征西讨，河北乱成一锅粥，北方鲜卑也在积蓄力量准备南下，而吴越之地的新兴势力正在崛起，这个天下俨然已经成了三国乱世的翻版。

司马颖被废后，打算去找故将公师藩，结果没等到达公师藩那里，就被范阳王司马虓抓住了。司马虓虽然抓住了司马颖，但是并没杀他。一个月后，司马虓死了，司马虓的长史刘舆想到司马颖在邺城素有威望，便令人装扮台使，矫诏赐司马颖死。

司马颙外逃，司马越进入长安之后给他发了一道诏书，让他回来当司徒，他就回来了。然后司马越的弟弟南阳王司马模派遣其部将梁臣到新安（今河南渑池东）的雍谷，在车上掐死了司马颙，并杀死了司马颙的三个儿子。

光熙元年十月，司马颖死。光熙元年十二月，司马颙死。史家所称的"八王之乱"终于宣告结束。

自元康九年到光熙元年的这场诸王混战中，造成多少人的死伤已经不可计数，这场内战破坏了河南、河北和关中的经济基础，人民流离失所死伤惨重。仅仅七年时间，西晋中央政府的执政者换了六七个，从开始的洛阳城内刀光剑影，到后来河南河北打得不可开交，再到最后连关中地区都被波及，整个西晋遭受了沉重的打击。诸王纷纷执政，从赵王司马伦篡权开始，整个西晋的中央政府已经瘫痪，各地不听中央号令，氏族李雄、匈奴刘渊等汉化了的内迁少数民族纷纷趁机起义，脱离西晋的枷锁，准备逐鹿中原。而且诸王为了争夺权力而引入未汉化的诸胡进入中原，也造成了血腥的屠杀和破坏，西晋境内除了江南基本安定之外，其余地区混乱不堪。

在诸多因素下，整个西晋落到如此境地。但我们不能忽略一点——人心。诸王都是先强盛然后膨胀，继而灭亡，这简直成了定律，而在这背后是整个西晋文化颓废的映射。这是一个只追求利益追求金钱的时代，最后的结果必然是所有人都在追求利益的道路上迷失。

八王卷，终。

元康九年，赵王矫诏废后，屠灭后族，旋即篡逆。淮南身死，诸王讨逆，齐王当执，信用宵小，长沙蒙蔽，萧墙祸起，皇城喋血，同室操戈，相煎何急？东海冒进，荡阴之败，王浚怀奸，引狼入室，庶民呼号，冤魂塞途，河间秉政，成都西狩，东海复起，重入关中，七年之间，山河鼎沸！数载之内，拥兵逞凶，妄僭尊号，专擅国政，纵横中原者何其多也，然旋踵而灭，天下皆抚手称快，何也？汉贾生曰：仁义不施而攻守之势异也。

——不才兰陵柳叶刀敬言

卷七
石勒卷

◆ 他只是个奴隶

西晋，太康末年。

某次就在王衍逛街的时候，他突然听到了一个小孩子的声音。那是一个胡人小男孩的声音，洪亮而又犀利。王衍立刻对左右的侍从说："刚才那个孩子，我从他的声音中听出此人不同凡响，赶紧把他抓来，日后恐成天下大患。"但是，等王衍的人到了的时候，那个孩子已经不见了。

后来那个孩子真的成了一个撼动天下的人，当然对西晋来说，这正是它的掘墓人。他的名字叫石勒。

《晋书》："石勒字世龙，上党武乡羯人也。其先匈奴别部羌渠之胄。祖耶奕于，父周曷朱，一名乞翼加，并为部落小率。勒生时赤光满室，白气自天属于中庭，见者咸异之。年十四，随邑人行贩洛阳，倚啸上东门，王衍见而异之，顾谓左右曰：'向者胡雏，吾观其声视有奇志，恐将为天下之患。'驰遣收之，会勒已去。"

那个孩子在被称为石勒之前，还有一个神奇的名字，叫作石㔨（bèi）。

石勒是匈奴别部羌渠部落的后裔，祖父名叫耶奕于，父亲周曷朱（又名乞翼加），他其实是羯族人，所谓别部，就是匈奴部族下属的其他部族，和匈奴本部相区别。羯族人到底是什么种族说法不一，然而有一件事是可以确定的，羯族是白种人。

西晋太安年间，并州（今山西大部及邻近的河北、内蒙部分地区）发生了大规模饥荒。石勒当时在外做佃客，也就是所谓的长工，给大户人家打工。由于发生大饥荒，石勒就投奔甯驱去了，但是他一路过来发现路上的人看自己时居然眼冒金光。

"你回来干吗？"甯驱不解，"你不知道吗？现在到处都在抓胡人当奴隶，拿去贩卖救急啊！"

石勒被人贩子盯上了，这些人可不是一般的人贩子，这伙人贩子的头目是东嬴公司马腾。司马腾抓捕诸胡贩卖，基本上只要是胡人就抓。而诸胡中的杂胡地位最为低下，在其他人眼中简直就是私有财产。

甯驱将石勒藏起来，他才幸免于难。后来石勒想去投奔都尉李川，途遇郭敬。他向郭敬诉说饥冷，郭敬卖掉货物，买衣食与他。石勒对郭敬说："现在饥荒，若引众胡去冀州，然后再把他们卖了，既能避免自己饿死，也能避免自己的族群饿死。"结果，没等石勒实施自己的计划，司马腾派将军郭阳、张隆抢先一步把石勒等人抓住了。

石勒计划贩卖行动未遂，被抓进了被贩卖的行列。从这一刻开始，他成了奴隶。

司马腾打算把这批胡人送往冀州，"两胡一枷"。戴着巨大枷锁的石勒每走一步都非常艰难，那个将军张隆还时常殴打他，羞辱他。司马腾的手下郭阳和郭敬是亲戚关系，所以这一路上他对石勒十分照顾，帮助他度过了一个又一个难关。尽管经历了巨大的痛苦和磨难，经历了疾病的折磨，石勒还是顽强地活了下来。他被卖给了师欢。

在石勒当了一年奴隶之后，师欢把他叫到了面前，说："我看你胸怀大志，举止高于常人，以后必定有非凡的成就，去寻找属于你的那片天空吧！"

师欢免除了石勒的奴隶身份，从这一刻开始，天下的霸主，正式起航。

不久，石勒迎来了他人生的第一个机遇。

司马颖的部将公师藩在邺城附近起兵，声势浩大，四周的人纷纷归附，其中就包括汲桑。

汲桑是牧帅，就是小型武装贩马集团的头目，石勒之前给师欢当奴隶的时候认识了他。汲桑刻薄寡恩，十分残忍，唯独对石勒青眼有加，石勒成功成为自由人以后就投奔了汲桑。汲桑给了石勒一个全新的名字——石勒。

公师藩起兵之后力量快速壮大，不久便拥兵数万，称霸一方。有了一定实力之后，公师藩打算弄个根据地，而且他选了一个大城市——邺城。

当时驻守邺城的是司马越旗下的平昌公，就是后来封为南阳王的司马模。话说司马模刚到邺城立足未稳，于是请求范阳王司马虓发兵支援。司马虓派来了援兵——兖州刺史苟晞。

苟晞，字道将，河内山阳（今河南焦作）人。他原来是赵王司马伦的参军（参谋总部参谋），后来齐王司马冏上台也没被贬官，司马冏死后，苟晞先被免官，然后又被司马义起用，后来在司马越被击败之后，他就投奔了范阳王司马虓。

公师藩还没有遇上苟晞时先遇上了司马模派去的将军冯嵩，没打赢，就在白马（地名）渡河南逃，然而，苟晞早就在南岸等着他了。很快，石勒和汲桑就看到了公师藩的人头。石勒和汲桑的第一次投资宣告失败。

不过，苟晞并未对他们斩尽杀绝。汲桑想自己单干，于是派石勒到处招兵买马。招的都是一些什么人呢？《晋书》记载："帅牧人劫掠郡县系囚，又招山泽亡命。"也就是说他们的主力军是山贼和罪犯。

总而言之，石勒率领着一帮乌合之众，在汲桑的领导下重打锣鼓另开张，而他们打的旗号是替司马颖报仇，讨伐司马越、司马腾。这时，距离公师藩被杀已经过去两年了。

自从司马越掌握大权之后，他就为立下大功的几个弟弟加官晋爵，同时安排他们镇守天下出任要职，比如司马模就接替了已经去世的河间王司马颙的位置镇守关中（一作长安），司马腾则继承了司马颖之前的地盘，而他原来的地盘山西现在已经乱成了一锅粥，刘渊的汉国却是越打越强，司马越也没在京师长安，而是跑到了河南许昌。

其实司马越也是没办法，光熙元年，司马越战胜司马颙控制关中之后发现，自己虽然成为了最后的胜利者，但也是一个非常尴尬的胜利者。因为不久之后还发生了一件悬案——司马衷被毒死了。新帝司马炽登基之后迅速掌握了权力，接管朝政，这让司马越感受到了巨大的压力，于是他上书请求回封地东海国。这一招就是中国历史上政治家们常用的伎俩——以退为进。司马炽不许，但司马越深深感觉到司马炽对自己形成了压力，觉得待在洛阳必将招致怀疑，所以他决定出镇许昌，以观京城之变，待时而动。反正许昌距离洛阳又不远，还靠近自己的大本营，算是两全其美。

而石勒和汲桑正好给百无聊赖的司马越找了点儿事干。

石勒等率军直奔司马腾而去。消灭司马腾之后，汲桑石勒军迅速南下、准备进攻兖州，也就是司马越的地盘。司马越听闻司马腾被杀极其悲愤，随即派出了手下大将苟晞。苟晞和石勒的第一次正面交锋开始。

石勒与苟晞等人在平原、阴平之间相持数月，大小决战三十多次，互有胜负。司马越害怕了，驻军官渡声援苟晞。不久，石勒占败。

就当时而言，失败的石勒有且只有一个选择——投奔刘渊。在当时，能和司马越相抗的势力除了成汉李雄和汉国刘渊之外，别无他人，而成汉太远，刘渊可是近在咫尺。

刘渊起兵之后，一直在山西同东嬴公司马腾大战，面对司马腾这个目中无人的菜鸟，刘渊可以说是不费吹灰之力轻松吊打。304 年，匈奴刘渊自称汉王，建立汉赵政权，司马腾闻讯随即进剿，刘渊和司马腾派去的将军聂玄战于大陵（今山西文水），聂玄大败。司马腾得知这一情况之后非常恐惧，居然一口气跑到了山东，刘渊乘势接连攻下太原、泫氏、屯留、长子、中都等地，几乎控制了整个山西以北地区。

石勒投奔刘渊之后重新恢复了元气。

◆ 大展宏图

永嘉二年，刘渊开始自己战略计划的第二步——发兵东向。

刘渊命令石勒与刘零、阎罴等七位将领，率兵三万攻击魏郡、顿丘诸壁垒。刘渊忙着攻城略地，那自然就苦了司马越了。司马越真是倒霉到家了，才刚刚取得诸王混战的胜利，却又火烧眉毛了。刘渊势力越来越大，已经攻陷邺城进逼洛阳。

攻陷邺城之后，刘渊授予石勒安东大将军、开府，设置左右长史、司马、从事中郎。随后石勒又进攻钜鹿、常山，杀死二郡守将。疯狂扩张之后，石勒又攻陷冀州郡县堡垒百余个，兵众猛增至十余万人。石勒这时已经不满足于军事上的扩张了，他建立君子营，广泛吸纳知识分子为他出谋划策，而这个时候，他注意到了张宾。

石勒发现，这个男人虽然其貌不扬，但是在管理后勤方面是一把好手，于是让他担任军功曹，掌管诸将的赏罚功过。同时，石勒开始大量招揽诸胡从军，包括羯族和匈奴在内的诸胡一听说石勒来了，立刻加入，他的军队开始从以流民罪犯为主转化为以诸胡农牧民为中坚力量。石勒为了巩固邺城，进一步进攻中山、博陵、高阳诸县，简直势如破竹，投降者多达数万人。他俨然已经成了河北之主。

永嘉三年，王浚率领着他的鲜卑军团再度降临。为什么说再度呢？因为之前石勒进攻常山郡的时候，王浚就和他交过手。

现在石勒在河北势力膨胀得如此迅速，王浚坐不住了，毕竟河北就在自己家门口。王浚立刻派祁弘率领鲜卑大军浩浩荡荡地奔了过来。

石勒很快就接到了这个消息。

石勒虽然已经今非昔比,但是面对王浚,仍旧差得很远。他手下的新军是临时扩充的,战斗力很差;而王浚手下的鲜卑骑兵战斗力很强,凶猛剽悍,多是百战余生之人。

双方在飞龙山大战,王浚所向披靡,痛歼石勒万余人,石勒被迫退守黎阳。不过王浚主要就是为了教训石勒,并不打算把石勒赶尽杀绝,所以,打了一通就回去了。

虽然遭遇了王浚的惩罚性进攻,但是石勒势头正盛,在刘渊的支持下,他很快横扫河北。然而,他征伐四方的过程中伴随着的是无尽的杀戮。就在汉国刘聪进攻河内之时,石勒从北边和他合兵一处,没费多大劲就消灭了梁巨,同时受降了他的兵士万余人。

然而,和以前不同的是,石勒没有再将这万余人化整为零编入自己的队伍,而是将他们全部活埋,用以示威和报复梁巨的抵抗。这样做只有一个目的——告诉敌人你只能投降。这是一种非常有效的心理战术,因为如果抵抗,城破之日就是所有人的死期。

这一招不可谓不毒,但是有效。

河北几乎已遍地汉国旗帜,刘渊第四子刘聪也在河南大举进攻,他的目标很明确——洛阳。

永嘉二年,刘聪两度进攻洛阳,虽然均以失败告终,但是给司马越以极大的心理震撼,司马越深感许昌已经成为是非之地,很不安全,就从许昌跑到了鄄城(今山东鄄城),后来感觉山东也不安全,又逃到了濮阳(今河南濮阳),感觉这儿也不安全,又迁至荥阳(今河南荥阳)。

你可能要问了,这司马越为什么不找苟晞呢?永嘉元年,司马越意图自领兖州,便撤销了苟晞在兖州的官职。这引起苟晞的不满,两人结下仇怨。而且苟晞为人刻薄寡恩,又能征善战,司马越也防备他。所以,司马越让苟晞移镇青州(山东中部)的时候,还特意给他加官进爵,看上去做得还可以。

但是,政治上的制衡永远都只是制衡,从来没有对错之分,对于司马越来说,对于苟晞来说,永远的命题只有一个——权力,这不会因为司马越的小恩小惠而改变,也不会因为苟晞的略微让步而更改,只有权力才能让他们走到一起,或者彻底决裂。

永嘉二年是如此得漫长,以至于永嘉三年好不容易回到洛阳的司马越感觉恍若隔世。

◆ 帝国黄昏

司马炽想掌权，最大的阻碍就是司马越，因为司马越掌握晋朝全部的军事力量，但是自己是皇帝，在政治上有足够的能力压制他，司马炽觉得，只要再给他几年，等司马越老了，自己就能拯救天下，中兴大晋。

但时间不等人。永嘉二年三月，石勒的盟友、西晋的掘墓人之一——王弥闪亮登场。西晋的丧钟敲响了。

经过这一连串的打击，洛阳城总算是惊魂初定，司马越也回来了。但司马越回来做的第一件事可不太友好，他决定杀几个人。

其实早就有人给司马炽提过醒了，"太傅专执威权，而选用表请，尚书犹以旧制裁之，今日之来，必有所诛。"意思是，司马越专权，然而尚书大人何绥等人还在用旧制裁决，他今天来肯定要杀人了。这番话确实经典，基本上把司马越的性格概括了。

其实这个道理很多人知道，但是他们不敢说，更不会说，不过有一个人却说了，这个人叫作王敦。

很快，司马越罗织罪名上书，说帝舅散骑常侍王延、尚书何绥、太史令高堂冲、中庶子缪播等人图谋不轨。司马炽非常无奈，他当然知道司马越这是想铲除异己，但是无奈他现在无力对抗，只能忍痛看司马越将他们统统诛杀。同时，司马越为了进一步限制司马炽，还罢免了他的宿卫兵，换上了自己的爪牙，司马炽瞬间成了孤家寡人。而且，司马越还顺道把王敦调离了洛阳，让他担任一个影响了他一生的职位——扬州刺史。从某个角度来讲，王敦还得感谢一下司马越，如果不是司马越，他将成为这个王朝最后的殉葬品之一。

皇帝心腹被杀，亲卫被夺，整个人都被控制。司马越此举大失众望，所有人都明白司马越和之前那些王爷其实并没有什么不同，他也是个小人，也是个废物，迟早他也会和那帮人一样葬送自己。

西晋，已经无人可以拯救。

这就是西晋朝廷最后的时光，司马越和司马炽明争暗斗。司马炽为了对付司马越联合苟晞，司马越则杀戮司马炽的亲信。强敌当前，洛阳危急，但是他们却做着亲者痛仇者快的事情，加速着自己的灭亡。

司马越想不到的是，自己其实也活不了几天了。天道将归，万象更新，气数已尽。战火纷飞的中原大地即将迎来决定这个王朝命运的决战。

石勒等人在几年之间虽然席卷河北河南，但是晋朝是百足之虫死而不僵，他们连番进攻洛阳却失利。这个时候，汉国主刘渊死了。

永嘉四年，刘渊卧病不起。这个年少时的洛阳人质，中年时郁郁不得志，到最后厚积薄发终于逃脱枷锁举兵起义，在乱世之中建立汉国，吸纳四方豪杰，征战天下，凭借的不是阴谋诡计，从这个角度来讲，他是个英雄。但是汉国的刀剑沾满了普通百姓的鲜血，这一点也足以为后人诟病。

然而，就当时而言，最关键的还是那个永恒的话题——继承人问题。刘渊是要死了，但是他不糊涂，之前他就已经立下了继承人——太子刘和。但是，这个继承人有一个很大的问题，他是合法的，但是他没兵。

刘渊虽然是汉化的匈奴人，但是汉化了也不代表他不再是草原人。内地民族是嫡长子继承制，这和农耕文明有关，长子劳动力强，能操持家业；草原民族则不同，幼子守家，偏爱幼子。刘渊其实也差不多，虽然他立了刘和为太子，但是朝廷重兵都在四子刘聪手上。

七月，刘渊病重，召刘欢乐和刘洋等人到宫禁中接受遗诏，辅佐朝政。八月，刘渊崩于光极殿。他活着没能为西晋朝廷效力，死的时候却为西晋立下了最后的墓碑。

虽然迫于汉家制度不能立刘聪为太子，但是刘渊早就提升了刘聪的位分，刘聪的头衔是大司马、大单于、录尚书事、楚王，地位极其尊贵，而且手握十万大军，就驻扎在京城郊外。

刘和既没有政治才华，也没能力，他和他的父亲相比水平差远了。刘渊生前有五个儿子，除了刘和一清二白，其他的都手握重兵。刘和每日如坐针毡，他和自己的亲信商量，决定铲除其他兄弟。于是派刘锐带领马景在单于台攻打楚王刘聪，呼延攸带领永安王刘安国到司徒府攻打齐王刘裕，侍中刘乘带领安邑王刘钦攻打鲁王刘隆，尚书田密、武卫将军刘璿攻打北海王刘乂。

八王之乱的那一幕即将再度上演，只不过这次发生的地点是这个刚刚成立的汉国。

不过话说回来，毕竟刘和现在能指挥禁军，这个计划如果在对手毫无防备的情况下也许能行。刘裕、刘隆两位没什么防备，刘和几乎是不费吹灰之力就杀死了他们，刘乂勉强逃过一劫。而刘聪早有准备，乘势攻进宫城，杀死了刘和全部的党羽。

汉国迎来了真正意义上的第二位帝王——刘聪。

刘聪刚刚上台就做出了一个惊人的决定。他把自己的小弟弟，即刚刚逃出生天的刘乂叫了过来，真诚地看着他说："你是皇后（刘渊的中宫单皇后）之子，自古立储以嫡不以长，我应该让你当这个皇帝。"但是刘乂虽然年纪小，却深谙君臣之道，立刻表示哥哥应天受命，这位置就是哥哥的，我甘当臣子辅弼君王成就帝业。刘聪又表示等弟弟长大以后还是要把帝位给弟弟的，当即把刘乂立为皇太弟。

刘聪登位后，改元光兴，尊刘渊妻单氏为皇太后，其母张氏为帝太后，领大单于、大司徒，立妻呼延氏为皇后，以子刘粲为抚军大将军，都督中外诸军事。

对于石勒来说，这些发生在中央的事情和他关系不大，刘聪上位之后，加封他为征东大将军、并州刺史、汲郡公，持节、开府、都督、校尉、封王不变。

这个时候，石勒的发展方向已经有了变化。

经过征伐，现在河南、河北除了洛阳之外基本上都是汉国的地盘，要是再想扩充实力就需要新的根据地。经过一番打算，石勒决定南下。

石勒的第一个目标是襄城。襄城是宛城的门户，而宛城是洛阳的后花园，如果能够夺取襄城，那么洛阳就尽在掌握。而且这个地方由于之前就有王如等人起兵，所以现在处于三不管地带。但是有一个问题，王如等人人数众多，且战斗力不弱，京畿晋军一向对他们束手无策。

王如、侯脱、严嶷等人听说石勒要来，十分害怕，匆忙组织抵抗的一万联军被石勒全灭，初战失利。守卫王如一看石勒势不可挡，就给他送去金银财宝，然后表示愿意归顺，并和石勒结为兄弟。

王如和侯脱不和，他投降石勒后就领着石勒直奔侯脱驻守的宛城而去。侯脱猝不及防，没多久宛城被石勒攻下，侯脱全军覆没。石勒还趁机收拾了前来救援的严嶷，囚禁严嶷，后来把他送到平阳去了，其部众则收入麾下。

攻下宛城后，石勒挥师直奔襄城进攻王如，王如派弟弟王璃率骑兵二万五千，假装犒劳军队，想趁乱出击，结果被石勒打败。

襄城落入敌手，洛阳危在旦夕。司马炽等不来援军，一座孤城已经是无力防守。每当这个时候，许多朝代都会有共同的举动，这就是——迁都。迁到哪里呢？其实也就两个地方——寿春、长安。

迁都似乎势在必行，但居然遭到了一个人的反对，这个人就是王衍。在这关键的历史时刻，王衍站了出来，表示大晋不能迁都，还卖了牛车安定人心，然后，这事就暂时搁置了。

后来，司马越看着石勒都打到宛城了，彻底坐不住了，于是他和司马炽说自己要带兵起讨石勒。这话司马炽不信，但是无奈司马越掌握大权，尽管司马炽不想同意，也阻止不了。司马越出征不仅带走了自己的四万大军，还带走了洛阳城的绝大多数公卿大臣，甚至把守卫皇宫的各个门阀士族的护卫也带走了，洛阳俨然成了一座空城。

当时，扬州都督周馥眼看司马越跑了，就再度上书司马炽请求迁都到他的地盘寿春。但是他是直接上书司马炽的，司马越看周馥的眼中没有自己，就让裴硕领兵直接讨伐周馥。结果裴硕被打得大败。

迁都已经不可能了，没兵、没粮、没权、没人，司马炽只能在洛阳等死了。

◆ 神州陆沉

就在石勒为军中疾病问题发愁的时候，西晋最后的霸主司马越病死了。

司马越死了，他把身后事托付给了王衍。因此众人一致推举王衍接替司马越的位置，担任讨伐石勒军的统帅，但王衍不干。王衍说："吾少无宦情，随牒推移，遂至于此。今日之事，安可以非才处之。"意思是，我年少时期就不想做官，只是年头长，见识多了，才到这个位置，统帅这活我干不了。于是王衍和大家一商量，以襄阳王司马范为大将军统令其部，先把司马越的灵柩送回东海国。但是，没等他们回到东海国，石勒就来给他们送行了。

石勒虽然头疼瘟疫这个问题，但是他的头脑依旧清醒，当他得知晋军意图东下的消息之后，很快就明白，西晋内部出事了。

从当时来讲，晋军东下并不是冲着他去的，也不是冲着王弥去的，那么就只有一个目标——回到东海国。现在是千载难逢的良机，如果他能一口吃掉晋军主力，那么他现在最大的敌人就会被彻底消灭。机会难得，而石勒一向善于发现并抓住机会。

永嘉五年四月，石勒亲自率领轻骑追上了王衍的大部队。那大约十万人不仅是西晋王朝最后的中央主力，更是西晋的全部家当，这里面有西晋在北方的宗室，有西晋朝廷的王公大臣，有东海王司马越的全部家底，还有许多富豪和平民百姓，因此，行进速度比蜗牛快不了多少。石勒日夜兼程，终于在苦县（河南省鹿邑县）追上了王衍一行。

王衍派将军钱端迎战石勒，石勒轻松击败钱端，钱端战死。石勒惊讶地发现，眼前的这支晋军虽有十万之众，而且其中大多是司马越多年培养的精锐，但是现在这些人毫无斗志。石勒轻而易举就将他们分割包围在苦县，彻底瓦解了晋军的抵抗。

石勒烧毁了司马越的灵柩，向着众人大声宣布：司马越乱天下，现在已经被我正法。

晋军最后的精锐被全歼，洛阳城中的司马炽再也得不到任何援助。

永嘉五年六月，刘渊之子刘聪的军队攻入洛阳，洛阳失陷，晋怀帝司马炽在逃往长安途中被俘，太子司马诠被杀，史称"永嘉之乱"。其后，司马炽也被刘曜送入平阳。建兴元年，晋怀帝被刘聪用毒酒毒杀，享年三十岁。

不久之后，在长安的晋愍帝司马邺强行继位，继承了西晋的所谓大统，但是根本不能影响大局。

建兴四年，长安失守，西晋灭亡。苟且偷生登基于长安的司马邺在刘曜的围攻之下被迫出降，刘曜把他也送到了平阳。

西晋在历史范围内彻底灭亡了。